走进"十三五"

国家发展改革委"十三五"规划重大课题研究丛书

大势

世界科技革命与产业变革趋势及其影响

城市中国计划　著

中国计划出版社

图书在版编目（CIP）数据

大势．世界科技革命与产业变革趋势及其影响 / 城市中国计划著．— 北京 ：中国计划出版社，2015.11
（国家发展改革委“十三五”规划重大课题研究丛书）
ISBN 978-7-5182-0320-8

Ⅰ．①大… Ⅱ．①城… Ⅲ．①新科技革命－研究－世界②产业革命－研究－世界 Ⅳ．① F ② F419 ③ G301

中国版本图书馆 CIP 数据核字 (2015) 第 271599 号

大势：世界科技革命与产业变革趋势及其影响
城市中国计划　著

中国计划出版社出版
网址：www.jhpress.com
地址：北京市西城区木樨地北里甲 11 号国宏大厦 C 座 3 层
邮政编码：100038　电话：（010）63906433（发行部）
新华书店北京发行所发行
北京汇瑞嘉合文化发展有限公司印刷

787mm×1092mm　1/16　20.25 印张　298 千字
2015 年 11 月第 1 版　2015 年 11 月第 1 次印刷

ISBN 978-7-5182-0320-8
定价：58.00 元

丛书编委会

本书课题组名单

组　长：张耕田　万建发

成　员：张璐璐　徐一平　李芳芳
王　申　吴　扬　王晓钰
张志前　邹继征　高彦如
解蕴慧　李崟虎

总序

国民经济和社会发展中长期规划是未来五年我国经济社会发展的宏伟蓝图，是全国各族人民共同的行动纲领，旨在阐明国家战略意图，明确政府工作重点，引导市场主体行为。新中国成立以来，我们已经编制和实施了12个五年规划（计划）。无论是在计划经济时期，还是在社会主义市场经济时期，中长期规划都对明确国家发展战略导向、推进重大战略任务落实、促进我国经济社会发展发挥了积极而重要的作用。

党的十八大以来，我国的发展进入了一个新阶段，面临的机遇前所未有，面临的风险和挑战也前所未有。以习近平同志为总书记的新一届中央领导集体审时度势，把握时代新要求、顺应人民新期待，对全面深化改革开放、推动科学发展、加快推进社会主义现代化进程、实现中华民族伟大复兴的中国梦等重大理论和实践问题，进行了深刻阐述，为国家和民族的长远发展做出了战略谋划。这是未来一段时期我们经济社会发展的根本遵循。

即将到来的“十三五”时期（2016~2020年）是我国现代化建设进程中非常关键的5年。推动“十三五”时期我国经济社会发展，必须高举中国特色社会主义伟大旗帜，全面贯彻党的十八大和十八届三中、四中全会精神，以邓小平理论、“三个代表”重要思想、科学发展观为指导，深入贯彻习近平总书记系列重要讲话精神，坚持全面建成小康社会、全面深化改革、全面依法治国、全面从严治党的战略布局，坚持发展为第一要务，协调推进经济建设、政治建设、文化建设、社会建设、生态文明建设，确保如期全面建成小康社会，为实现第二个百年奋斗目标、实现中华民族伟大复兴的中国梦奠定更加坚实的基础。从这个意义上说，“十三五”规划具有极为特殊的历史地位，编制好“十三五”规划意义重大而深远。

经过多年探索，我国经济社会发展中长期规划的研究和编制工作已经形成了一整套规范的程序。在整个过程中，前期重大课题研究是一个重要环节，也是确保规划质量、提高规划科学性的重要保障。课题研究的深度、广度和质量对规划将产生重要影响，在判断发展趋势、形成广泛社会共识等方面都发挥着非常重要的作用；课题研究水平的高低，是影响“十三五”规划成功与否的重要基础和前提条件。

为提高“十三五”规划编制的科学性，从2014年开始，国家发展和改革委员会通过定向委托、公开遴选、合作研究等方式，动员组织各方面力量开展了“十三五”规划重大课题研究工作。参与研究的有国务院发展研究中心、中国社会科学院、中国科学院、北京大学、清华大学等科研机构，阿里巴巴集团、复星集团、香港恒生银行、华大基因等知名企业，以及亚洲开发银行、经济合作与发展组织等国际组织，共计80余家；研究内容涵盖国民经济和社会发展的主要领域，共完成了80余篇、500余万字的研究报告。这些研究成果凝聚了各方智慧，对“十三五”时期经济社会发展基本思路的形成和“十三五”规划的编制具有重要参考价值。

“十三五”规划将提出未来五年中国经济社会的发展战略，这是在世界经济处于危机后的深度调整期、在中国迈向高收入国家关键历史阶段的重大战略，它不仅将指引中国全面建成小康社会、实现第一个百年目标，也将对全球经济平衡和人类福祉产生不可估量的影响。从其影响意义而言，凡是能够参与“十三五”规划的人，都是幸运和难得的，也是值得感谢的。借此机会，我谨代表课题委托单位，向参加国家“十三五”规划前期研究的有关单位和同志表示衷心的感谢。

为使大家更好地与我们分享“十三五”规划的前期研究成果，我们对这些研究报告加以整理，以《国家发展改革委“十三五”规划重大课题研究丛书》的形式陆续出版，供各方面研究参考。我们希望这套丛书能为更好编制“十三五”规划带来新的思考和启发，也希望社会各界继续关心、支持国民经济和社会发展中长期规划的编制实施工作，为我们多提宝贵意见。我们相信，在党中央的坚强领导和全国各族人民的共同努力下，我们一定能够圆满完成“十三五”时期经济社会发展任务，为实现中华民族伟大复兴的中国梦做出更大的贡献！

国家发展和改革委员会主任

前言

随着中国经济发展进入新阶段，科技创新变得至关重要。仅仅依靠固定资产投资已经很难实现曾经的惊人辉煌，而要维持经济发展，就必须依靠知识的力量来大幅提高生产率。

可喜的是，中国拥有不少享受科技发展益处的好机会。一方面，全球技术开发能力在不断提高；另一方面，技术传播的障碍又在不断减少。同时，作为一个规模庞大、发展迅速的经济体，中国还能借助大众创业的力量自主开发技术，为世界做出贡献。

本书提供了“十三五”期间中国科技发展的机会路线图。包括云计算、物联网和大数据在内的信息技术必将彻底颠覆我们的商业世界和社会生活，并以更低廉的成本、更优质的产品和更高效的服务，来满足消费者的需求。工业 4.0 时代将通过数字化技术、3D 打印技术和材料科学创新来促进制造业的转型，满足更广泛的定制化需求，并提升服务和交付的效率。机器人和自助驾驶汽车可能对未来社会和工作场所产生颠覆性影响，满足未来对安全和劳动力技能的更高要求。可再生能源的不断发展，加上页岩气、致密油、生物技术及其他资源的持续开发，将加快能源和资源的进化升级。上述每项技术趋势都将深刻影响中国的各项产业和服务，在给现存企业带来挑战的同时，让广大消费者受益，并有力地推动社会现代化的进程。

本书凝聚了麦肯锡全球研究院和城市中国计划的研究成果。我们希望本书能够对中国技术型企业的规划和发展有所裨益，并为相关政府机构提供参考。我们坚信未来中国科技发展有着巨大潜力！

Director, McKinsey Global Institute（麦肯锡全球研究院　全球资深董事）
Director, McKinsey & Company（麦肯锡公司　全球资深董事）
Co-Chair, Urban China Initiative（城市中国计划　联席主席）
Jonathan Woetzel（华强森）

Preface

As China moves into a new phase in its economic development, innovation in science and technology will play a critical role. Dramatic productivity increases based on knowledge will be required to maintain economic growth as investment in fixed assets alone will no longer achieve the startling improvements of the past.

The good news is that there is much opportunity for China to capture the benefits of science and technology. The capacity to develop technology globally is increasing, and the barriers to dissemination are falling. Moreover, as a fast developing economy with great scale China is capable of harnessing the power of mass entrepreneurship to develop its own technology and make a global contribution.

This book provides a roadmap to the opportunities for China's science and technology development in the 13th Five-Year Plan period. Information technology including cloud computing, internet of things, and big data promise to revolutionize business and society with products and services better able to meet consumer needs and at lower cost. Industry 4.0 will transform manufacturing through digitization, 3D printing and materials science innovation to enable a far greater range of customization and efficiency in service and delivery. Robotics and autonomous vehicles may have disruptive effects on both the workplace and society as consumers and businesses transition to future that is safer but also requires far greater workforce skills. The world of energy and resources will be transformed as renewable energies continue to develop alongside shale, light tight oil, and biotechnology and other resources. Each of these technology trends will affect industries and services throughout China, challenging incumbents but benefiting consumers and modernizing society.

Drawing on research of the McKinsey Global Institute, and the Urban China Initiative, we hope this book provides useful input for the planning and development of China's technology enterprises and government institutions. We believe there is great potential for China's science and technology in the years to come!

Director, McKinsey Global Institute（麦肯锡全球研究院　全球资深董事）
Director, McKinsey & Company（麦肯锡公司　全球资深董事）
Co-Chair, Urban China Initiative（城市中国计划　联席主席）
Jonathan Woetzel（华强森）

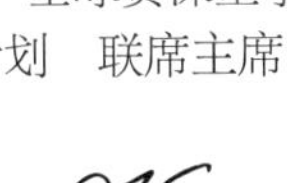

目录

第1章

历史回顾

历次科技、产业革命概览

<table>
<tr><th>阶段</th><th>引发的产业革命</th><th>时间段</th><th>主要科技成就</th><th>主要产业</th><th>核心国家</th><th>侧重点</th></tr>
<tr><td>第一次科技革命</td><td>第一次产业革命</td><td>18 世纪 60 年代至 19 世纪 40 年代</td><td>改良蒸汽机、蒸汽轮船、蒸汽机车；铁路、航运时代开启</td><td>纺织业、采煤工业、冶金业、机械制造业、交通运输业</td><td>英国，扩散到欧洲大陆（主要是法国、德国）和美国</td><td>机械化</td></tr>
<tr><td>第二次科技革命</td><td>第二次产业革命</td><td>19 世纪 70 年代至 20 世纪初</td><td>发电机、电动机、高压运输网；
电力发明（电灯、电话、无线电发报机；
内燃机</td><td>电力产业、通信产业、石油产业（主导）、化工产业、汽车产业</td><td>美国、英国、德国、法国；波及荷兰、比利时等国家；美国、德国开始赶超英国</td><td>电气化</td></tr>
<tr><td>第三次科技革命</td><td rowspan="3">第三次产业革命</td><td>20 世纪 40 年代至 20 世纪 70 年代</td><td>计算机；
卫星通信；
合成纤维材料；
核能为中心的新能源；
基因技术</td><td>电子工业、通信产业、新材料产业、新能源产业、生物工程、宇航产业、海洋开发产业</td><td>美国（起初与德国竞争世界领导地位），后扩散到欧洲、日本</td><td>自动化</td></tr>
<tr><td>第四次科技革命</td><td>20 世纪 70 年代至 21 世纪初</td><td>网络信息技术；
转基因技术、遗传工程；
纳米技术；
激光</td><td>信息技术产业群、生物技术产业群、纳米科技产业群、宇宙开发产业群、海洋开发产业群</td><td>核心在美国，扩散到欧洲和亚洲</td><td>信息化</td></tr>
<tr><td>第五次科技革命</td><td>21 世纪初至 2020 年</td><td>信息技术、生物技术、新能源技术、新材料技术等交叉融合领域</td><td>广泛范围内的第一、二、三产业</td><td>未知</td><td>智能化</td></tr>
</table>

一、世界科技、产业革命的经验回顾

（一）第一次科技、产业革命（18世纪60年代—19世纪40年代）

以蒸汽动力为主导的第一次科技革命始于18世纪中期的英国。飞梭和“珍妮机”的发明开启了纺织业技术革新。到19世纪40年代，德、法、美也相继完成第一次科技革命。

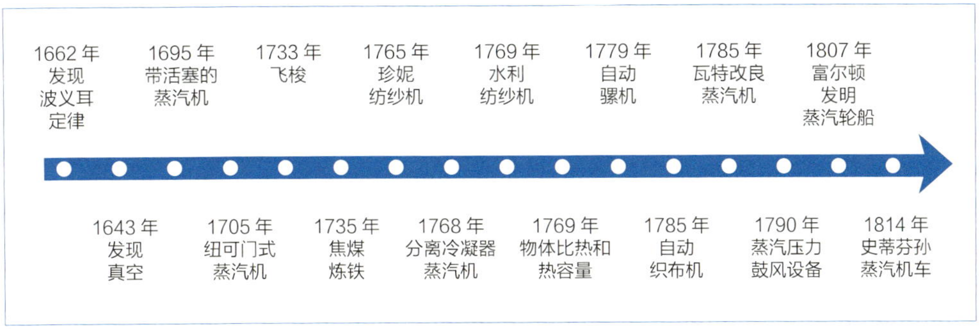

图1-1 第一次科技革命时期的主要科技成果

资料来源：根据公开资料整理

第一次科技革命成功转换为产业革命，对经济、产业结构的转变产生了巨大的影响：生产方式实现从手工作坊到大机器生产的转变。第二、三产业迅速崛起，人类从农业社会进入到工业社会，同时劳动力向城市转移和聚集，推动了城市化的进程。

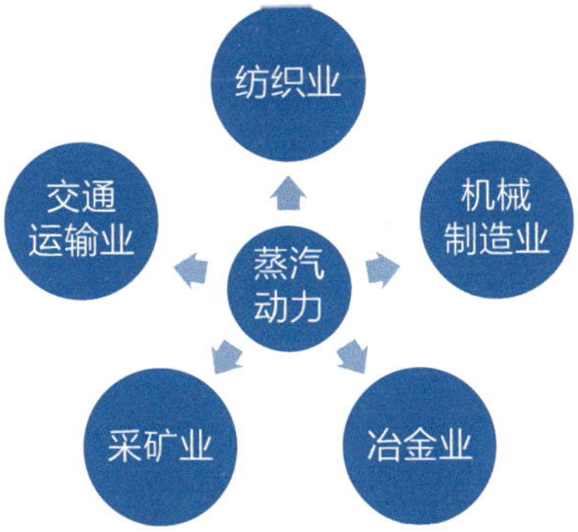

图1-2 第一次科技革命时期主要产业

资料来源：根据公开资料整理

图 1-3　科技革命转化为产业革命的原因

第一次科技革命之所以能够引发重大的产业变革，除了资本主义内生的需求和科技积累外，制度和资源等外部因素也起到了极其重要的作用。特别是英国首先颁布的发明保护条例，使科技发明成了获取利润的手段，极大激发了企业和科技界人士的动力；德国、法国虽然起步较晚，却可以迅速完成产业革命，与其具有前瞻性的建立关税同盟有着密不可分的关系。

（二）第二次科技、产业革命（19 世纪 70 年代—20 世纪初）

第二次工业革命以电气化革命为起点，以石油化工和汽车领域的科技为核心，开启了“电气时代”。1867 年西门子成功研制了第一台发电机，贝尔于 1876 年发明电话，爱迪生于 1879 年发明电灯，这三大发明“照亮了人类实现电气化的道路”。在通信领域，电报、电话技术、无线通信的相继发明，通信技术在各国迅速投入实业。能源领域，石油勘探的热潮在 19 世纪 50 年代首先在北美掀起，1931 年美国使用热裂变法提炼汽油，使石油迅速替代了蒸汽动力，并成为了主要的动力。此外，从原油中提炼化工染料的技术在第一次世界大战后也蓬勃兴起。在交通领域，在内燃机基础上，1886 年卡尔本茨发明了世界上第一辆四轮汽车。美国首创的标准批量化的生产方式更是使汽车工业进入了长期繁荣。

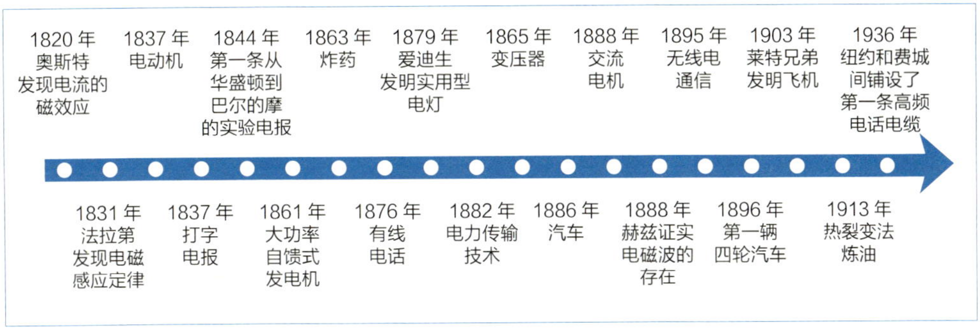

图1-4 第二次科技革命时期的主要科技成果

资料来源：根据公开资料整理

第二次科技革命引发了一系列新兴产业的出现和发展，创造了包括电力、通信、石油、汽车、化学产业的长期繁荣，促使重工业发展成主导产业。同时，缔造了福特、奔驰、西门子等众多至今仍活跃在全球经济舞台的著名跨国企业。这场科技革命使世界能源消费中心从煤炭为主逐步转向石油主导，石油业成为世界上规模最大、分布最广的商业和工业。而被称为“工业中的工业”的汽车产业，更是带动了其上游（包括钢材、有色金属、橡胶、玻璃、石油）和下游（包括城市建设、公路网建设、商业、销售服务、汽车修理、保险）等产业的兴起。

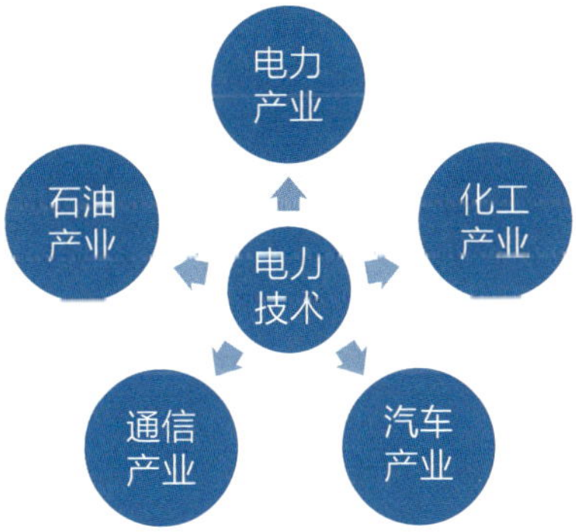

图1-5 第二次科技革命时期主要产业

资料来源：根据公开资料整理

这场科技革命起始于第一次科技革命崛起的传统强国英、法、德，波及欧洲的“低地国家”（包括荷兰、比利时、卢森堡），最终完成于美国。在这一时期，美国、德国开始赶超英国，此中原因值得重视。

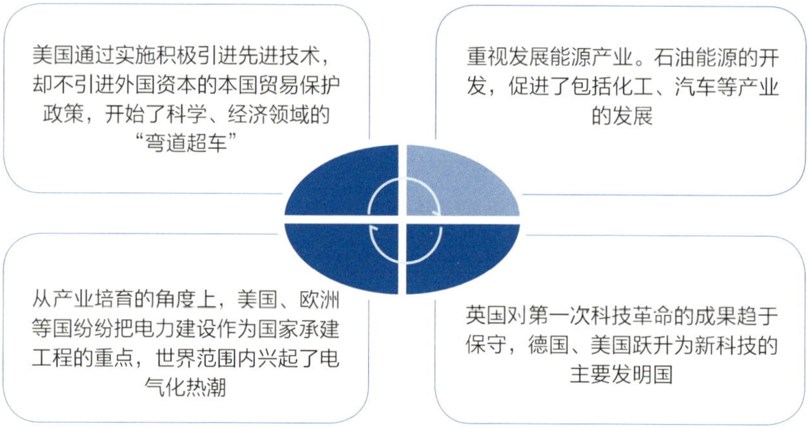

图 1-6 科技革命转化为产业革命的原因

（三）第三次科技、产业革命（20 世纪 40 年代—20 世纪 70 年代）

第三次科技革命起始于第二次世界大战结束后，在 20 世纪 40 至 60 年代达到高潮。此次革命以电子技术为主导和核心，使社会生产力在实现了机械化和电气化后，逐步实现了自动化。

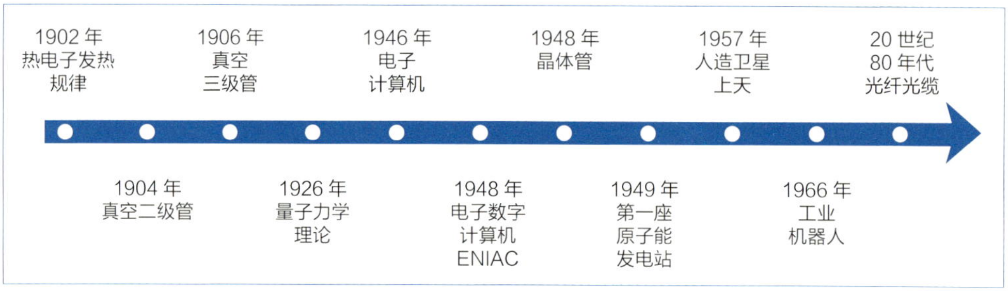

图 1-7 第三次科技革命时期的主要科技成果

资料来源：根据公开资料整理

电子技术是第三次科技革命的核心。20 世纪 40 年代，利用光电效应已经成功研制出电视和雷达，并首先运用于军事通信；50 年代后，晶体管、集成电路相机问世，使电子产品发生了革命性的变化。1946 年美国制成世界上第一台电子数字计算机 ENIAC，更开辟了一个计算机科学技术新纪元。在新材料领域，金属材料、非金属材料、复合材料为基础的三大类新型材料给社会经济带来了巨大变化，被广泛应用于通信、火箭、宇航等领域。新能源的发现和开发，使世界能源史迎来了崭新的篇章：包括核能、太阳能、生物能、风能等在内的能源受到越来越多的重视。尤其是民用、军用核电站在世界范围内大量建立。在生物工程方面，基因工程、细胞工程、生物转化工程、发酵工程蓬勃兴起，人工胰岛素、塑料、尼龙等化工品相继发明。人类的科学触角，也在此阶段探索到了宇航和海洋开发领域：通信卫星技术、海洋矿产开发和空间利用至今仍不断发展。

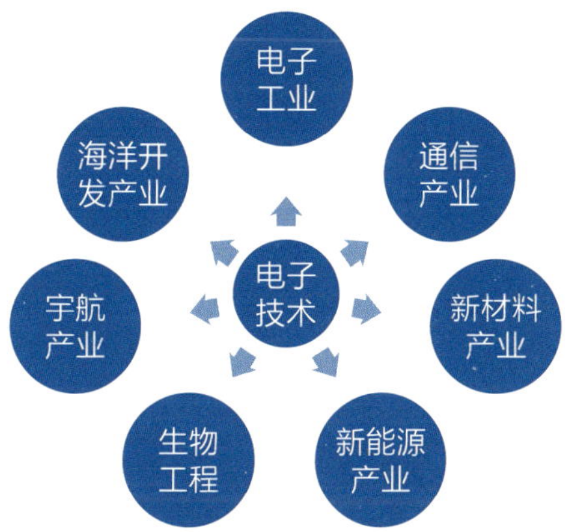

图 1-8　第二次科技革命时期主要产业

资料来源：根据公开资料整理

第三次科技革命引发了以电子、新材料、新能源、宇航、海洋开发为代表的新一轮产业变革。轻工业以及宇航产业、电子信息为主的新兴第三产业改变了产业结构布局。此外，基因、生长激素等的发现还带动了医药产业的兴起，农业尤其是基因农业的发展。

此次科技革命和产业变革与前两次相较，发生背景是在第二次世界大战后。用于军事目的而产生的诸多技术应用于民间，是此次变革的主要原因，特别是物理学、化学和生物科学在这个时期的诞生。在国家层面，直接投入人力物力财力、建立大量实验室，成了产业革命的强力推手。美国之所以跃升为世界第一强国，在科技上的投入功不可没，其科研经费投入超过了德国、日本、英国、法国的总和。

（四）第四次科技、产业革命（20世纪70年代至21世纪初）

20世纪以来科技迅猛发展，于70年代迎来了第四次科技革命。1971年，美国使用大规模集成电路制成了世界上第一台微型计算机，揭开了此次科技革命的序幕。

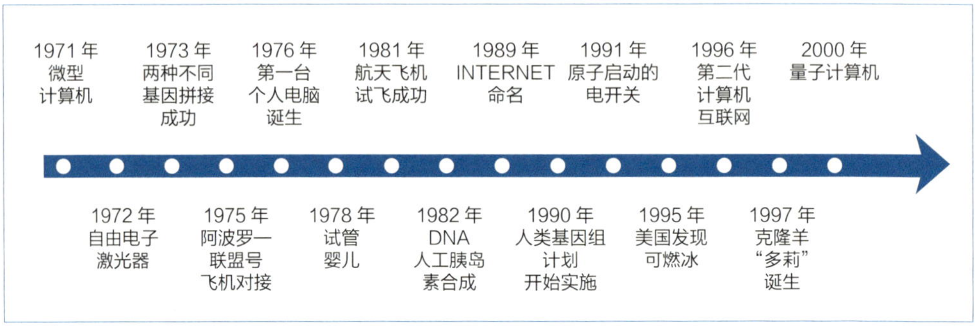

图1-9　第四次科技革命中的主要成果

资料来源：根据公开资料整理

量子电子学、信息论、分子生物学、海洋工程学、核子学、生态学以及太空科学在这个阶段发展完善。但是第四次科技革命本质是技术革命，以信息技术为核心，包括在全世界范围内蓬勃兴起和进一步发展的信息技术、生物技术、新材料技术、新能源技术、激光技术、新制造技术、宇宙空间等高科技。此次革命使得生产力进一步信息化。

图1-10　第四次科技革命时期的主要产业

资料来源：根据公开资料整理

随着核心技术和相应配套技术的发展，第四次科技革命逐渐形成了信息化为核心的高新技术产业群，其影响力波及三大产业，极大改变了当今产业结构的面貌：形成了信息技术产业群、生物技术产业群、纳米科技产业群、宇宙开发产业群、海洋开发产业群等主导产业群落。此外，还诞生了“人口产业”、“环境工程”、“生态工程”和以知识为核心的“知识产业群”（包括咨询、人才培训和开发、研究、文化和传播产业等）。第三产业成为主导产业，产业结构再一次升级。

在这个科技已经跃升为第一生产力的新时期，各国开展了以科技为核心的战略竞争。美国等西方发达国家在此阶段占据绝对优势。但是亚洲国家，如日本、韩国等也跻身科技大国行列。

- 把科技工作放在战略全局视角。如，日本提出“科技立国”口号；美国、西欧保持军事和科技一体发展的战略意图；科技工作在政府领导级别中占有越来越重要的位置
- 扶植高新技术产业，科技园区（包括科学园、科技工业区、高技术地带、科学城、技术城）在各个国家大规模兴建。产业布局上进行了长短期、产学研、科工贸一体的安排
- 着力发展信息高速路和互联网产业，深化信息化。在全球掀起了信息高速路热潮

图 1-11　科技革命转化为产业革命的原因

二、第五次科技、产业革命（我们所面临的时代）

（一）新技术改变全球经济社会生活，重塑国家竞争力

科技革命是科学革命和技术革命的并称，每一次产业革命都同技术革命密不可分，但并非每一次科学革命都能引起产业变革。

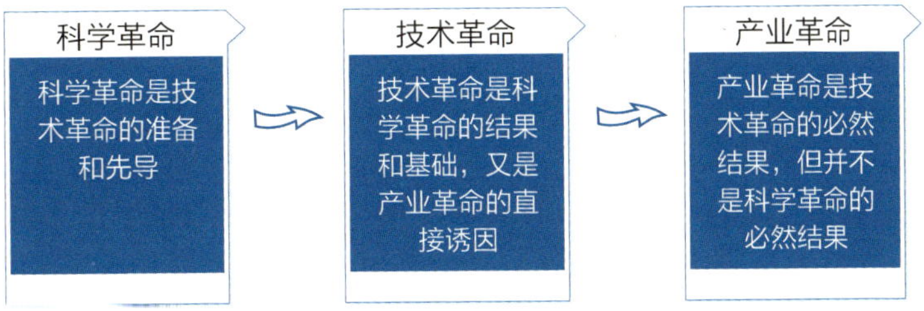

图 1-12　科学、技术、产业革命三者关系

由此看出，当今综合国力竞争的核心和焦点在于科学技术，每一次产业革命都同技术革命密不可分。

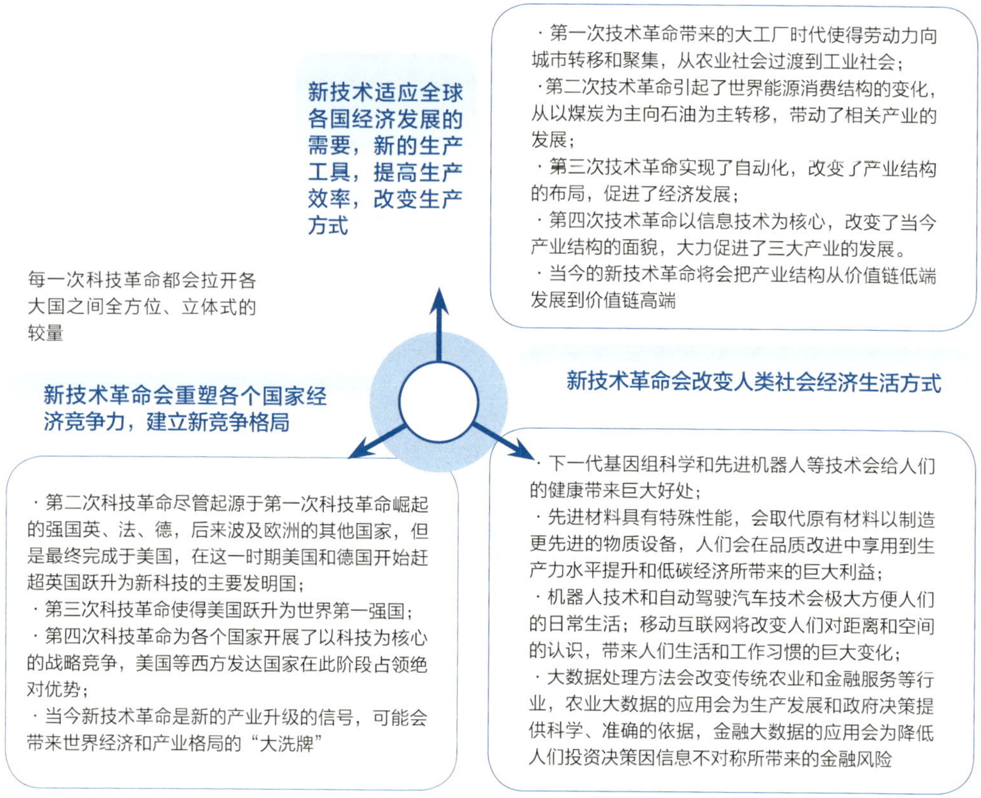

图 1-13　新技术作用

（二）新技术是中国产业结构升级与转型的契机与关键

随着电子信息技术的普及，21 世纪最初的 20 年（截至 2020 年）全球迎来了第五次科技革命。由于相关政策、产业、基础设施尚未完善，加之 2008 年后全球金融危机时代释放“淘汰过剩产能、促发新的产业升级”的信号，世界经济和产业格局可能带来大洗牌。这对于错失前四次科技革命先机的中国是一次弯道超车的绝佳机会。

演化经济学证明，落后国家利用劳动力、资源等成本要素价格低廉的比较优势，试图在传统产业上实现对发达国家的追赶，将永远不会缩小与后者的经济差距。相反，在新技术革命刚刚兴起的时候，虽然新技术最初出现在发达国家，但由于其技术体系处于最原始的早期阶段，科技知识大都处于公共领域并停留在实验室阶段，知识的意会性程度很低，落后国家在这时如果能够迅速进入新技术体系，将带来颠覆性的影响。因此，我们不仅应该以史为鉴，更要科学预测和积极把握第五次科技革命的机遇，从科技领域的跟跑者跃升为领先者，从低端产业转向高端产业，从价值链低端转向价值链高端，在未来的国际竞争中居于主动地位。

从战略层面来讲，新技术对我国产业结构升级与转型具有重大意义。改革开放以来，我国进入工业化初期阶段，从劳动密集型向资源密集型加工制造业转移，实现了经济快速发展。然而，这种产业结构利润率不高，物资资源消耗大、对生态环境影响大。无论从成本效益还是可持续发展角度考虑，我国经济增长要推进产业结构转型升级。我国在产业结构调整中应着力发展战略性新兴产业、提倡新能源产业、促进节能环保产业等，往高科技低碳经济方向发展。而新技术（包括先进制造、生物技术、信息技术、能源技术、智能技术）可以为我国产业结构升级提供契机，引导产业结构升级的战略方向，加速产业结构升级的进程。

从产业层面来讲，新技术会加快中国产业结构升级。中国产业结构升级和转型不再仅仅是产业间的结构升级，而要在同一产业内部的“深挖掘”，完成产业内部的结构升级，即在同一产业内部从劳动密集型生产环节向技术密集型环节升级。在整个产业结构中，第一产业的优势已经逐渐被第二、三产业取代，未来某一产业内部要依赖新技术进行加工和再加工逐步向纵深化发展，不断提高生产效率，以实现产业结构升级和转型。每一产业都要根据自身的综合实力和比较优势，利用新技术来增加产业的附加值。

我们认为，科学预测和把握第五次科技革命的发生领域和可能影响的产业是关键。麦肯锡整理了相关研究资料，加入了经济效益指标进行量化筛选，总结出来12项颠覆技术；我们在此基础上，最终总结出14项颠覆技术：我们认为第五次科技革命最可能发生在信息技术、生物技术、新能源技术、新材料技术等交叉融合领域。

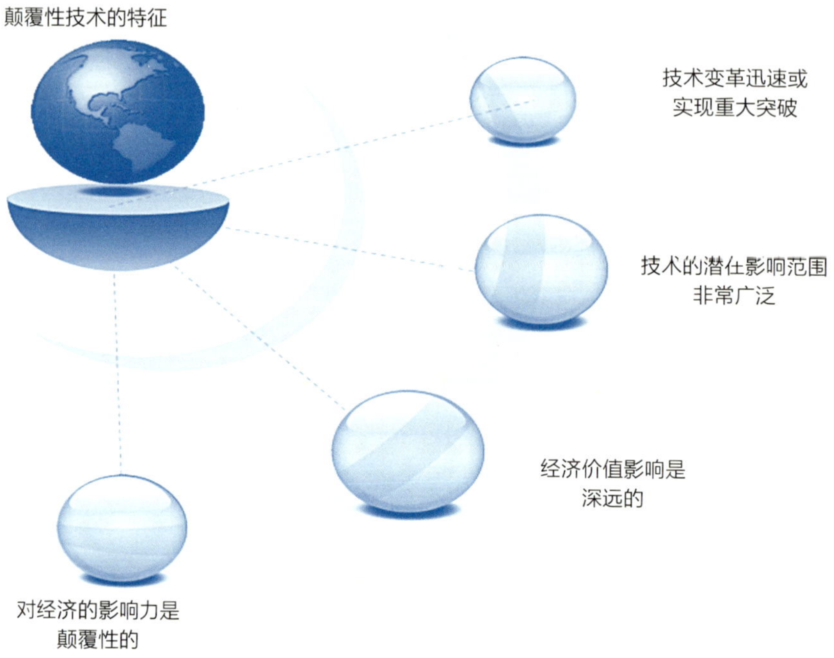

图 1-14　颠覆性技术的主要特征

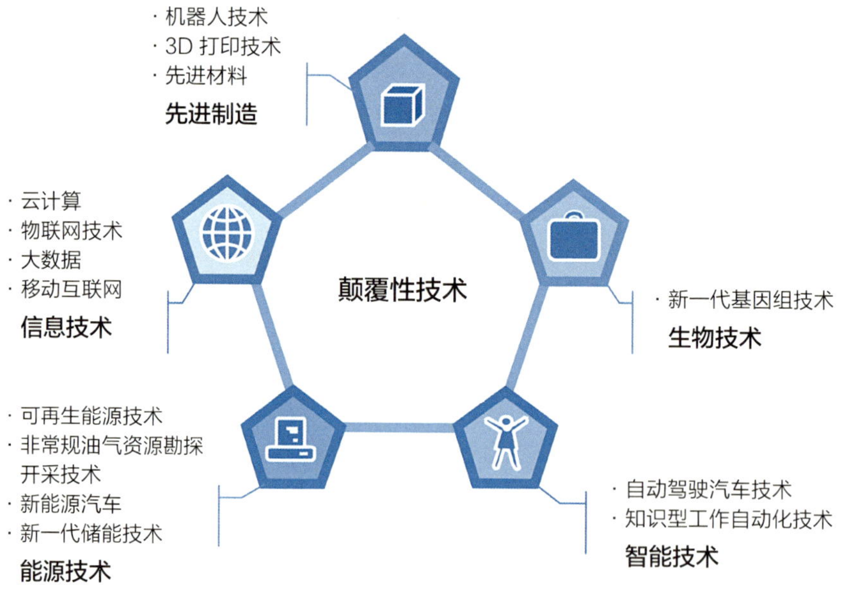

图 1-15　14 项颠覆性技术

第2章

云计算发展情况及对产业结构的影响

本章概要

云计算以资源聚合和虚拟化、应用服务和专业化、按需供给和灵便使用的服务模式，提供高效能、低成本、低功耗的计算与数据服务，支撑各类信息化的应用。云计算可以提供三类服务：软件即服务（SaaS）、平台即服务（PaaS）和基础架构即服务（IaaS）。按照云服务的提供者和用户的关系可分为公共云、私有云及混合云。

目前云计算产业在全球市场尚处于初期。2013 年全球公有云服务规模已达到 1307 亿美元。北美市场始终是应用公有云服务的最大的地区市场，中国市场也显示出较大的发展潜力。目前在全球 TOP100 的云计算企业中，美国占 84 家；亚马逊占全球 IaaS 市场的 40%、微软占全球 PaaS 市场的 64%。我国云计算的发展始于 2008 年，正好处于全球云计算兴起兴盛的阶段，牢牢把握住了行业发展的机遇期，因此也能够在市场格局未定的情况下实现诸多突破性成果。2013 年市场规模已达到 752.37 亿元。在当前云计算发展初期，实力雄厚的大型互联网企业都是最主要的云计算服务提供商，例如阿里巴巴、百度等，以及在信息通讯方面占据绝对优势的大型供应商。

发展云计算产业对提升我国制造业、金融业、信息产业、农业等产业的科技水平都将起到积极作用。利用云计算平台，围绕优势特色产业，可以在科研、原料采购、资源调配、生产、销售、仓储、运输等环节实现信息集成，促进产业升级，提升产业核心竞争力。发展云计算将有助于推动我国信息基础设施建设和信息化进程，提升科技创新能力，助力绿色 IT 和节能减排，支撑中小企业信息化升级，保障国家经济平稳较快发展。

中国的人口基数决定了云计算在中国的巨大需求。在云计算的机遇面前，国内运营商与国外相比没有差距，并且在中国这个巨大的互联网市场上具备本土化优势。如果抓住机遇，实现技术突破，则有望实现超越，掌握主导权。为推动我国云计算发展，赶超发达国家，国家应加强云计算的宏观指导，将云计算纳入国家级战略规划；充分考虑云计算的需要，加强信息基础设施建设；采取多种措施，努力解决“云安全”的问题；加强国际交流与合作，探索制定国家标准。

一、概念及核心要素

云计算是互联网时代信息基础设施与应用服务模式的重要形态，是新一代信息技术集约化发展的必然趋势。它利用分布式计算和虚拟资源管理等技术，通过网络将分散的 ICT（信息通信技术）资源（包括计算与存储、应用运行平台、软件等）集中起来形成共享的资源池，并以动态按需和可度量的方式向用户提供服务。用户可以使用各种形式的终端（如 PC、平板电脑、智能手机甚至智能电视等）通过网络获取 ICT 资源服务。

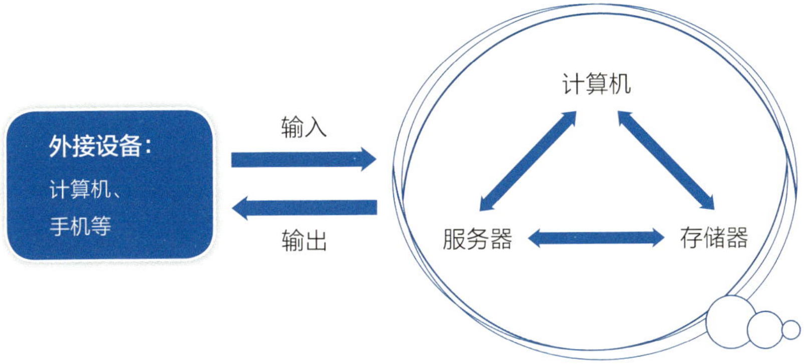

图 2-1 云计算结构说明图

资料来源：华泰证券

按照交付资源及功能分，云计算可以提供二类服务（见图 2-2）。

SaaS	PaaS	IaaS
这是一种以多租户模式，用户通过互联网浏览器使用软件应用服务。例如：Google 的 Gmail、IBM Lotus Live、Salesforce.com 的在线 CRM	平台即服务，指云计算供应商通过高速互联网向应用软件开发人员（用户）提供开发平台。例如：Google 的 AppEngine、微软的 Azure Platform	基础架构即服务，指的是无论企业还是个人用户，利用虚拟化和自动化部署等技术，通过高速互联网远程访问计算和储存资源。例如：Amazon 的 EC2

图 2-2 按交付资源及功能分

按照云服务提供者与用户的关系，云计算可以提供三类服务（见图 2-3）。

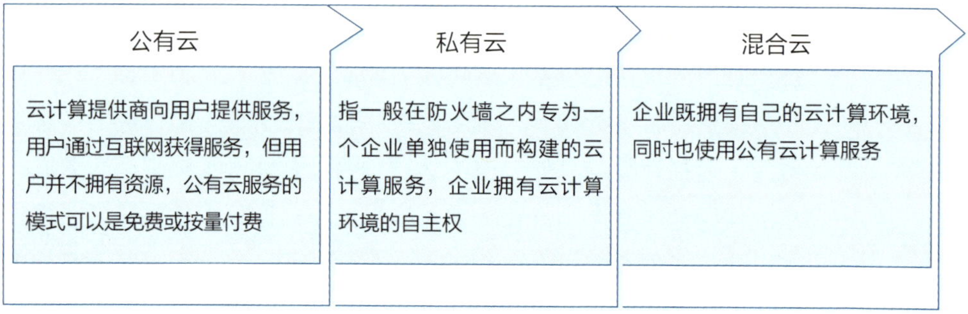

图 2-3　按云服务提供者与用户的关系分

图 2-4　公有云和私有云比较

资料来源：Oracle、东方证券研究所

云计算的特征如图 2-5 所示。

图 2-5　云计算的特征

二、国际国内发展现状

云计算产业正处于发展迅速的新阶段，未来几个发展趋势应引起我们关注。

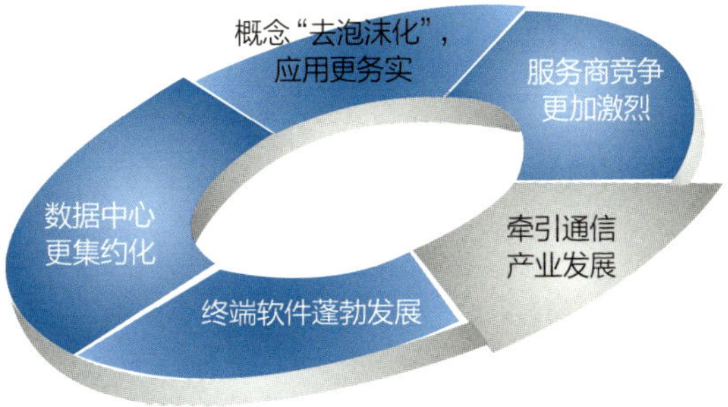

图 2-6　云计算技术的发展趋势

（一）云计算的发展

云计算的发展演变从1990年左右开始，经历了网格计算、公用计算、软件即服务（SaaS）几个阶段。云计算的发展也是并行计算（Parallel Computing）、分布式计算（Distributed Computing）和网格计算（Grid Computing）的发展，或者说是这些计算机科学概念的商业实现。

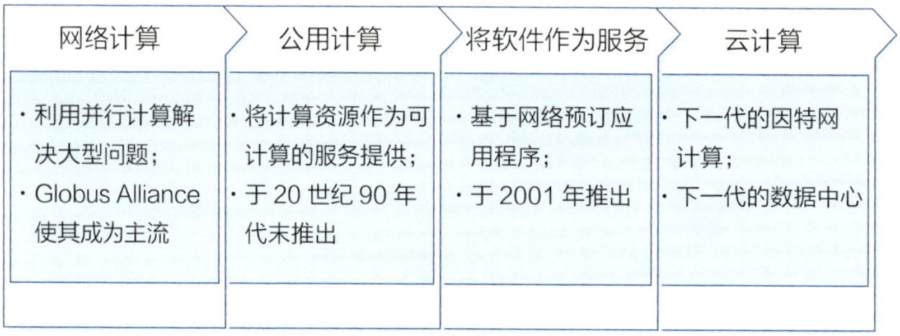

图2-7　云计算的技术演进

资料来源：中国云计算网、东方证券研究所

云计算共有三个发展阶段：准备阶段、起飞阶段、成熟阶段。准备阶段（2007—2013年），主要是技术储备和概念推广阶段，解决方案和商业模式尚在尝试中。在起飞阶段（2013—2020年），产业高速发展、产业生态环境建设和商业模式构建成为关键词，进入云计算产业的“黄金机遇期”，公有云、私有云、混合云建设齐头并进。

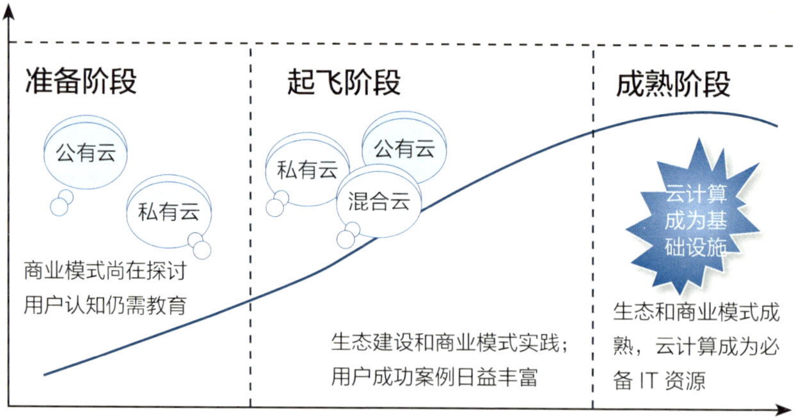

图2-8　云计算的发展阶段

在成熟阶段（2020年至今），云计算产业链、行业生态环境基本稳定；各厂商解决方案更加成熟稳定，并提供丰富的云服务产品。

（二）云计算的应用与市场分析

云计算已经广泛应用于多个领域，如制造业、医疗行业、政府部门、教育行业、交通行业、金融行业和电信行业等。制造业需求。目前制造业开始建设一些云系统，使用更先进的信息化服务模式以提高其竞争力，如中国航天二院的云制造平台、天津卓朗科技的数字化工程仿真云平台和宁波市云制造服务平台等。医疗卫生行业已经尝试推广应用云计算。云计算可以把分散于各自医院内部的大量医疗资源集中起来，建设信息化平台和医疗信息系统（HIS）、PACS等体系，以提高医院的服务水平与核心竞争力。政府部门利用云计算技术实现跨部门、跨区域的协同办公和数据资源的共享。高校科研院已经开始研究云计算技术并尝试应用，如北京工业大学用于科研的云计算平台。云计算在交通行业也已有应用，如Google地图服务，伦敦交通局与微软合作推出的移动应用开发平台等，但

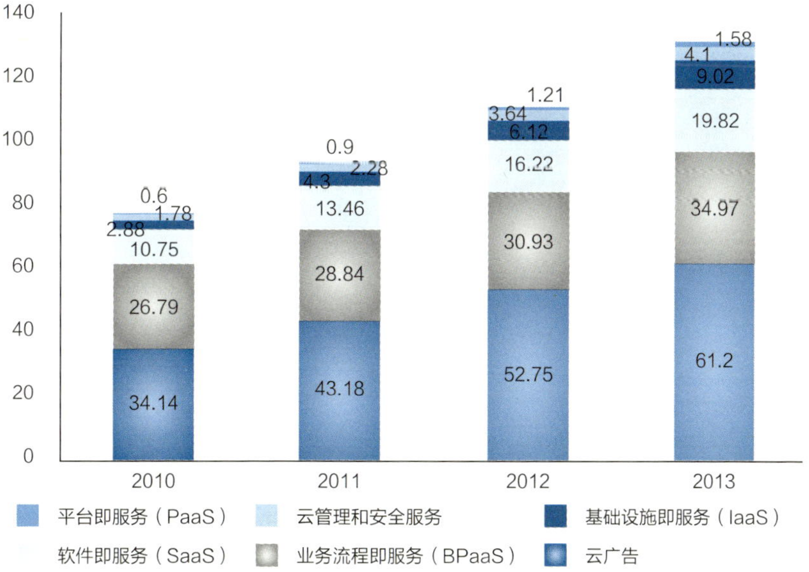

图2-9 2010—2013年全球公有云市场规模增长（单位：十亿美元）

资料来源：Wind、建投研究院

在国内交通行业的应用尚处于研究阶段。大型金融机构已经建立数据中心和灾备中心，并通过数据的大集中实现了信息和功能的跨区域共享，信息化程度相对较高，而中小金融机构面对云计算相对保守或信息化能力不足。电信行业把云计算作为未来数据业务的重点，推出了各自的云计算计划，如 2009 年，中国移动启动大云计划，中国联通启动“互联云”，2011 年中国电信启动星云计划。

作为信息技术领域发展的最新成果之一，云计算产业在全球市场尚处于发展初期，发展空间十分广阔。数据显示，2013 年全球公有云服务规模已达到 1307 亿美元，较 2012 年增长 19%。

从服务内容来看云市场结构，云广告占据近半份额，成为最大的公共云细分市场。Gartner 预测 2013—2016 年，全球云服务支出总计将达 6770 亿美元，其中 3100 亿美元都将花在云广告服务上。云业务流程服务（BPaaS）是继云广告之后第二大的云服务细分市场，占到 2013 年云计算总支出的 27%。其后依次是云应用服务（SaaS）占 15%，云计算基础设施服务（IaaS）占 7%，云管理和云安全服务占 3%，云平台（PaaS）占 1%。

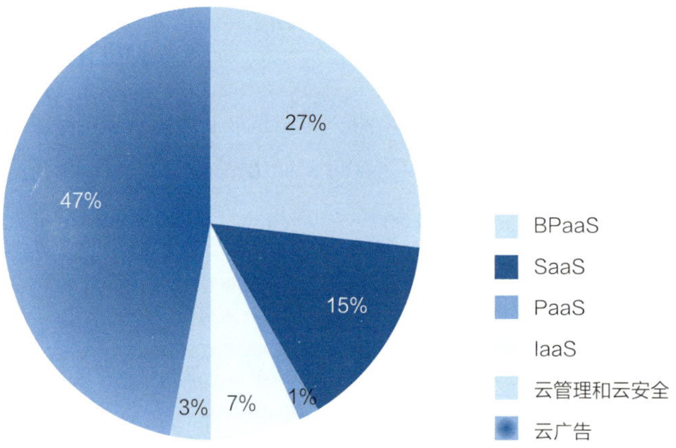

图 2-10　2013 年全球公有云市场结构

资料来源：Wind、建投研究院

根据 Forrester 发布的调查报告显示，2020 年全球云计算市场规模将增至 2410 亿美元，年复合增长率为 22% 左右。在云计算的三种服务模式中，SaaS 的市场规模占比是最大的，比例为 85% 左右，

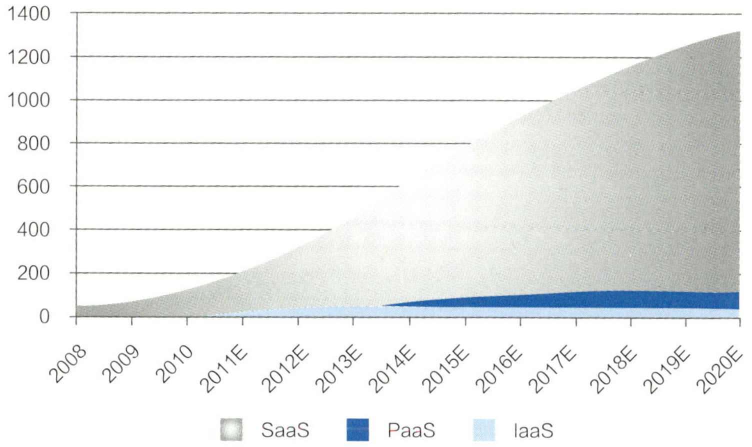

图 2-11 全球公有云市场规模预测（单位：亿美元）

资料来源：Forrester、全元证券

PaaS 的占比为 10% 左右，IaaS 的占比为 5%。越来越多的企业开始采用 SaaS，2011 年该市场规模达到 212 亿美元，2016 年将达到 928 亿美元，这个时候的 SaaS 市场就将接近饱和。

从国家和地区发展格局来看，美国领跑全球云服务市场，欧洲、日本云计算受到挤压。2011 年全球云计算服务规模约为 900 亿美元，美国云服务市场规模约占全球 60%，远高于欧洲（24.7%）和日本（10%）等地区和国家。

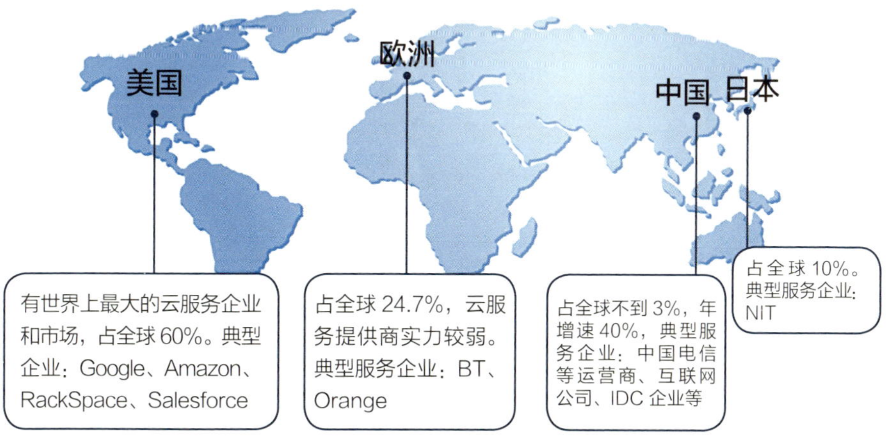

图 2-12 全球云计算市场布局

数据来源：Gartner 公共云服务预测报告，2011 年 6 月

Gartner 报告显示，从云计算兴起至今，北美市场始终是应用公有云服务最大的地区；西欧市场的公共云普及率将继续保持第二的排名，公共云在所有云计算支出占到 24% 的比例。

随着云计算的发展，全球云计算市场的势力地图必将会重新划分。2009 年，美国云计算市场占全球市场的 60%，而到 2014 年这个比例将减小到 50% 以下，西欧各国云计算市场份额比例将超过 29%。在亚太区，日本、新加坡、中国香港正在竞争亚太区云计算中心的地位。日本将从完善基础设施建设、改善制度、鼓励创新三方面推进云计算发展，培育新市场，使其 2020 年前累计规模超过 40 万亿日元（约 3 万亿元人民币）。未来几年印度的云计算市场也将迎来一个快速发展期，尤其是作为云计算重要组成部分的 SaaS，预测到 2015 年印度 SaaS 应用总收入将突破 6.5 亿美元。同

图 2-13　云计算不同层次的主要公司

资料来源：东方证券研究所

时中国市场也显示出较大的发展潜力。在用户群体方面，金融服务组织仍是公有云服务的最大用户，而在2015年，高技术产业、制造业、金融业以及公共服务业将会成为采用云服务的核心企业。

从企业竞争格局看，目前在全球TOP100的云计算企业中，美国占84家，欧、日等地区和国家的发展空间受到美国企业的挤压，在全球TOP100的云计算企业中，欧洲只有9家，日本无一家企业上榜。云计算世界已分化两大阵营，形成了两大垄断集团：第一大垄断集团是亚马逊和谷歌，第二大垄断集团是EMC和VMware。除此以外，SAP、甲骨文、苹果、IBM、戴尔、微软等都在积极推广云计算服务。其中，亚马逊占全球IaaS市场的40%、微软占全球PaaS市场的64%；Salesforce占全球SaaS市场的21%。

我国云计算的发展始于2008年，正好处于全球云计算兴起兴盛的阶段，牢牢把握住了行业发展的机遇期，因此也能够在市场格局未定的情况下实现诸多突破性成果。2008年至今，我国云计算市场规模一直保持飞速增长，年平均增长61%，2013年市场规模已达到752.37亿元。

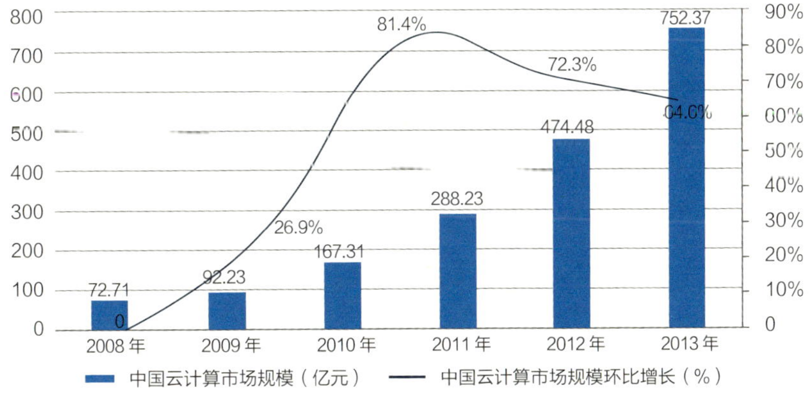

图2-14 中国云计算市场规模及增速

资料来源：Wind、建投研究院

从内部结构看，我国公共云服务市场仍处于低总量、高增长的产业初期阶段。据估计，2013年我国公共云服务市场规模约为47.6亿人民币，增速较2012年有所放缓，但仍达到36%，远高于全球平均水平。2013年，我国的IaaS市场规模约为10.5亿元，增速达到了105%，显示出旺盛的生机。我国PaaS市场在众多互联网巨头的介入和推动下得到了迅速发展，2013年市场规模增长近20%，但由于目前国内PaaS服务仍处于吸引开发者和产业生态培育的阶段，整体市场规模并不大。

阿里巴巴和百度等大型互联网企业，以及在信息通讯方面占据绝对优势的大型供应商（如华为、中国电信、中国联通、中国移动等）都是最主要的云计算服务提供商。其业务形式以“IaaS+PaaS”形式的开放平台服务为主，其中IaaS服务相对较为成熟，PaaS服务初具雏形。

三、对产业的影响

云计算技术正不断打破既有技术锁定和传统垄断体系，推动着产业链和产业力量的分化重组，催生新兴产业体系，为重塑产业格局带来新的重大机遇。

云计算产业的发展对制造业、金融业、信息产业、农业等起到很好的提升和支持作用，同时将为发展高新技术产业提供强大的支持，对改造提升传统产业提供科研创新的平台。利用云计算平台，围绕优势特色产业，可以在科研、原料采购、资源调配、生产、销售、仓储、运输等环节实现信息集成，促进产业升级，提升产业核心竞争力。

图2-15具体显示了云计算技术对产业的影响。

（一）云信息：云计算对信息产业的影响

信息产业是指计算机和通信设备行业为主体的IT产业，是云计算诞生的大环境，也是受影响最深的产业。

云计算构建更大规模的信息产业生态系统。云计算在信息产业具有极大的产业带动力量，包括从芯片、服务器、网络设备、存储

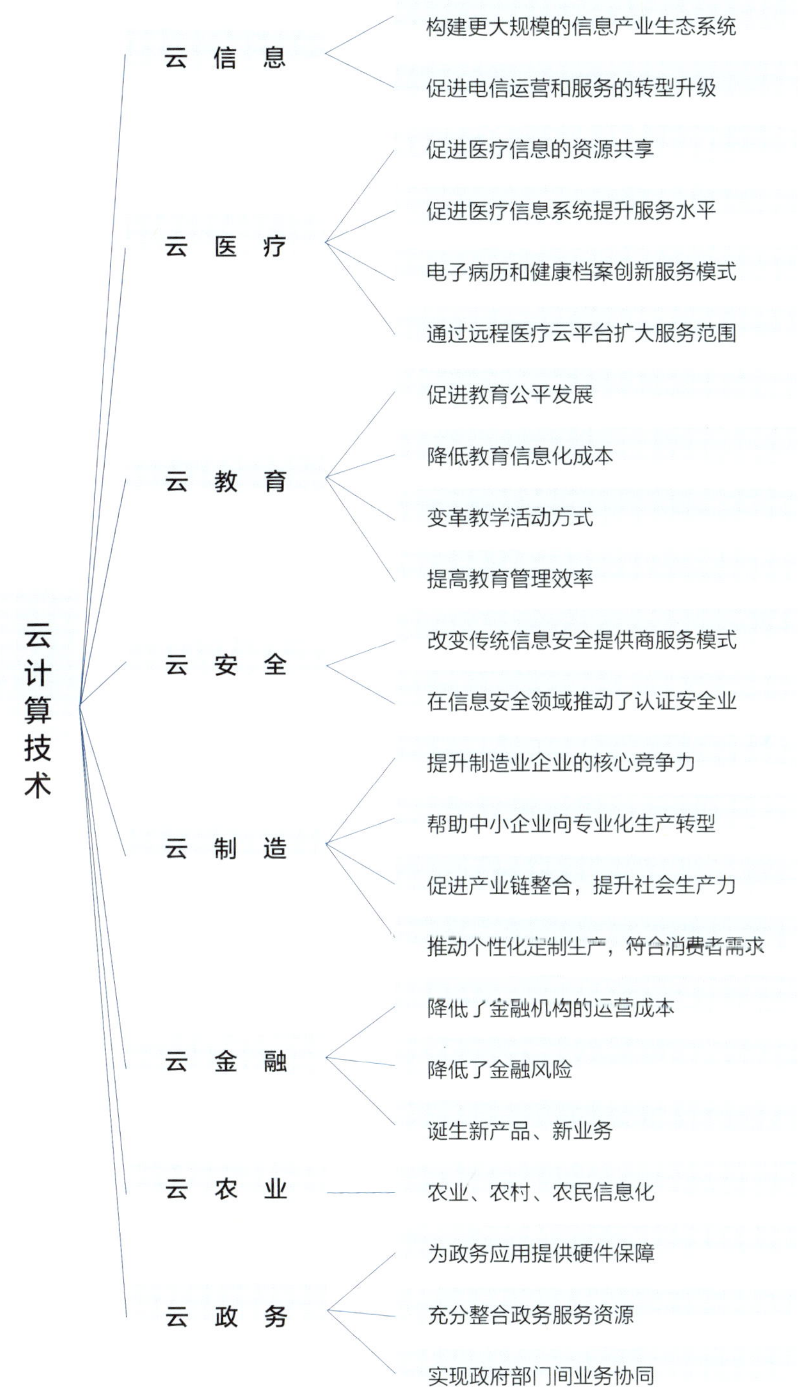

图 2-15 云计算技术对产业的影响

等硬件设备，到平台软件、中间件、应用软件、信息安全厂商，到服务运营和外包服务商，以及政府、企业、个人用户，都将成为大规模生态系统的一员。在云计算的驱动下，新的业态和新的商业模式将层出不穷，各种融合式创新将不断涌现，从而推动信息产业整体产值的大幅提升。

云计算促进电信运营和服务的转型升级。伴随数据量和带宽增加以及移动互联的发展，要求电信运营商走向云计算，否则其运营效率和模式都不具长期竞争力。中国电信、中国移动、中国联通等传统电信企业通过对不同国内行业用户需求分析与云产品服务研发、实施，打造自主品牌的云服务体系。此外，通过云计算构建新兴商业模式的基础资源平台，提供公用 IT 服务，提升传统电信经济的效率，将加速电信运营商平台化趋势与产业链的整合趋势，并在应用层面推动云计算的落地。电信企业从提供的各类付费性云服务产品中得到大量收入，实现电信企业利润增长。

（二）云医疗：云计算对医疗健康的影响

云医疗 (Cloud Medical Treatment，简称 CMT) 是指在云计算、物联网、3G 通信以及多媒体等新技术基础上，结合医疗技术，旨在提高医疗水平和效率、降低医疗开支，实现医疗资源共享，扩大医疗范围，以满足广大人民群众日益提升的健康需求的一项全新的医疗服务。云医疗包括云医疗健康信息平台、云医疗远程诊断及会诊系统、云医疗远程监护系统以及云医疗教育系统等。

1. 云计算可以促进医疗信息的资源共享

云计算加快了医疗信息资源的建设，实现了信息资源共享，提高了整个医疗机构服务水平，也降低医疗行业信息系统建设成本。通过推动医疗卫生服务和管理机构之间的标准建设，数据共享，信息整合，有效规划信息系统建设和整合，提高医疗卫生机构的医疗质量和服务能力，运营管理效率，实现以患者为中心的医疗信息化系统建设。

2. 促进医疗信息系统提升服务水平

在医院数字化建设中，医院以医疗业务为核心，整个诊疗过程都是以病人为中心，病人医疗信息能够在各科室实现共享，深层次利用病人信息，进行数据挖掘、分析和利用。全面整合医院内的管理信息、患者的诊断及治疗、费用信息及经营管理，实现医院各项业务数字化运作和智能化管理。并与医院外部的信息系统进行数据交换和信息共享，全方位提升医院的服务水平。

3. 电子病历和健康档案创新服务模式

云计算可以将电子病历、预约挂号、电子处方、电子医嘱以及医疗影像文档、临床检验信息文档等整合起来建立一个完整的数字化电子健康档案系统，并将健康档案通过云端存储便于作为今后医疗的诊断依据以及其他远程医疗、医疗教育信息的来源等。基于云计算的电子病历和健康档案共享将为医院和病人节约大量时间，提高医疗运作效率。它大大改善现有信息资源孤立的状况，有利于形成医疗信息大联合的景象，从而将整个社会的医疗资源和各种医疗服务，如医院、专家、远程服务、社会保险、医疗保险、社区医疗、药品供应厂商、数字医疗设备供应商等通过“云”连接在一起，以实现全面整合医疗信息资源，提升整体医疗水平和效率的目标。

4. 通过远程医疗云平台扩大服务范围

云计算技术下的远程医疗大大扩展了有限医疗资源的服务范围，提高了医疗资源的使用效率。大型医院运用数字化医疗设备、计算机网络平台和各类应用软件系统对医疗服务和管理信息进行收集、整理、统计、分析和反馈。基层卫生机构运用云计算，通过数据、文字、语音和图像资料的远距离传送，实现专家与病人、专家与医务人员之间异地“面对面”的会诊。针对边远地区和社区门诊，通过云计算技术远程诊断及会诊系统，在医学专家和病人之间建立起全新的联系，使病人在原地、原医院即可接受远地专家的会诊并在其指导下进行治疗和护理，可以节约医生和病人大量时间和金钱。

远程医疗云平台也可用于医疗教育系统中。在以云计算技术为基础的医疗健康信息平台基础上，以现实统计数据为依据，结合各地疑难急重症患者进行远程、异地、实时、动态电视直播会诊以及进行大型国际会议全程转播，并组织国内外专题讲座、学术交流和手术观摩等手段，可极大地促进我国医疗事业的发展。

（三）云教育：云计算对教育领域的影响

云教育是云计算技术在教育领域的迁移，是未来教育信息化的基础架构，包含了教育信息化所必需的一切软硬件计算资源，这些计算资源虚拟化之后，向教育机构、教育从业人员和学生提供以计算资源为形式的服务。

1. 云计算促进教育公平发展

云计算使教育信息资源的共建、共享更为便捷，大大促进了教育的公平性。目前我国各级教育行政机构、学校和教育企业已经建设了大量的教育信息资源，并且还在建设更多的教育信息资源。由于可以将教育信息资源存储在云上，这样使教育信息资源的共享将更为方便与快捷。各个教育机构或信息资源建设人员也可以利用云计算所提供的强大的协同工作能力实现教育信息资源的共建。受教育者不再局限于学校的学生，只要以低成本获取接入资格，就都可以公平地享用教育资源。教育的公平和普及将有利于全民素质的提高。

2. 云计算降低教育信息化成本

教育云计算能够节约学校等教育机构在计算机、网络交换、教学软件等软硬件设备上的购买和维护成本，从而降低教育信息化的成本。目前，各级大中小学都配备着大量的计算机和网络设备，为了满足越来越多的计算需求，学校不得不经常购买更新计算机和网络设备。云计算固有的特点使其比其他新技术更容易进入学校。如果使用云计算服务，绝大部分计算任务交给云端（分布式计算机服务器）来完成，学校只需让电脑接入互联网即可。云计算能把分布在大量的分布式计算机上的内存、存储和计算能力集中起来成为一个虚拟的资源池，并通过网络为用户提供实用计算（Utility Computing）服务。云计算对用户端的设备要求很低——这一特点决定了云计算将会在学校大受欢迎，可以为学校节约大量的计算机、网络交换等硬件设备的购买和维护成本。Google APP 提供的教育套件也能大大降低软件购置和更新成本。

3. 云平台变革教学活动方式

利用云计算平台，实现网络教学、移动教学、自主学习，通过资源汇总形成云端资源池，让传统的“填鸭式”教学转变为一个自由而宽松的“自我为主”的开放式教育方式。学生可以根据自己的需要，在自己的学习终端上选择不同的课程组合、主讲老师，并及时获得老师帮助、与同学分享，完全自主掌控学习节奏，有针对性地“查漏补缺”，形成个性化“定制教育”。

此外，一些教育云计算项目中提供的云共享功能使得学习进度随时上传到云终端，这样，学生在任何时刻任何地方，都可以利用台式电脑、笔记本电脑或是手机等终端接入系统，从而继续学习进度。

4. 云计算提高教育管理效率

云计算以其通用性、高可靠性、共享、公用的特点，可以将不同平台、不同后台数据库的管理系统有机地整合在一起，招生管理、注册管理、学位管理、校友管理、教师管理、学籍管理、教务管理、培养管理、就业管理、公寓管理等各管理系统的数据，可以按需求便捷提取到决策支持系统，进行数据汇总、分析和统计，依据科学的统计分析，做最正确的决策。使各管理部门实现精细化管理、精准化管理，显著提高教育管理效率。

（四）云安全：云计算对信息安全业的影响

云安全是中国首创的云计算应用范畴，在国际云计算领域独树一帜，在反病毒领域得到广泛运用。云计算发展的最大风险即在于安全和隐私问题，云安全可以说是决定云计算未来发展水平的关键因素之一。

云安全的原理是通过网状的大量客户端对网络中软件行为的异常监测，获取互联网中木马、恶意程序的最新信息，推送到服务端进行自动分析和处理，再把病毒和木马的解决方案分发到每一个客户端，使得整个互联网变成了一个超级大的杀毒软件。

云计算改变了传统信息安全提供商的服务模式。云计算扩展了传统信息安全提供商的服务领域，对其业务能力提出了更高的要求；同时，对于传统的反病毒、入侵检测和防御厂商而言，他们利用云计算平台，获得共享的病毒库减少了每台机器上的资源占用，也能大大提升了服务能力和水平。

云计算的发展还推动了认证安全业发展，诞生出了信息安全领域的新业态。在各国为政府采购云服务所建立的制度体系环境中，第三方评估和认证成为保障云服务质量和安全性的必要手段。目前美国、德国、日本、韩国等多个国家的第三方组织已开展了云计算评测活动，并推动传统的软件评测认知业务的转型提升发展。

（五）云制造：云计算对制造业的影响

云计算对制造业的影响主要表现在创新了制造业的运营模式，诞生出“云制造”。云制造借鉴了云计算的“服务为中心”精神，提出“制造即服务”，不直接出售标准产品，而是将“制造能力”作为商品出售，提供更多个性化定制产品。云制造将制造业资源进行虚拟化、优化调度并协同互联，这些制造资源包括制造全生命周期活动中的各类制造设备（如机床、加工中心、计算设备）及制造过程中的各种模型、数据、软件、领域知识等。

云制造是希望采取包括云计算在内的当代信息技术前沿理念，支持制造业在广泛的网络资源环境下，为产品提供高附加值、低成本和全球化制造的服务。

在企业层面上，采用云制造模式的企业能够通过购买服务的方式，降低设计与制造成本，大幅缩短企业产品升级换代周期、提高产品性能、提升企业信息化能力、大幅提升工业企业的自主创新效率，并推动企业核心竞争优势的提升。

云制造模式尤其适合专业化中小企业的发展。基于互联网的云制造服务平台支持制造外包，可实现制造资源和制造能力的网上交易，帮助专业化的加工制造企业赢得更多商业机会，促进中小型制造企业优胜劣汰，实现企业的合理分工与高效协作。

在产业整合层面上，云制造能将个性化的工厂、小设备公司结合起来，形成一个制造个性化产品的产业链条，完成只有大公司才能完成的制造实践，充分利用分工提升社会生产力。

对于消费者和整个社会来说，将获得种类更加丰富、更符合消费者需求的制造品，提升消费体验，促进制造业实现质的飞跃。

（六）云金融：云计算对金融业的影响

云金融是指基于云计算商业模式应用的金融产品、信息、服务、用户、各类机构以及金融云服务平台的总称。云平台有利于提高金融机构迅速发现并解决问题的能力，提升整体工作效率，改善流程，降低运营成本。从技术上讲，云金融就是利用云计算机系统模型，将金融机构的数据中心与客户端分散到云里，从而达到提高自身系统运算能力、数据处理能力，改善客户体验评价，降低运营成本的目的。

1. 云金融信息处理系统的构建降低了金融机构的运营成本，避免造成大量 IT 资源的重复建设

云计算的最大优势就是利用并行计算、分布式计算和网格计算节约了软硬件资源，共享的基础设施和数据信息大大降低了金融机

构各自建立信息处理系统的物力成本和费用，提高了线上（虚拟化）的业务收入，实现效益最大化。

2. 不同类型的金融机构分享金融全网信息，降低了金融风险

金融机构构建云化的金融信息共享、处理及分析系统，可以使其扩展、推广到多种金融服务领域。诸如证券、保险及信托公司均可以作为云金融信息处理系统的组成部分，在全金融系统内分享各自的信息资源。通过分析全网信息，金融机构能够更准确地挖掘隐蔽的经济趋势，提前预警并防范，一定程度上可以降低系统性金融风险的发生概率；金融机构也可以利用云端信息分析个别客户的信用情况，降低业务风险。

3. 云计算时代的金融业诞生了新产品、新业务

基于云计算技术，金融业也再次发挥创造性，迎合市场需求，出现了例如云保险、一站式财富管理等新兴业态。

云计算在金融行业中的首要问题就是如何保障信息的安全可靠，包括避免数据信息泄漏、非法使用、丢失以及保证信息的真实可靠等。这种对信息安全的担忧促进了云保险业的诞生，即保险公司对于云服务提供商可能发生的服务失败做出经济赔偿的承诺。

此外，基于云服务平台，金融机构可以将不同地理位置的服务器、风险控制中心、客服中心等部分联结起来，共同组成该金融机构的产品服务体系，为不同地理位置的不同客户提供同样细致周到的产品体验。在这种模式下，客户不再需要去往特定的营业部或柜台办理特定手续，从而有效解决了金融机构饱受诟病的用户服务体验问题，改善吸引、留住和服务客户的方式，并扩大其服务的市场，提升了金融机构的形象。

（七）云农业：云计算对农业领域的影响

通过云计算等基础设施建设，对农业生产的各种要素进行数字化设计、智能化控制、精准化运行、科学化管理，实现云服务与农

业发展紧密结合，从而推动农业信息化的建设，引发了传统农业的转型升级，诞生出了“云农业”。

云农业是指以云计算商业模式应用与技术（虚拟化、分布式存储和计算）为支撑，统一描述、部署异构分散的大规模农业信息服务，满足千万级农业用户数以十万计的并发请求，满足大规模农业信息服务对计算、存储的可靠性、扩展性要求。

在农业生产中，信息化平台使农业数据更加精确、全面、即时，而通过云计算进行的数据挖掘可以有效帮助管理者做出决策。云计算与农业的结合使得农民或农业管理者能够按需部署或定制所需的农业信息服务，实现了多途径、广覆盖、低成本、个性化的农业知识普惠服务，帮助农民增产、增收；同时农业生产中通过软硬件资源的聚合和动态分配、实现资源最优化和效益最大化，降低了服务的初期投入与运营成本。

农民在生活中可以借助云平台信息传播媒体，设计并提供针对农村、农业、农民特点和使用习惯的软件与服务，以提高农民生活素质。

（八）云政务：云计算对电子政务的影响

云政务是云计算在政府中的应用，可提供对海量数据存储、分享、挖掘、搜索、分析和服务的能力，使得数据能够作为政府的无形资产参与到统一有效管理中。通过对数据集成和融合技术，打破政府部门间的数据堡垒，实现部门间的信息共享和业务协同。通过对数据的分析处理，将数据以更清晰直观的方式展现给领导，为领导更好的决策提供数据支持。

1. 云计算中心将为政务应用提供硬件保障

在传统电子政务建设模式，省市政府各部门一般自行建设机房，导致大量硬件设备的利用率不高，各部门累计的运行维护费高居不下。通过建立统一的云计算中心，根据各部门业务量统一采购服务器、交换机等硬件设备，统一进行运行维护，可以大大提高硬件设备的利用率，减少机房工作人员数量，降低硬件设备的运行维护成本，并便于管理。

政府云计算中心的设立除了降低硬件设施成本、提高运作效率外，由分散向集中的转变使得政务应用得到了更专业化的硬件保障，避免了经常受到个别操作失误、个别机房故障的影响。

2. 云服务平台将充分整合政务服务资源

传统电子政务模式下，政府部门各自为政，电子政务系统分散建设、分散管理、分散运维，暴露出很多问题，如重复建设、信息孤岛、高投入低效益等。采用基于云计算技术的电子政务模式，统一采购软硬件设备，对政府信息系统进行统一管理、统一运维，对各地方、各部门的政务信息汇总管理，不但可以减少政府财政投入，而且便于信息资源整合，发挥电子政务的整体效益。

3. 云交换平台将实现政府部门间业务协同

经过“金字工程”等电子政务重大工程的建设，垂直管理部门的纵向电子政务已经达到比较高的水平。但国务院、各省市政府的横向电子政务比较滞后。云计算技术的发展给政府信息资源横向整合带来了契机。例如，建设基于云计算技术的大 OA 系统，使之具有网上办公、信息发布、行政审批、电子监察、信息归档等功能，各部门可以定制自己的业务流程，并实现跨部门业务流程在各部门的对接，就可以实现政府部门之间的信息共享和业务协同。

四、中国面临的机遇与挑战

国内企业的云计算发展水平较国外企业差距并不大，目前已经在千万亿次高效能计算机、高端容错计算机、网络计算平台软件技术、PB 级海量存储系统与数据处理技术等方面积累了一批技术成果；大型互联网企业开发了云主机、云存储、开放数据库等基础信息资源服务等；电信和 IT 设备制造在云计算专用服务器、存储设备、企业私有云解决方案的技术研发上具备了一定实力，专用服务器产品已经开始进入国际市场；IDC 企业依托自己的数据中心开始提供弹性计算、存储于网络资源等服务；软件厂商逐渐转向云计算领域。

云计算产业格局在国际上尚未定型，技术体系和标准有待成熟，对中国而言存在发展窗口期，况且我国已经具备一定的产业基础，云计算的技术特点和开源化趋势也为我国企业提供了掌握核心技术、实现局部突破的良好契机。

（一）我国发展云计算的机遇

1. 经济社会发展需求为云计算发展提供了难得的历史机遇

中国的人口基数决定了云计算在中国的巨大需求。推进经济社会各领域的信息化，需要利用信息和网络技术优化服务业态、创新服务模式和改善社会公共服务，这对云计算服务带来巨大的潜在需求。中国云计算服务市场规模近年来正以每年 50% 的速度增长，预计到 2015 年末将达到 136.69 亿美元。

2. 云计算领域的技术尚未成熟，对我国而言存在窗口期

云计算的概念提出时间不长，云计算产业格局在国际上尚未定型，技术体系和标准有待成熟，未来还有很大的发展空间。对中国而言存在发展窗口期。况且我国已经具备一定的产业基础，云计算的技术特点和开源化趋势也为我国企业提供了掌握核心技术、实现局部突破的良好契机。

3. 我国在云计算领域与国外基本处于同一起跑线，有机会实现超越发展

业内专家认为，在云计算的机遇面前，国内运营商与国外相比没有差距，并且在中国这个巨大的互联网市场上具备本土化优势。传统巨头的技术优势在云计算时代将构不成优势。云计算在国内乃

至整个互联网的发展需要的不是一两家厂商的努力，而是整个产业共同推动。我国在云计算方面的自主知识产权与核心技术方面与外国相比基本上处于同一起跑线，如果抓住机遇，实现技术突破，则有望实现超越，掌握主导权。

（二）我国云计算发展面临的挑战

1. 云计算的相关标准尚未建立，用户对云计算缺乏信任

在云计算发展初期，用户对云服务抱有不信任态度是正常现象，在 IDC 全球调查中，对云计算安全、性能、可靠性等抱有怀疑态度的用户占 70% 以上。在 2013 年工信部电信研究院的调研中，我国用户同样对云服务的稳定性、安全性抱有很大的关心，在用户选择云服务商的时候，首要考虑的三个因素为稳定性、安全性和网络质量。由于我国云计算的标准规范等相关配套制度尚未建立，导致用户在选择云服务时产生顾虑和担忧，在重点行业领域的应用和推广仍面临很多的障碍。国内 IT 采购仍以硬件为主，而国际上以服务采购为主，硬件采购低于 30%，这也阻碍了云计算的发展。

2. 云计算的基础设施还不能完全满足云计算发展的需要

我国互联网在网速方面仍然比较落后，数据的长途传输引起的时间延迟较长，难以满足云计算发展的要求。同时，云计算需要数据资源、软硬件资源更多地部署在网络中，其核心环节就是稳定的互联网数据中心（IDC），并以此承载若干的应用服务平台。我国许多科技园区或大企业拥有自己的数据中心，但是这些传统的数据中心分布比较分散，存在高能耗、高成本、低效率等问题，无法满足云计算发展的需要。少数企业数据中心规模较大，还需进一步整合，更多现有的数据中心还达不到提供云服务的要求。

3. 信息安全和隐私保护问题仍是制约云计算发展的关键因素

云计算在安全方面的弱点是制约云计算应用和发展的一个重要

问题。“云安全”包括两个层面：一是用户层面担心的数据安全问题，包括由于系统不可靠造成的数据丢失，以及可能被对手或黑客攻击并窃取隐私或商业秘密。用户将数据存放在“云”中，并不能确保 100% 的安全，会面临黑客攻击、信息窃取等安全威胁。二是国家层面的安全问题。由于公有云计算环境由外部供应商提供并与他人共享，这就有可能导致有关国家经济、军事、政府部门的敏感数据以及科研成果失窃，从而威胁到国家的经济和社会安全。

五、应对策略

（一）加强云计算的宏观指导，纳入国家级战略规划

加强战略引导，统筹我国云计算发展总体部署和宏观管理，将云计算纳入国家级战略发展规划，统筹云计算基础设施规划。发挥部门和地方的积极性，形成多层次、多渠道加强云计算科技工作的格局，推进地方云计算科技工作与国家云计算科技工作的有机衔接，统筹部署云计算基础技术研发、产业化及在关键领域的应用。加大对云计算相关技术研发的扶持力度，建立企业、科研院所和高等院校产学研相结合的云计算产业创新联盟，加强关键、共性技术的联合攻关，形成产业技术创新链。充分发挥政府投资的引导和撬动作用，进一步拓宽云计算产业投融资渠道。鼓励科技型中小企业技术创新基金中心重点支持相关技术研发及应用，鼓励中小企业通过中小企业板、创业板上市发展。

（二）充分考虑云计算的需要，加强信息基础设施建设

在信息基础的规划和建设过程中，要充分考虑云计算发展的需求，避免基础设施成为云计算应用的瓶颈。首先，应提高互联网的速度和可靠性。要进一步评估云计算发展带来的网络带宽和可靠性要求，力求布局网络基础设施建设时以满足云计算应用需求为标准。

其次，在基础设施建设规划中，应统筹考虑大规模数据中心的建设和布局，为云计算市场增长提供有力保障。在市场准入方面，应考虑对有条件的云计算服务商发放全国性数据中心牌照，同时注意区域布局问题，避免不必要的重复建设。

（三）采取多种措施，努力解决“云安全”的问题

云计算的优点远大于风险，如果精心策划、认真实施，风险是可以缓解的。首先，要大力扶持自主知识产权云计算的发展，防止核心技术被外国企业控制。加强对相关技术的研发，增强云计算的安全性；其次，要研究和制定云计算安全法律法规，明确各方责任。应以法律形式明确云服务提供商与用户之间的责任和义务，并以此法规为指导确定云服务的合同范本。用户与服务商之间需要签订协议，具体规定一些详细的责任条款及承担的后果。最后，要做好对云计算服务提供商提供云计算服务水平、保护用户权益的能力进行审查，做好事前、事中、事后的全过程管理。建立云计算安全审计制度，定期对云服务提供商进行以安全为主要内容的全面评估。

（四）加强国际交流与合作，探索制定国家标准

目前，以跨国公司为主导的国际组织已经开始成立相关机构，并在有关国家成立分支机构，积极倡导和参与云计算国际标准的制定。在这种形势下，应由国内社会团体出面，积极开展云计算国际标准研讨交流活动，争取获得同国际云计算机构对等交流的资格。鼓励国内企业或者机构尽快加入云计算国际组织，成为组织成员，并在我国成立分支机构，直接参与国际标准的制定工作。同时，应该在接受国际先进技术标准的同时，大力提倡自主知识产权标准的制定，并将知识产权政策、产业研发政策和标准化政策协调起来，逐步建立云计算的国家标准体系。政府部门在制定标准时，应该使标准的制定程序和过程更加公开透明，积极鼓励国内龙头企业参与国家标准的制定工作。

第3章

物联网技术发展情况及其对产业结构的影响

本章概要

为实现物物相联，物联网有四项关键性技术：射频识别技术（RFID）、传感器技术、嵌入式系统和微机电系统。从技术架构上来看，物联网包含感知层、网络层和应用层三个层面。

物联网从1991年提出至今，欧美日韩等国均提出了智慧社会的计划，并大力发展物联网相关技术。我国在技术领域并不落后于先进国家，并且2009年温家宝总理提出了“感知中国”的讲话，物联网成为我国战略新兴产业之一。2013年，我国物联网市场规模实现4896亿元。预计到2015年，我国物联网市场规模将超7500亿元，年复合增长率超过30%。

物联网从方方面面影响我国人民生活。在产业发展领域，物联网首先影响直接相关的物联网感知制造业和信息通信产业。在应用服务领域，物联网可以实现电力业安全、经济，能及时发现故障快速控制损失；对交通运输业，物联网实现智能交通，并可影响物流运输，实现货物的实时信息分享；对医疗产业，物联网有助于医疗物资的监督管理，实现了医疗信息的数字化，并且使远程医疗变成可能；对制造业，物联网可以实现传统制造业的智能监控、智能管理和智能物流，还可以带动新型制造业的发展；对农业，物联网改变生产模式，实现科学种植、精确控制、高效生产和绿色农业等；对零售业，物联网帮助企业实现产品的质量监管、销售分析、消费者偏好分析、库存优化等。在经济社会领域，物联网是信息化与工业化“两化融合”的切入点，逐渐转变着经济发展方式。同时物联网促进了智慧城市的建立，帮助管理者更好地管理城市。

在我国，物联网发展的优势在于市场潜力巨大，拥有通信网络优势，国家重视物联网产业发展，并且我国又是物联网标准化主导国，在物联网领域与国外基本处于同一起跑线，有机会实现超越发展。而劣势在于目前我国缺乏物联网关键技术、研发投入强度不足、知识产权的法律保护不足，信息安全和个人隐私问题亟待解决，缺乏国家层面统筹规划等。

针对物联网的发展情况，我国应加大研发投资，突破核心和关键技术，加快物联网标准的制定，加强政策引导、充分发挥典型物联网应用的示范作用，完善与物联网安全相关的法律法规建设，加强知识产权建设和隐私保护等，加强国家层面各部门之间以及国际之间的互联与合作。

一、概念及核心要素

物联网（The Internet of Things），即物物相联，是新一代信息技术的重要组成部分。国际电信联盟（ITU）对物联网做了如下定义：通过二维码识读设备、射频识别（RFID）装置、红外感应器、全球定位系统和激光扫描器等信息传感设备，按约定的协议，把任何物品与互联网相连接，进行信息交换和通信，以实现智能化识别、定位、跟踪、监控和管理的一种网络。

根据国际电信联盟（ITU）的定义，物联网可以解决物品与物品（Thing to Thing，T2T）、人与物品（Human to Thing，H2T）、人与人（Human to Human，H2H）之间的互联。物联网可以说是物物相联的互联网，但物联网与传统的互联网不同的是，它不仅可以解决传统互联网所强调的人与人的信息沟通问题，它还可以通过人与物品、物品与物品的互联，解决信息化的职能管理和控制问题。举个简单的例子来说，当我们携带智能手机驾车时，物联网就发挥着重要作用。智能手机可以把我们的位置发送到谷歌，与此同时，谷歌通过用户发过来的信息汇总生成实时的路面交通信息，提供给所有驾车的人查询，这样的网络平台就是物联网的一种。简而言之，物联网可以被理解成一个基于互联网、传统通信网等信息承载体，让所有能够被独立寻址的普通物理对象实现互联互通的网络。

在构成物联网的技术中，有三项关键性技术，分别是传感器技术、射频识别技术（RFID）和嵌入式系统技术。

传感器技术是主要是利用传感器（Transducer/Sensor），感受到被测量的信息，并能将感受到的信息，按一定规律变换成为电信号或其他所需形式的信息输出，以满足信息的传输、处理、存储、显示、记录和控制的需求。

射频识别技术（RFID）是非常重要也是应用最广泛的。它又称无线射频识别，是一种通信技术，可以通过无限电信号识别特定目标并读写相关数据，而无须识别系统与特定目标之间建立机械或光学接触。它已经在包括射频门禁、电子溯源、食品溯源和产品防伪等多个领域进行了实际应用，并在物联网的大环境下对产业发展发挥着重要作用。

嵌入式系统技术是综合了计算机软硬件、传感器技术、集成电路技术、电子应用技术为一体的复杂技术。经过几十年的演变，以嵌入式系统为特征的智能终端产品随处可见：小到人们身边的MP3，大到航天航空的卫星系统。嵌入式系统正在改变着人们的生活，推动着工业生产以及国防工业的发展。如果把物联网用人体做一个简单比喻，传感器相当于人的眼睛、鼻子、皮肤等感官，网络就是神经系统用来传递信息，嵌入式系统则是人的大脑，在接收到信息后要进行分类处理。

从技术架构上来看，物联网包含感知层、网络层和应用层三个层面。感知层指的是通过二维码、RFID、传感器等装置，对物品进行监测的层面。它的作用相当于人的眼耳鼻喉和皮肤等神经末梢，它是物联网获识别物体，采集信息的来源，其主要功能是识别物体，采集信息。网络层由各种私有网络、互联网、有线和无线通信网、网络管理系统和云计算平台等组成，相当于人的神经中枢和大脑，负责传递和处理感知层获取的信息。应用层是物联网和用户（包括人、组织和其他系统）的接口，它与行业需求结合，实现物联网的智能应用。

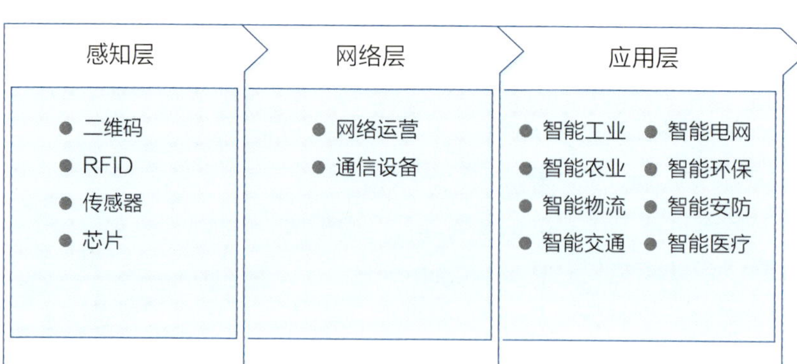

图 3-1　物联网的组织结构

图片来源：投资中国：《2012 年物联网企业投资数据分析报告》

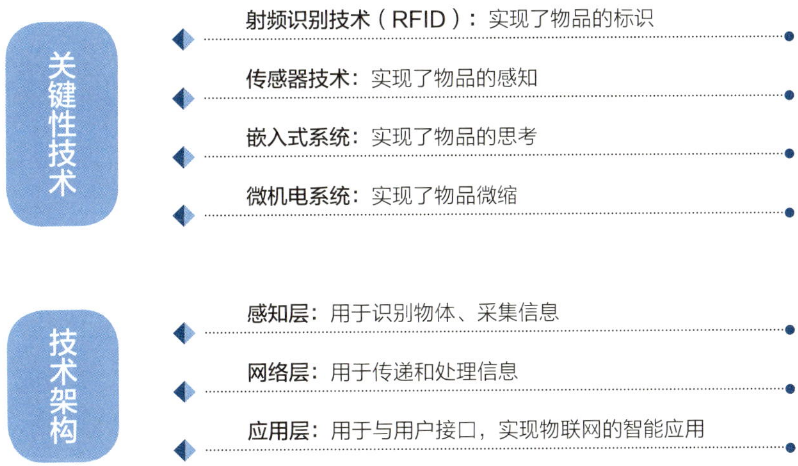

图 3-2　物联网的技术构成

二、国际国内发展现状

图 3-3 简要展示了物联网的发展历程。

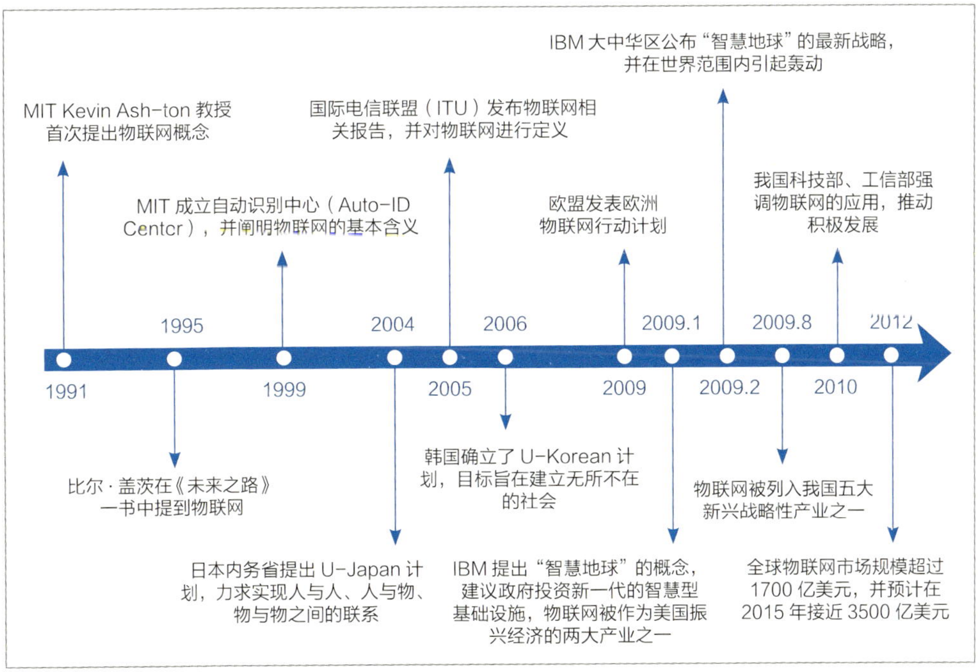

图 3-3　物联网的发展历程

图片来源：麦肯锡全球研究院

（一）国际发展状况

2010 年，美国权威咨询机构弗雷斯特研究公司（Forrester Research）预测：十年后，物联网市场将是人与人的市场的 30 倍。麦肯锡全球研究院在《12 种改变未来的颠覆性技术》报告中指出，物联网在 2025 年之前能够给全球经济带来每年最多 6.2 万亿美元的经济效益。物联网的市场规模自 2007 年起每年都保持 10% 以上的增长速率，并且这个增长速率有逐渐加快的趋势，到 2015 年全球的物联网市场规模预计接近 3300 亿美元，2016 年有望达到 4320 亿美元。

目前，全球已形成了发展物联网的共识，其他国家或地区物联网的发展，诸如新加坡、俄罗斯、澳大利亚、马来西亚等国家也在加快推进下一代网络基础设施的建设，以加强部署物联网经济发展战略。巴西、英国、德国、印度、中国、韩国、马来西亚、俄罗斯、美国、法国和日本等国家全部参与了全球 RFED 运作及标准化协调支持行动，旨在建立 RFID 和物联网相连接的标准化平台，并研究实施研发和应用的构想（见图 3-4）。

图 3-4　各国家和地区物联实施战略

美国作为物联网技术研究与应用的主导和先行国之一，无论基础设施、技术水平还是产业链发展程度，都走在世界各国的前列。美国国家情报委员会将物联网列为 2025 年对美国利益潜在影响的六种关键技术之一。其中的传感网技术，被美国国防部把定为五大国防建设领域之一；美国《技术评论》将传感网络技术看作是未来改变人们生活的十大技术之首；美国自然科学基金委员会制定了传感器网络研究计划，投资3000万美元用来支持相关基础理论的研究。

物联网从最初基于EPC系统的“物联网”研发，到“智慧地球”全面推动，其发展一直如火如荼。美国的“智慧地球”战略推动着物联网应用领域的发展，其中包括：城市安全与管理、公共管理与政务、智能交通与消防、工业生产与监测、个人健康与护理、食品追溯与检测等多个方面。

欧盟于2009年系统地提出了物联网战略研究的关键技术和路径。欧盟同时建立RFID与物联网模型，力推物联网在航空航天、汽车、医疗、能源等18个主要领域应用，明确12项关键技术，以确保欧洲在构建物联网过程中起主导作用。2010年，欧洲数字计划作为“欧盟2020战略”七项旗舰行动的第一项行动，希望利用ICT帮助实现欧盟2020战略目标。

日本总务省2004年提出U-Japan计划，力求实现人与人、物与物、人与物之间的连接，希望将日本建设成一个随时、随地、任何物体、任何人均可连接的泛在网络社会。2009年，日本出台“ICT新政”，公布了新一代的国家信息化发展战略“I-Japan战略2015”。通过一系列的物联网战略部署，日本针对国内特点，有重点地发展了城市交通、卫生医疗、智能家居、环境监测、灾害防护、移动支付等物联网业务。

韩国在2006年也确立了相似的U-Korea计划，旨在建立无所不在的社会，在民众的生活环境里建设智能型网络和各种新型应用，让居民可以随时随地享有科技智慧服务。为成为RFID和传感网行业世界前三强，2010年韩国又陆续出台了推动RFID发展的数项相关政策。

（二）国内发展状况

我国物联网发展与全球同处于起步阶段，初步具备了一定的技术、产业和应用基础，呈现出良好的发展态势。其中，在芯片、通信协议、网络管理、协同处理、智能计算等领域，我国已取得许多成果。在传感器网络接口、标识、安全、传感器网络与通信网融合、物联网体系架构等方面相关技术标准的研究取得进展，成为国际标准化组织（ISO）传感器网络标准工作组（WG7）的主导国之一。

目前，我国物联网应用市场快速增长，产业发展步入黄金期。2013 年，我国物联网市场规模实现 4896 亿元。据预测，到 2015 年，我国物联网整体市场规模将超过 7500 亿元，年复合增长率超过 30%。

物联网技术在安防、电力、交通、物流、医疗、环保等领域已经得到应用，且应用模式正日趋成熟。在安防领域，视频监控、周界防入侵等应用已取得良好效果；在电力行业，远程抄表、输变电监测等应用正在逐步拓展；在交通领域，路网监测、车辆管理和调度等应用正在发挥积极作用；在物流领域，物品仓储、运输、监测应用广泛推广；在医疗领域，个人健康监护、远程医疗等应用日趋成熟。除此之外，物联网在环境监测、市政设施监控、楼宇节能、食品药品溯源等方面也开展了广泛的应用。

三、对产业的影响

新技术的产生和发展，对产业产生的影响主要分三类：颠覆型，改善型与创造型。物联网也是如此（见图 3-5）。

具体来看物联网技术对产业的影响如图 3-6 所示。

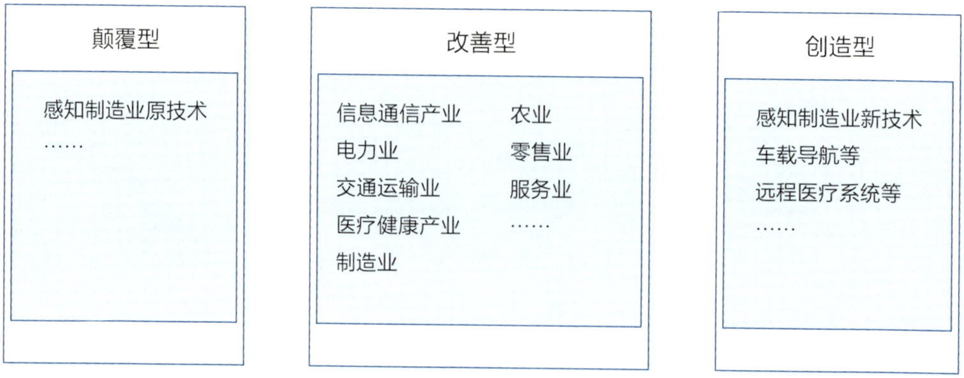

图 3-5 物联网对产业的变革

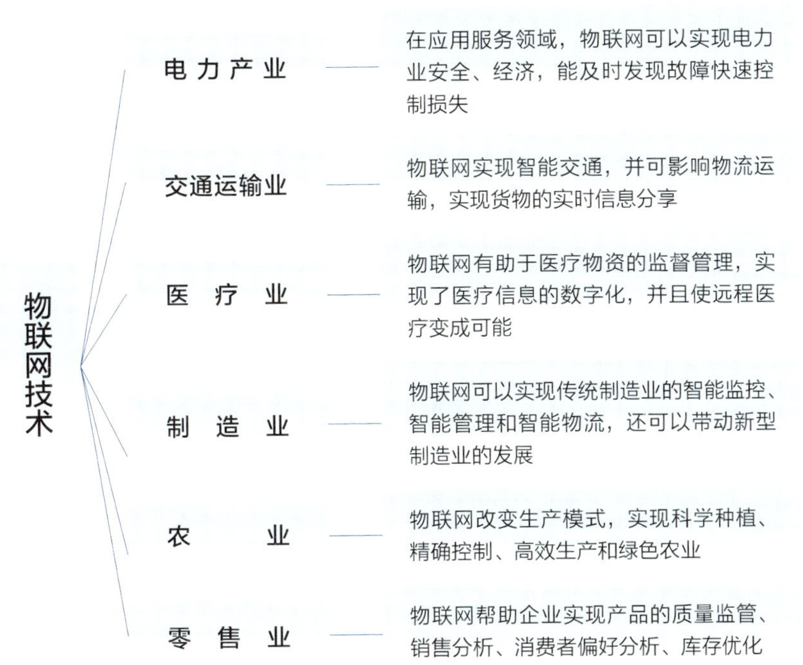

图 3-6 物联网技术对产业的影响

（一）智慧医疗——物联网对医疗产业的影响

物联网的出现使医疗产业更加公平、智能和高效。物联网主要可以应用于医疗物资的监督管理、医疗信息数字化和远程医疗（见图 3-7）。

物联网有助于医疗物资的监督管理，使医疗产业的发展更加透明、公平。通过 RFID 标签，可以实现医疗设备和药品从科研、生产、流动到使用的全方位监控，从而减少医疗器械和药品的非法销售。RFID 标签也可以作为识别假冒伪劣药品和仪器的重要信息，市民可以通过 RFID 标签查询药品和仪器的生产源，判别真伪，从而抑制假冒伪劣药品和仪器的生产。这样一来，医疗产业的发展会更加公平。

物联网实现了医疗信息的数字化，使医疗产业的发展更智能，力求做到智慧医疗。目前医院对医疗信息管理的应用主要集中在身份识别、样品识别和病例识别，具体体现在对病患信息的数字化管理、对医疗急救信息的数字化管理、对药品信息的数字化管理、对血液信息的数字化管理、信息共享互联等。例如，物联网可以记录下病患的家族病史、既往病史、检查和治疗记录、过敏药物等电子健康档案，为医生制定治疗方案时提供帮助，并且通过信息共享互联，无论该病患在哪里就诊，医生都能够获得该病患的过往的医疗信息，加快诊断的精度和速度，同时也便于患者更换医院和医生。所以，物联网使医疗产业的发展更智能。

物联网使远程医疗变成可能，使医疗产业的发展更高效。远程医疗，主要是利用物联网技术和平台，构建以患者为中心，基于危急重病患和慢性病患者的远程会诊和持续监护服务体系。对于慢性病患者，护士和医生可以通过传感器装置远程监控患者的监控状况，为患者在需要治疗时提供建议和帮助。这样一来，既有利于降低患者因突发病症带来的风险，也节约了患者和医护人员的时间和费用，医护人员可以服务更多的病人，大大提高了医疗产业的发展效率。

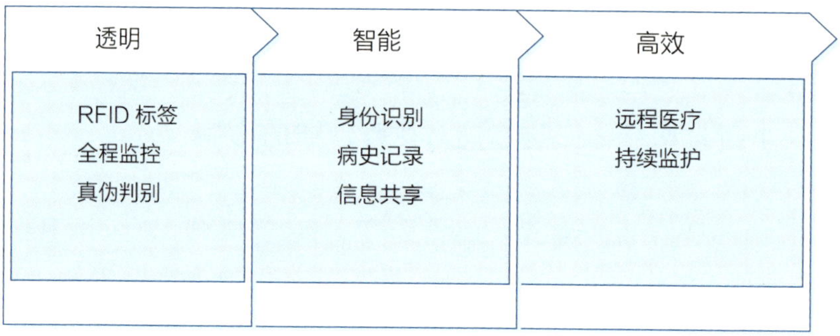

图 3-7 物联网对医疗产业的影响

图片来源：作者自绘

（二）智能制造——物联网对制造业的影响

物联网的出现使传统制造业更加高效、便捷和智能，同时可以带动如 3D 打印这样的新型制造业的发展。

在传统制造业上，物联网可以实现制造业的智能监控、智能管理和智能物流。首先，物联网可以智能监控设备和产品的状态。传感器可以实时监控生产机器的状态，及时检测并汇报机器的潜在问题，减少机器的停工时间。对产品进行检测，确保产品的质量。其次，物联网能够实现制造业的智能管理。一方面，通过信息数字化和物联网，生产车间能够减少原材料库存，只在需要时进口原材料，同时可以完成原材料以及产品的快速查找，盘点货物信息。最后，物联网可以提高生产车间的物流效率。人们可以在传送装置上安装传感装置，传感装置可以实时汇报货物的传输状态，减少货物在传输过程中的闲置等待时间，让生产过程更加透明从而使生产效率最大化。在精细生产中，传感器和促动器可以调整产品的位置，确保它们在到达机床前处于最佳位置，加快加工速度也避免机床拥堵甚至被损坏。

对于新型制造业技术，如3D打印，物联网也有其应用。2013年于美国加利福尼亚州阿纳海姆（Anaheim）召开的SIGGPAPH计算机图形和交互设备会议上，微软公司首席研究员安迪威尔逊在与卡尔威利斯合著的论文中提出了一项在数字化制造过程中把信息嵌入到物体中的技术，这项技术被誉为“开创了读取嵌入3D打印物体内唯一标志符的技术”。通过物品和信息的融合，再把信息进行加工或者直接倒入3D打印设备，就可以打印出该相似或者相同的物品，实现物品与物品的互联。同时，物联网提供的信息平台，可以让人们共享3D打印的模型文件，打印出自己想要的产品。所以，物联网的出现对于3D打印的发展大有益处。

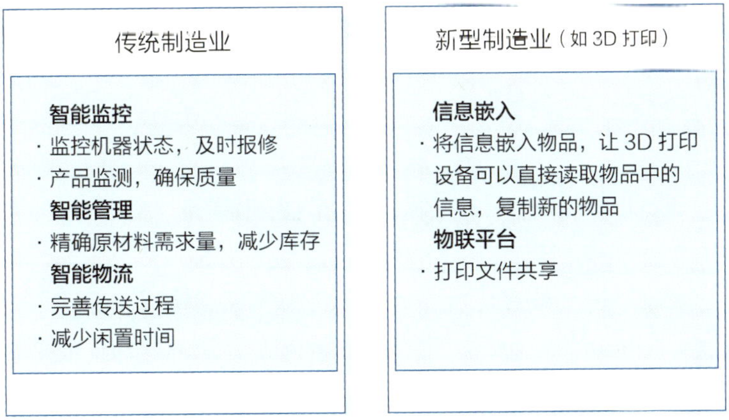

图3-8　物联网对制造业的影响

图片来源：作者自绘

（三）智能交通——物联网对交通运输业的影响

物联网对交通运输业的影响主要有两个方面，一是智能交通，二则是它能使交通运输业更高效、可靠。

智能交通（ITS）指的是将先进的信息技术、数据通信传输技术、电子传感技术及计算机软件处理技术等有效的集成运用在整个海陆空和管道交通管理系统而建成的一种在大范围内、全方位发挥作用的高效、便捷、安全、环保、舒适、实时、准确的综合交通运输管理系统。前面已经举例提到，当驾驶员携带智能手机或者其他车载定位设备上路行驶时，就已经处在了物联网形成的大环境中。通过数据传输，智能手机将驾驶员的位置传送到网络服务平台，网络服务平台汇总成千上万的驾驶员的位置信息得到路面实时交通信息，再把这些信息传回给驾车的人，让驾驶员对实时交通状况掌握得一清二楚，帮助人们提高出行效率，也提高道路利用率。物联网智能交通系统也在公交行业无线视频监控平台、智能公交站台、电子票务、车管专家和公交手机一卡通等业务上应用。①

物联网也同时影响运输业和物流的运输环节。全球快递业巨头联邦快递（FedEx）在运输过程中率先利用 SenseAware 技术，它通过感应装置可以即时监控货物的位置、温度、湿度等，并在货物超出客户预计的撞击度时，及时发送警告以便补救。运输公司可以通过将贵重或易碎物品的运输信息分享给客户，让客户能够追踪到货物的实时状况来提高客户对运输公司和运输业的满意度和可信度，有利于运输业的发展。

（四）农业物联网——物联网对农业的影响

农业物联网一般应用是将大量的传感器节点构成监控网络，通过各种传感器采集信息，以帮助农民及时发现问题，并且准确地确

① 王瑞玲．物联网技术及其对产业和社会的影响 [J]. 科技广场，2010(8): 202-204.

定发生问题的位置，这样农业将逐渐地从以人力为中心、依赖于孤立机械的生产模式转向以信息和软件为中心的生产模式，从而大量使用各种自动化、智能化、远程控制的生产设备（见图 3-9）。农业物联网的出现也是物联网对农业影响的最直接产物。

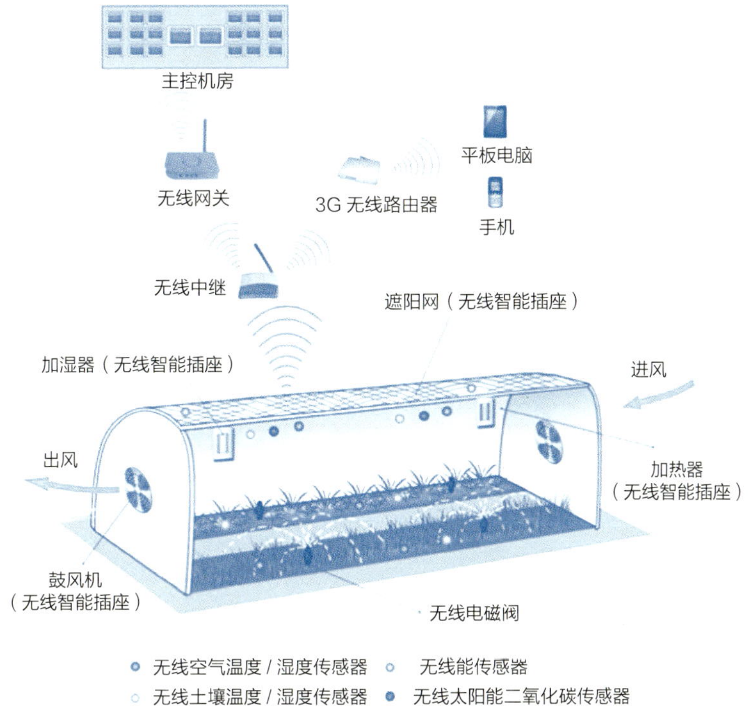

图 3-9　农业物联网框架图

图片来源：偶然物联网

农业物联网通过以信息和软件为中心的生产模式，比传统的农业更科学、精准、高效和环保，对农业发展大有裨益。

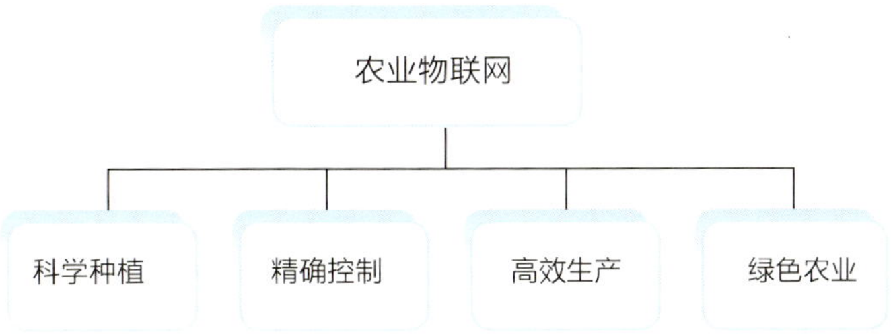

图 3-10　农业物联网的影响

首先，农业物联网实现了科学种植。通过传感器数据分析可确定土壤适宜种植的作物品种。

其次，农业物联网可以精确控制生长环境。农民可以通过传感设备实时采集大棚里的空气温度、空气湿度、二氧化碳浓度、光照强度、土壤水分等信息，并通过部署的各种传感器，系统迅速按照作物生长的要求，对大棚里的空气温度、空气湿度、二氧化碳浓度、光照强度等进行调控。

再次，农业物联网提高了生产效率。农业物联网作为新型农业生产模式，强调自动化、智能化和远程化，比手工灌溉更便捷、更高效。

最后，农业物联网倡导绿色农业的发展。传统农业很难将种植过程中的所有监测数据完整记录下来，而物联网农业可通过各种监控传感器和网络系统将所有监控数据保留，便于食品的追根溯源，

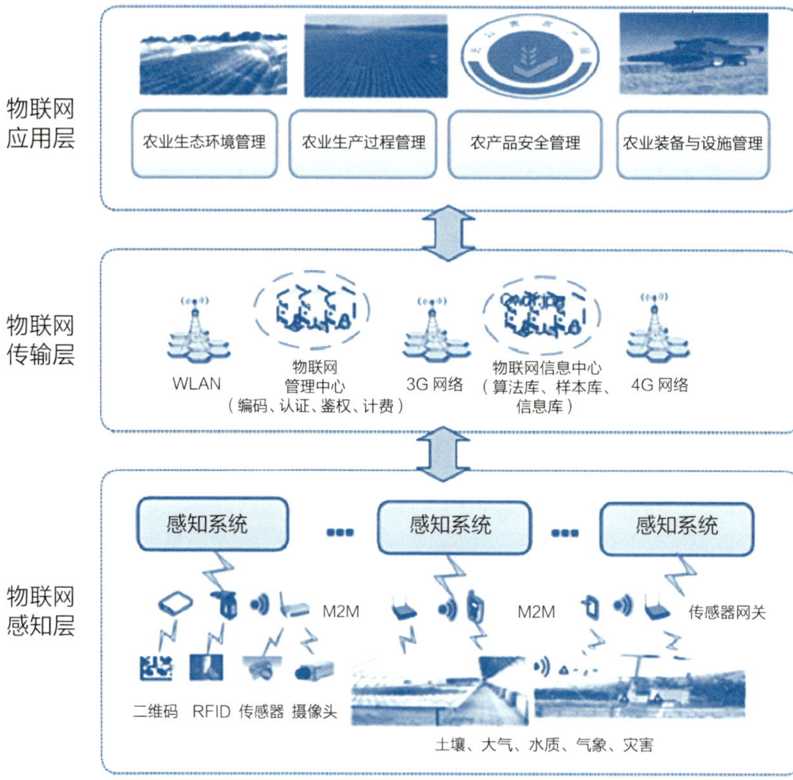

图 3-11　大唐移动农业物联网的技术架构

图片来源：大唐移动：《大唐移动物联网：智能农业的普及和应用》

实现农业绿色无公害化。

大唐移动根据农业物联网的功能和特性提出了新的建设目标，利用物联网信息化手段进行农业经济运行监测，掌握农业生产与农业经济运行的动态，监测农业生产经营的成本收益变化，对农业生产经营活动提供分析；提高农业市场监管的电子化、网络化水平，公开一站式服务，提高工作效率，降低企业成本；利用信息化为决策支持、生产经营服务，实现动态监测、先兆预警等。加强农业信息化服务体系，提高信息化装备，健全信息服务队伍，延伸信息网络，提高信息服务能力。

（五）智能电网——物联网对电力业的影响

随着世界各国现代化进程的加快，各国对于电力的需求也与日俱增。目前，各国不仅通过开发多种能源增大发电总量，也在寻求合理用电的方式。智能电网就是基于物联网的基础上，将电网智能化的一种手段。它是建立在集成的、高速双向通信网络的基础上，通过先进的传感和测量技术、先进的设备技术、先进的控制方法以及先进的决策支持系统技术的应用，实现电网可靠、安全、经济、高效、环境友好和使用安全的目标（见图 3-12）。

智能电网的概念起源于 2005 年，加拿大科学家马克Ÿ坎贝尔利用群体行为（Swarm）原理发明了一种无线控制器，让大楼里的电器相连，并相互协调，减少大楼在用电高峰期的用电量，降低用电费用。智能电网的目的和坎贝尔的设计目的大同小异，因为目前的电池技术还不能够将用电低峰期的电力储存并在用电高峰期释放，所以智能电网期望通过物联网技术，更合理地分配电力资源。

物联网技术通过电信采集系统可以记录下所有家庭、企业以及各个地区在不同时段的用电需求，集成各个地区用电量的实时需求，再通过各级电网对不同地区不同时段输送合适的电量，达到资源的有效分布。与此同时，在用电高峰期，智能电网通过记录大型商业用电的电量，对用电高峰期收取高额电费以限制用电高峰期的商业

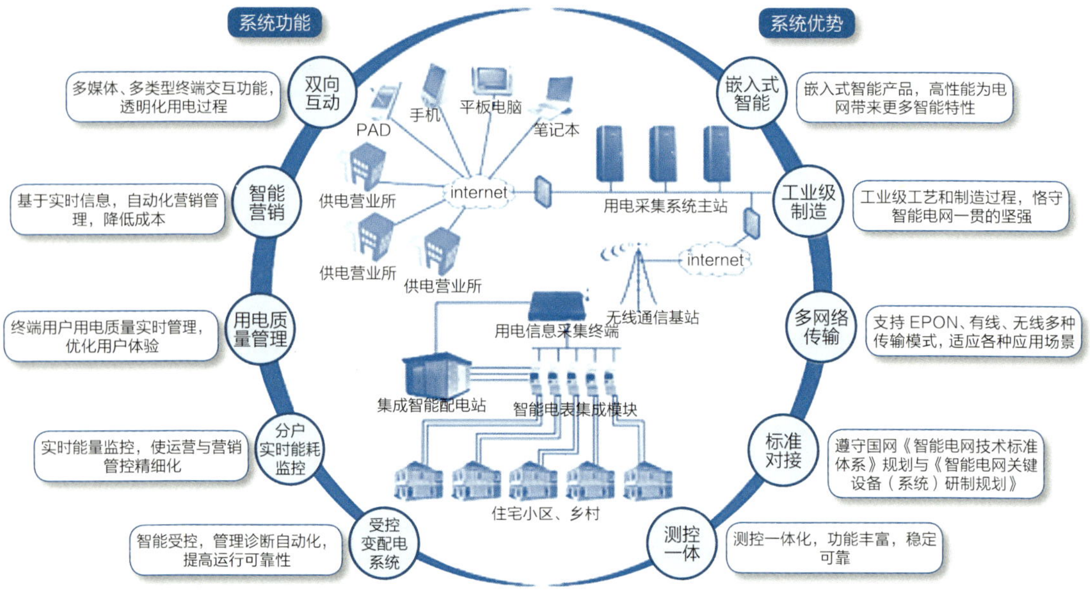

图 3-12　智能电网

图片来源：浙江中易和节能技术有限公司

用电量，鼓励企业在用电低峰期用电，提高用电效率。对于家庭，许多地方也已经安装智能电表，通过用电高峰期的高电价限制居民将不必要的生活用电安排在低峰期使用。

在英国，GE 能源集团正在帮助英国政府实施“能源需求研究计划”。该计划的目标是，到 2020 年每个家庭都安装上智能电表。“能源需求研究计划”将智能电表当作收集及报告信息的工具，以便跟踪每天任何时间段的用电情况，通过显示器等装置将家庭用电量传达给家庭成员，并在用电量达到一定数值时发出警报，以及给在用电低峰期时间用电的消费者降低电费等方式督促各个家庭节约用电。

（六）物联网对零售业的影响

沃尔玛首先在零售领域运用物联网。通过使用 RFID 标签技术，零售商可实现对商品从生产、存储、货架、结账到离开商场的全程监管，货物短缺或货架上产品脱销的概率得到了很大降低，商品失窃也得到遏制。RFID 标签未来也将允许消费者自己进行结算，而不再需要等待流水结账。沃尔玛通过物联网的 RFID 技术每年可以节省约 83.5 亿美元（见表 3-1）。

表 3-1 Wal-Mart 利用 RFID 技术节省费用预算

节省费用（亿美元）	描述
67	免除了员工们将条码逐个扫描到供应链的货盘或者货箱上的工序
6	产品脱销状况减少
5.75	员工偷盗和管理失误情况减少
3	10 亿托盘货品的追踪提高了效率
1.8	随时都知道货品的具体存放位置，减少库存

数据来源：EAN

但是，物联网对于零售业的影响不仅在于对产品的监管，同时也可以通过 RFID 记录下来的信息，利用大数据对产品的销售信息进行分析和利用。物联网通过对产品的监控，可以详细地记录下一个企业在某一时间段的销售信息，利用这些信息，商家可以分析出消费者对每个产品的需求和喜好，决定市场走向，从而决定在下一阶段应该发售什么样的产品、发售多少产品以及以什么形式发售。过往的数据告诉我们全球零售订货时间通常在 6—10 个月不等，在缺少科学预测消费者对产品需求的前提下，商家不得不在商品的库存、消费趋势和物流上下大赌注，因此而导致的商品库存积压价值超过 1.2 万亿美元。同时，零售商每年因措施交易遭受的损失高达 930 亿美元，而原因则是没有合适的库存产品来满足消费者的需求。同时在新产品上市时，利用物联网技术得到的数据可以推断出消费者对于新产品的偏好，从而决定哪些产品更受消费者青睐，哪些产品应该减少或者停止生产。

总之，企业利用 RFID 技术从前端建立海量的信息库，借助它们完善的信息化策略，采用商业智能捕获、处理、建模、估算、汇总、排序、预测和分析企业运营状况、客户价值分析、物流分析获得与客户、服务、产品和市场策略相关的信息，物联网以一个完美的闭环，规避了上述因为信息得不到有效利用而造成的商业机会的错失，同时还能为企业提供新的利益增长点。[①]

（七）物联网服务业——物联网对服务业的影响

科技的进步和经济的发展在不断改变着服务业的内部结构，有些行业的服务业逐渐衰弱甚至消失，而有些行业的服务业则快速成长，还有一些行业的服务业保持着相对稳定的形态。互联网的出现，引发了一系列的基于网络基础的服务业，也极大地改变了消费者的消费方式。物联网的产生和应用则引发了基于物联网的现代服务业的新形态，即物联网服务业。

物联网服务业，是在物联网应用中融合现代管理理念、信息通信技术的服务业的新形态。物联网对许多行业的服务业都有影响，例如物流、金融服务业、社会公共服务业等。在物流领域，物联网可以监控产品的运输全过程，并且基于 GPS 全球定位系统，可以实现对配送车辆的可视化的在线调度和管理，提高物流的安全性、可靠性和时效性；在金融服务业，物联网可以在安防、联网收费、支付、内部管理等方面得到应用。例如，现在手机 QQ、微信都可以进行网络支付，并且能够通过手机支付的业务种类繁多，包括话费查询和缴纳、银行卡余额查询和转账、彩票投注、商品购买等。物联网在金融服务业的应用极大地方便了消费者，也促进了金融服务业的发展；在社会公共服务业，物联网可以实现“智慧养老”等举措，通过传感装置对老年人的生活状况进行监控，在老年人出现紧急情况时及时提供救助。

① 朱帅．物联网对未来零售业的影响 [J]. 物流信息化，2010(7)：34 – 35.

（八）物联网对其他产业和领域的影响

物联网的影响存在于我们生活中的方方面面。除了上述已经具有物联网产业链的产业之外，物联网还涉及我们的生活家居、网络安全和城市管理等。在城市管理方面，物联网的应用就非常重要。例如，在美国，交通信号灯的红绿灯时间长度不是固定的，而是根据传感装置进行调控，当某一道路的实时车流量较大时，绿灯信号时长会被延长，最大限度地优化城市交通流量。美国克利夫兰市和辛辛那提市，不可回收废品和可回收废品都嵌入了 RFID 标签，这样市政工作人员就可以监督市民是否将不可回收废品和可回收废品分别放入了正确的垃圾桶。在这样的监督和法律制约下，克利夫兰市在垃圾管理上的运营成本下降了 13%。同时，这两个城市还提出了“扔垃圾需要付款”的倡议，旨在限制市民的不可回收废品的产生量，减少浪费，在这样的倡议下，辛辛那提市的废品总量下降了 17% 而可回收的废品总量上升了 49%。所以，尽管物联网在这些领域的应用没有详尽列出，但是物联网的影响力不可谓不大。

（九）物联网对产业影响小结

通过物联网对以上产业的影响，不难发现这些影响都是基于物联网的功能而产生的。物联网的功能可以大致分为信息监控、处理和分析以及自动化与控制两个层面，前者更强调理论层面后者更强调应用层面。在信息监控、处理与分析层面，物联网有在线监控、跟踪溯源和决策分析的功能；在自动化与控制层面，物联网可以被用于流程优化、资源优化和自动控制（见图 3-13）。物联网的各种功能是物联网对产业影响的直接原因，图 3-13 也列出了各项产业应用到的物联网功能，其中在线监控在各个产业都得到应用，这也是物联网的最基本的功能。

物联网的功能 / 相关产业	信息监控、处理与分析			自动化与控制		
	A. 在线监控 监测人、物品或数据在空间和时间范畴的行为	B. 跟踪溯源 基于传感器等监控设备和无线通信技术的定位和跟踪	C. 决策分析 基于联网数据的信息挖掘和统计分析，可用于决策支持	D. 流程优化 通过对时间和事件的分析和安排，优化指挥和调度的流程	E. 资源优化 通过数据分析，对整个网络中的资源进行优化配置和控制	F. 自动控制 在具有很大不确定性的开放环境中进行自动控制，如远程控制
医疗产业	√	√	√			√
制造业	√	√		√		√
交通运输业	√		√		√	
农业	√		√			√
电力业	√		√		√	
零售业	√	√	√		√	
服务业	√			√	√	
其他领域	√	√			√	√

图 3-13　物联网的功能与应用

图片来源：作者自绘

四、中国面临的机遇与挑战

图 3-14 简要说明了中国物联网技术的差距和机遇。

（一）我国发展物联网的机遇

1. 我国处于经济转型升级期，物联网市场规模潜力巨大

经济转型升级的实质是转变经济增长方式，由原来的粗放型向精细化和集约式转变，即用现代科技改造传统产业，发展高新技术

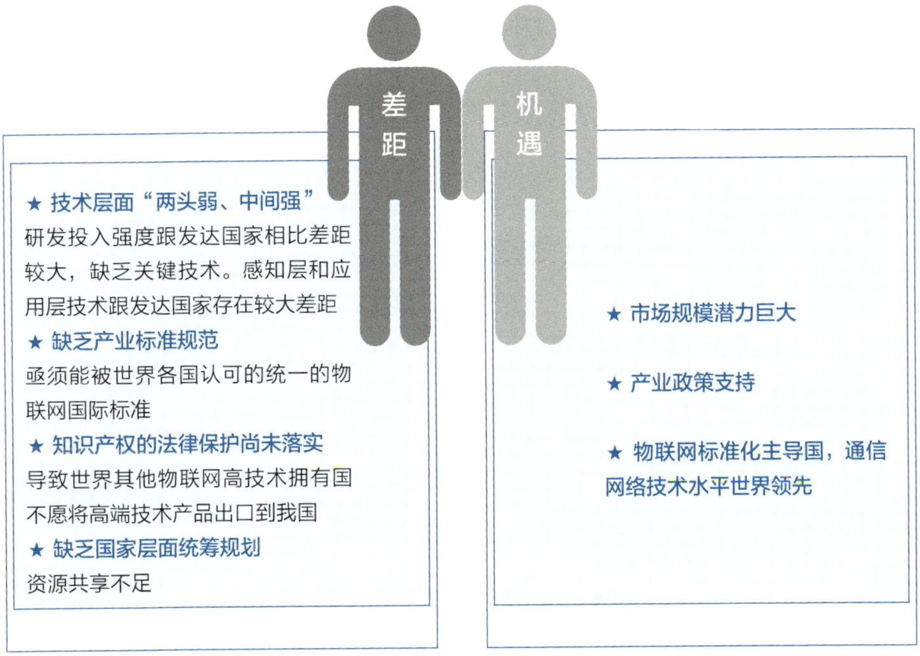

图 3-14　中国物联网技术的差距和机遇

产业，提高经济发展中的科技含量。物联网是高技术密集型产业，具有精细化、智能化等特征，利用其可以改造传统产业，降低能源和原材料消耗、减少污染排放等。经济转型升级为物联网产业提供了广阔的发展平台，将会促进物联网产业快速发展。

物联网产业的发展不仅需要技术的推动，更需要市场需求的拉动。根据 2015 中国互联网大会的数据，2012 年我国物联网市场规模为 3650 亿元；根据《2013—2014 年中国物联网发展年度报告》，2013 年中国物联网产业规模突破 6000 亿元；工信部预测，到 2015 年末我国物联网市场规模将超过 5000 亿元；而据多家第三方机构预测，2015 年我国物联网市场规模将突破 7500 亿元。在未来 5 年内，市场规模则有望突破万亿元大关。巨大的物联网市场规模势必会拉动我国物联网产业的快速发展。

2. 国家重视物联网产业发展，确立国家创新战略

我国已将物联网的研发计划列入《国家中长期科学和技术发展规划纲要（2006—2020 年）》等相关政策文件，全国大多数省市区也出台了物联网产业发展规划，从这点可以看出国家十分重视物联网产业的发展。

十八届五中全会提出，坚持创新发展，必须把创新摆在国家发展全局的核心位置，不断推进理论创新、制度创新、科技创新、文化创新等各方面创新，让创新贯穿党和国家一切工作，让创新在全社会蔚然成风。物联网产业是战略性新兴产业，集高技术和行业应用于一体，需要源源不断的技术创新和应用创新。我国国家创新战略的确立以及创新强国的提出将会加大对物联网产业的投入，完善相关的制度。国家创新战略的确立对物联网产业发展来说是难得的机遇。

3. 拥有标准化主导国及通信网络优势

《中国 RFID 与物联网 2009 年度发展报告》显示，我国与美国、韩国、德国并列为物联网标准化主导国，在制定国际标准中享有重要话语权。国际标准化组织（ISO）技术委员会提交的报告还大量采用了我国的研究成果，如传感器标准网络部分顶层设计，包括参考模型、系统架构等。这些都标志着我国在物联网产业中拥有标准化主导国的优势。

通信网络方面，经过多年的发展，我国通信网络技术水平在世界上处于领先地位。我国拥有全球最大的互联网和移动通信网基础设施，3G 网络已经覆盖全国所有县城和大部分乡镇，光纤通信普及率显著提高。在通信网络方面的优势是我国物联网全面扩展过程中形成国际领先优势的保障。

（二）我国物联网发展面临的挑战

1. 缺乏国家层面统筹规划

物联网是一个将任何物体相互联系的巨大网络，也就是说，在物联网产业发展的过程中，涉及多个部门。有专家指出，目前我国尚未在全国范围内对物联网的产业发展进行统筹规划，部门横向与纵向之间缺乏联系和沟通，资源共享不足，导致了难以形成真正的高效、智能的网络体系。

2. 研发投入强度不足，缺乏关键技术

研发投入强度（R & D 经费/GDP）与产业发展水平息息相关，研发投入强度大说明国家对该产业重视，从而会推动该产业快速发展。然而，我国物联网产业的研发投入强度跟发达国家相比差距较大，以 2012 年为例，美国在物联网产业的研发投入强度为 2.82%、法国为 2.02%、日本为 2.14%，而我国仅为 1.72%。研发投入强度不足将会阻碍物联网在我国的发展。

目前，我国物联网技术问题呈现“两头弱、中间强”的态势，即网络层技术跟发达国家基本同步，但是感知层和应用层技术跟发达国家相比存在较大的差距。

在感知层方面，缺少核心设备。物联网要想实现万物相联，就必须在互联网的基础上依靠传感器等设备进行辅助，所以传感器、射频识别、无线通信等技术与设备的发展对于物联网的发展非常重要。我国物联网研发时间早，在技术研发上并不落后于发达国家，但是对于进口设备的依赖度高，导致大量成本集中在采购传感器和 RFID 电子标签等设备上，阻碍了物联网的发展。其中，RFID 方面，我国缺失 RFID 标识标准，超高频段和微波频段产品缺乏自主生产能力。传感器方面，核心芯片、接入技术和中间件技术有待进一步发展。一是当前传感器所能连接的通信距离受限，传感器对外部工作环境指标要求较高，受外部环境影响较大。二是传感器节点计算能力、存储能力和通信能力不足，能量有限。因此，许多高端传感器以进口为主。

在应用层方面，我国关键基础软件研发技术落后，数据库、操作系统等基础软件基本依赖进口。

3. 缺乏标准规范

缺少产业的标准规范是我国许多产业都存在的问题，物联网作为一项新兴的产业，我国也尚未出台统一的标准规范。缺少标准规范，一方面对于潜在的市场进入者是很大的威胁，与此同时，随着物联网产业的逐渐扩大，标准规范的缺失也会导致整个物联网产业的混乱。

目前，物联网标准体系尚在建立，中国、美国、德国和韩国是

世界物联网领域标准的重要制定国。ISO/IEC 在传感网络、IUT-T 在泛在网络、IEEE 在近距离无线、IETF 在 IPv6 的应用、3GPP 在 M2M 等方面纷纷启动了相关标准研究工作。由于物联网发展涉及国家间巨大利益，制定一种能被世界各国认可的统一的物联网国际标准，难度很大，短期内标准难以统一，规范协议难以形成。

4. 知识产权的法律保护尚未真正实施

由于我国对知识产权保护不够，导致了世界其他物联网高技术拥有国不愿意将高端技术产品出口到我国，当前我国引进的物联网技术产品大多数是落后的，这样就产生了“引进—落后—再引进—再落后”的恶性循环。因此，我国必须要加强知识产权保护法律的执法力度，大力保护知识产权，为我国物联网产业提供良好的创新法治环境，为创新提供源动力。

5. 国家安全与个人隐私问题

中国大型企业、政府机构，如果与国外机构，进行项目合作，如何确保企业商业机密、国家机密不被泄漏，必须引起高度重视。

物联网是实体化的虚拟网络，要实现的是更为广泛的、更为有效的人与物的信息交流，因而其所带来的个人隐私保护和财产问题（如个人出行路线、消费习惯、个体位置信息、健康状况、个人物品的安全等）也将更为广泛，如若发生个人信息泄漏，其所造成的程度与危害也更为严重。

在射频识别系统中，任意一个标签的标识（ID）或识别码都能在远程被任意地扫描，且标签自动地、不加区别地回应阅读器的指令并将其所存储的信息传输给阅读器。这一特性可用来追踪和定位某个特定用户或物品，从而获得相关的隐私信息。而且，标签有可能预先被嵌入任何物品中，但由于该物品（如衣物）的拥有者，不一定能够觉察该物品预先已嵌入有电子标签以及自身可能不受控制地被扫描、定位和追踪，这势必会使个人的隐私问题受到侵犯。在数据处理过程中同样存在隐私保护问题，如基于数据挖掘的行为分析等。因此要建立访问控制机制，控制物联网中信息采集、传递和查询等操作，保证不会由于个人隐私或机构秘密的泄露而造成对个人或机构的伤害。而且，这不仅仅是一个技术问题，还涉及政治和法律问题。这些涉及个人隐私和财产的问题必须得到法律的明确保护，否则会阻碍物联网在我国的发展。

另外，加密在较多情况下仍然是保证实现信息机密性的重要手段，保密现在已经成为物联网识别技术的关键问题。由于物联网的多源异构性，使密钥管理显得更为困难，而对感知网络的密钥管理更是制约物联网信息机密性的瓶颈。物联网的安全特征体现了感知信息、网络环境和应用需求的多样性，其网络的规模和数据的处理量大，决策控制复杂，给安全研究提出了新的挑战。

6. 国内物联网企业面临国外企业的激烈竞争

从表 3-2 的比较中可以看出我国物联网企业所面临的严峻市场环境。

表 3-2 我国物联网产业链各环节企业面临的竞争

区域	上游（网络设备提供商）	中游（软件提供商）	下游（运营商）
国内	上海贝尔、华为、中兴、大唐等	同方、用友、金蝶等	中国移动、联通、电信
国外	霍尼韦尔、英特尔、德州仪器、思科等	微软、谷歌等	受政策限制，竞争者较少

五、应对策略

根据我国物联网发展面临的挑战和物联网未来的发展趋势，我国应当制定相应的政策加快我国物联网的发展。

（一）加强物联网国家宏观指导，地方协调联动执行

国家层面建议进一步加强宏观指导，推动物联网转向行动计划的落地实施；推动物联网终端应用示范工程区域试点落地实施，

同时进一步扩大示范工程范围；推动物联网发展专项资金工作的落实，明确物联网相关财税和金融支持，重点支持关键技术研发和产业化；鼓励物联网企业兼并收购，培育具有国际核心竞争力的品牌企业等。

地方部门应当研究和制定物联网产业发展的专项规划，积极响应中央政府的领导和号召。同时需要政府给予相关物联网企业更多的资金扶持，以期在核心技术上实现全面突破。另外，政府应以需求为导向，重点建设物联网在公众服务与重点行业的典型应用示范工程，确立以应用带动产业发展的模式，引领物联网产业的良性发展。最终将该产业的主导权控制在国内企业手中。

物联网作为能够将万物相联的网络，关联领域广、涉及部门多、产业间交叉融合,它的发展与繁盛少不了各部门之间的互联与合作。我国需要加强物联网的政企合作、产学研合作和产业链之间的合作，提升产业链之间的相互融合程度，提高资源共享水平，从带动整个产业链共同推动物联网的发展。政府需要主动融入物联网，各部门之间要有一个开放的心态，建立和完善协同工作机制，各部门按照职责分工，加强合作，共同促进物联网发展实现信息共享，广泛合作共同推进物联网的发展。

（二）加大研发投入，突破核心和关键技术

鉴于我国在核心设备上的技术和生产规模都和发达国家有差距，我国应该加大物联网的设备研发投入，在核心设备和技术上实现突破和创新，减少对设备进口的依赖。

在传感器及传感器网络、芯片等关键设备制造、海量数据处理等核心技术上，我国应集中多方资源，协同开展物联网重大技术攻关。进一步推进传感器及芯片技术、传输、信息处理技术研发，并结合新一代移动通信、云计算、下一代互联网和卫星通信等技术，对物联网关键感知、智能传输、智能信息处理和安全技术等进行验证示范，集中实现核心技术突破，通过示范带动产业发展。

（三）加强国际互联与合作，加快物联网标准的制定

标准、成本和技术一直是业界公认的阻碍物联网发展的三大问题。统一标准是促进产业规模化发展的前提。标准化的缺失一直被认为是业内制约物联网产业发展的重要因素之一，因此，物联网标准的制定和技术的研发同样重要。行业标准和规范的制定有利于潜在的市场进入者进入，更多的投入和市场的扩大有助于物联网产业的发展。目前，国内提供物联网最核心部分 RFID 服务的大部分都是国外厂商的代理集成商。这些公司都坚持着自己的标准。各系统间不能互联互通。我国必须抓住新一轮新兴科技的先发优势，加强国际交流与合作，更多地积极参与国际标准的制定，掌握制定标准规范话语权。

我国要加快构建物联网标准体系，开展安全、标识、数据和测试等领域共性技术标准，以及感知、网络传输和信息处理领域关键技术标准的研制工作，要加强国际标准化工作，提交国际提案，增强国际影响力和竞争力，同时要启动标准验证与服务平台建设并开展相关服务。

（四）完善与物联网安全相关的法律法规建设，加强隐私保护

在物联网时代，如果没有完善的安全防范技术和健全的法律制度，信息的破坏将更甚于互联网时代。因此，在物联网的发展中，信息的有用性和私密性将不得不引起国家的高度重视。我们要密切关注物联网产业发展可能带来的安全问题，加强法制和技术手段，进一步完善信息安全、知识产权、个人隐私保护等方面的法律法规建设。例如，借鉴他国物联网技术立法经验，如美国加州 1834 法案等，将隐私权作为一项独立的人格权加以规定，出台物联网技术的相关立法。

（五）加强人才队伍培养与引导

物联网的快速发展必然导致一些行业的兴起和一些行业的衰落或者转型，我国在加大对物联网相关人才培养的同时，要结合实际情况对其他行业的人才进行辅导和引导，让这些人才和这些行业能够与物联网互联，降低物联网导致的失业和产业衰减。

第4章

大数据发展情况及对产业结构的影响

本章概要

大数据通常用来形容一个组织创造的大量非结构化和半结构化数据，从各种各样类型的数据中，快速获得有价值信息的能力，就是大数据技术。大数据的特点有四个层面：第一，数据体量巨大。第二，数据类型繁多。第三，价值密度低。第四，处理速度快。物联网、云计算、移动互联网、车联网、手机、平板电脑、PC以及遍布地球各个角落的各种各样的传感器，无一不是数据来源或者承载的方式。

目前大数据在全球市场尚处于初期，发展空间十分广阔。2011年全球数据总量已经达到1.8ZB，而这个数值还在以每两年翻一番的速度增长，预计到2020年全球将总共拥有35ZB的数据量。2012年全球大数据企业营收为50亿美元，2017年将达到500亿美元。

我国大数据刚刚起步。我国互联网用户数在2013年已经超过5亿人，全球第一。海量的互联网用户创造了大规模的数据量。大部分中国企业在数据基础系统架构和数据分析方面都面临着诸多挑战。目前国内大部分企业的系统架构在应对大量数据时均有扩展性差、资源利用率低、应用部署复杂、运营成本高和高能耗等问题。

发展大数据对我国信息产业、农业、制造业、金融业、健康医疗等产业的发展都将起到极为重要的作用。利用大数据技术，可以在统计分析、价值挖掘、决策支持等各方面实现数据价值，促进产业升级，提升产业核心竞争力。同时更有助于推动我国信息基础设施建设和信息化进程，提升国家和社会治理水平，保障国家经济平稳较快发展。

中国的人口基数、产业发展光谱、区域自然差异等决定了大数据在中国的巨大资源优势和需求空间。在大数据的机遇面前，一方面，国内外的技术差距不大，另一方面我国具有巨大的互联网市场、本土化优势、丰富的数据资源以及市场需求的巨大优势。如果抓住机遇，实现技术突破，则有望实现超越，掌握主导权。为推动我国大数据发展，奠定我国信息化基础，国家应将大数据纳入国家发展战略；充分考虑大数据的需要，布局关键技术研发创新，加强信息基础设施建设；采取多种措施，努力解决“大数据”的安全问题；加速推进大数据示范应用，优化完善大数据发展环境。

一、概念及核心要素

云计算研究机构 Gartner 给出大数据（Big Data）这样的定义。“大数据”是需要新处理模式才能具有更强的决策力、洞察发现力和流程优化能力的海量、高增长率和多样化的信息资产。从数据的类别上看，“大数据”指的是无法使用传统流程或工具处理或分析的信息。它定义了那些超出正常处理范围和大小、迫使用户采用非传统处理方法的数据集。“大数据”这个术语最早期是用来描述为更新网络搜索索引需要同时进行批量处理或分析的大量数据集。随着谷歌 Map Reduce 和 Google File System（GFS）的发布，大数据不再仅用来描述大量的数据，还涵盖了处理数据的速度。从某种程度上说，大数据是数据分析的前沿技术。

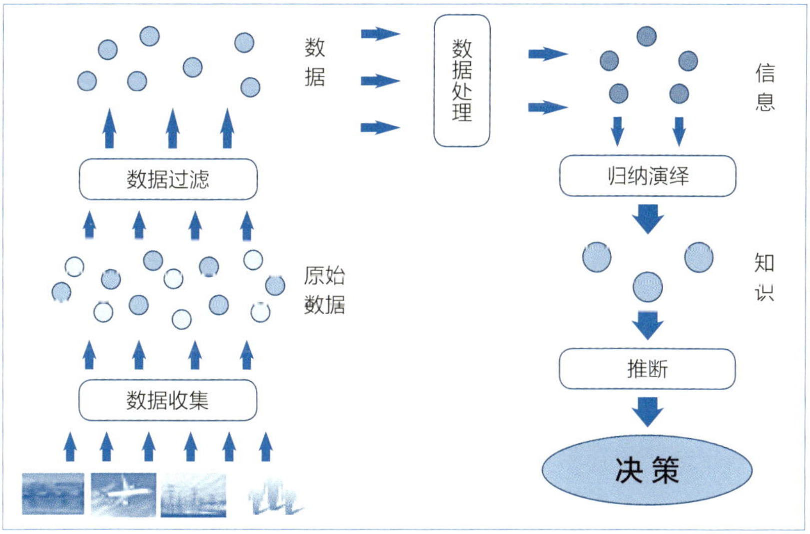

图 4-1 大数据技术应用基本原理图

资料来源：建投研究院

虽然大数据已经成为全社会热议的话题，但到目前为止，“大数据”尚无公认的统一定义。我们认为，认识大数据，要把握“资源、技术、应用”三个层次。大数据是具有体量大、结构多样、时效强的数据；处理大数据需采用新型计算架构和智能算法等新技术；大数据的应用强调以新的理念应用于辅助决策、发现新的知识，更强调在线闭环的业务流程优化。因此说，大数据不仅“大”，而且“新”，是新资源、新工具和新应用的综合体。

大数据的特征：

1．数据量大（Volume）

第一个特征是数据量大。大数据的起始计量单位至少是P（1000个T）、E（100万个T）或Z（10亿个T）。

2．类型繁多（Variety）

第二个特征是数据类型繁多。包括网络日志、音频、视频、图片、地理位置信息等，多类型的数据对数据的处理能力提出了更高的要求。

3．价值密度低（Value）

第三个特征是数据价值密度相对较低。如随着物联网的广泛应用，信息感知无处不在，信息海量，但价值密度较低，如何通过强大的机器算法更迅速地完成数据的价值“提纯”，是大数据时代亟待解决的难题。

4．速度快时效高（Velocity）

第四个特征是处理速度快，时效性要求高。这是大数据区分于传统数据挖掘最显著的特征。

既有的技术架构和路线，已经无法高效处理如此海量的数据，而对于相关组织来说，如果投入巨大而采集的信息无法通过及时处理反馈有效信息，那将是得不偿失的。可以说，大数据时代对人类的数据驾驭能力提出了新的挑战，也为人们获得更为深刻、全面的洞察能力提供了前所未有的空间与潜力。

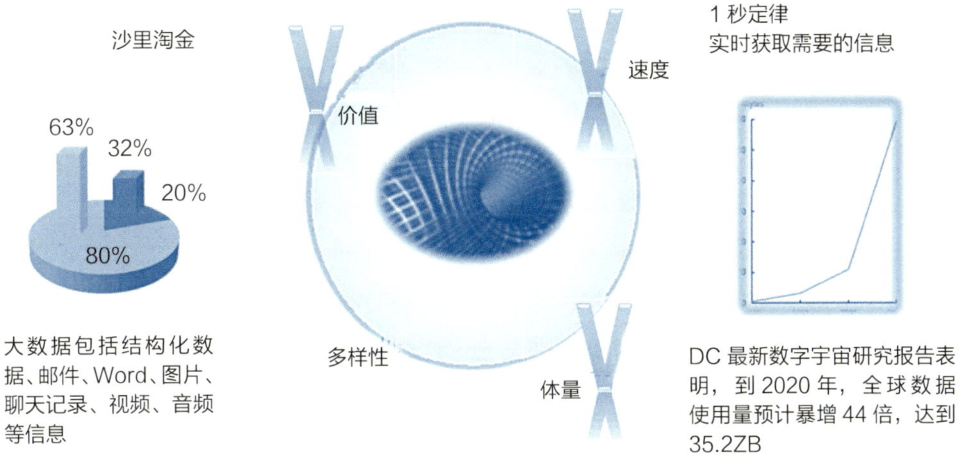

图 4-2　大数据的特征

资料来源：建投研究院

二、国际国内发展现状

（一）大数据的发展

2012 年全球大数据产业总体规模为 114 亿美元，2013 年总体规模增长至 180 亿美元，到 2017 年大数据市场规模有望接近 500 亿美元。

美国是世界上大数据技术、市场应用的领先国家。美国联邦政府于 2012 年 3 月发布了“大数据的研究和发展计划”，该计划涉及美国国家科学基金、美国国家卫生研究院、美国能源部、美国国防部、美国国防部高级研究计划局、美国地质勘探局六个联邦政府部门，旨在提高从海量数字数据中提取知识和观点的能力，从而加快科学与工程发现的步伐，加强美国的安全和实现教学的变革，是美国为应对大数据革命带来的机遇，推进相关研究机构进一步进行科学发现和创新研究的重大举措。

美国联邦政府将大数据开发上升到国家发展战略层面，对世界各国产生了重大的影响。目前，欧洲的许多大型机构仍然处在大数据使用的早期阶段，而且严重缺乏有关大数据的技能，许多有关大数据的最新进展和技术都来自美国，因此，部分欧洲的机构要想跟上大数据快速发展的步伐，仍然面临着一定的挑战。但是，金融服务业，尤其是伦敦的投行业是欧洲最早采用大数据的行业之一，其在大数据方面的经验和技能足以媲美美国的大数据领军机构。而且该行业对大数据的投资一直维持着良好的势头，前景乐观。2013 年 1 月，英国政府宣布将在对地观测、医疗卫生等大数据和节能计算技术方面投资 1.89 亿英镑。

日本政府对于大数据战略的应对相对比较及时。2012 年 7 月，日本总务省推出新的 ICT 综合战略“活力 ICT 日本”，重点关注大数据应用。2013 年 6 月，安倍内阁正式公布了新 IT 战略——“创建最尖端 IT 国家宣言”。这篇“宣言”全面阐述了 2013 年至 2020 年间以发展开放公共数据和大数据为核心的日本新 IT 国家战略。

中国大数据市场规模正在迅速扩展。根据计世资讯 (CCW Research) 研究数据，2012 年中国大数据市场规模为 4.5 亿元，2013 年增长到 11.2 亿元，且此后将保持每年超过 100% 的增长率，到 2016 年，中国大数据市场规模将达 93.9 亿元。

大数据也引起了我国政府的高度关注。《国务院关于推进物联网有序健康发展的指导意见》(国发〔2013〕7 号) 提出，要“加快传感器网络、智能终端、大数据处理、智能分析、服务集成等关键技术研发创新”。2012 年 12 月，国家发改委将数据分析软件开发和服务列入专项指南；科技部在 2013 年初所公布的《国家重点基础研究发展计划 (973 计划，含重大科学研究计划) 2014 年度重要支持方向》中，将大数据计算的基础研究作为其中的一项重要内容，中国电子商务企业发展报告 2013 要求“研究多源异构大数据的表示、度量和语义理解方法，研究建模理论和计算模型，提出能效优化的分布存储和处理的硬件及软件系统架构，分析大数据的复杂性、可计算性与处理效率的关系，为建立大数据的科学体系提供理论依据”。一些地方政府也在积极应对大数据的调整，加快本地区的大数据技术产业发展步伐。2012 年 12 月，广东省启动了《广东省实施大数据战略工作方案》；北京成立“中关村大数据产业联盟”；2013 年 7 月，上海市政府有关部门发布了《推进大数据研究与发展三年行动计划 (2013—2016 年) 》，将重点选取金融证券、互联网、

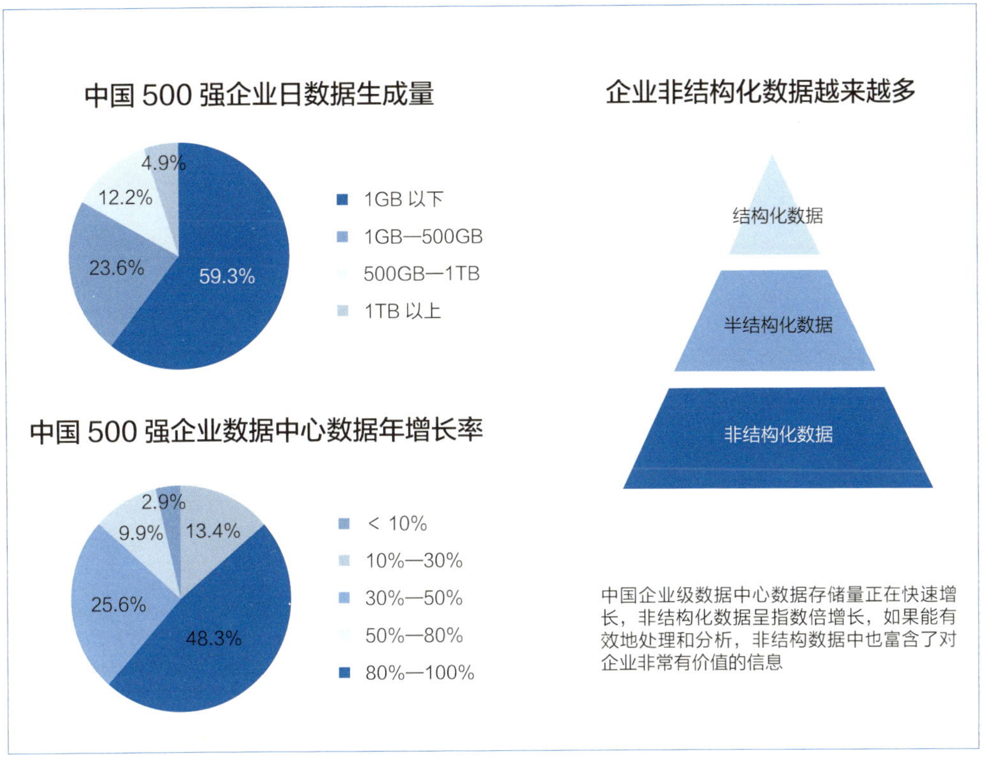

图 4-3 我国企业大数据现状

资料来源：ICT 研究咨询、建投研究院

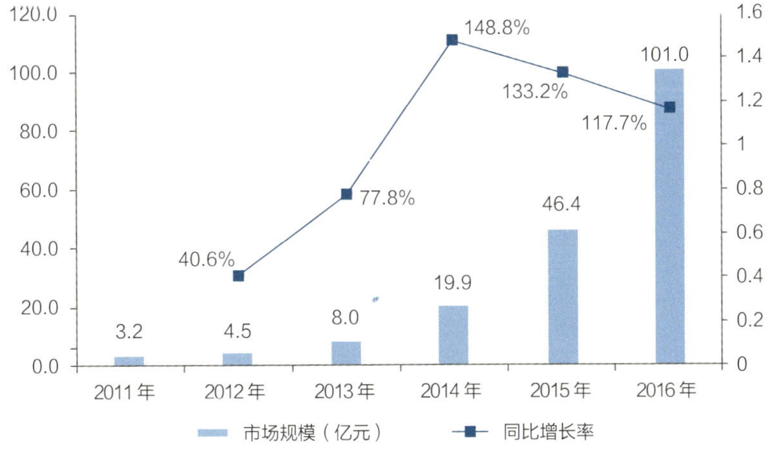

图 4-4 2011—2016 年我国大数据应用市场趋势图

数字生活、公共设施、制造和电力等具有迫切需求的行业，开展大数据行业应用研发，探索“数据、平台、应用、终端”四位一体的新型商业模式，促进产业发展。

（二）大数据的市场分析

分析机构 Wikibon 认为，2012 年全球大数据企业营收 50 亿美元，未来五年的市场复合年增长率将达到 58%，到 2017 年将达到 500 亿美元。IDC 则预测大数据技术与服务市场将从 2010 年的 32 亿美元攀升至 2015 年的 169 亿美元。尽管所预测的产业规模存在差别，但所给出的高增速说明两家机构对大数据的发展前景都充满信心。从实际看，作为第一家专注于大数据领域的上市企业，Splunk 凭借大数据监测和分析业务，营业收入连续四年实现 80% 以上的高速增长。

三、对产业的影响

总体上来讲，大数据对产业结构的影响有以下几点：

第一，大数据将进一步推动信息产业创新。美国社会思想家托夫勒在《第三次浪潮》中提出，“如果说 IBM 的主机拉开了信息化革命的大幕，那么大数据才是第三次浪潮的华彩乐章。”大数据将为信息产业带来新的增长点。面对爆发式增长的海量数据，基于传统架构的信息系统已难以应对，同时传统商业智能系统和数据分析软件，面对以视频、图片、文字等非结构化数据为主的大数据时，也缺少有效的分析工具和方法。信息系统普遍面临升级换代的迫切需求，为信息产业带来新的、更为广阔的增长点。

第二，大数据将进一步改变经济社会管理面貌。大数据技术作为一种重要的信息技术，对于提高安全保障能力、应急能力、优化公共事业服务，提高社会管理水平的作用正在日益凸显。增强安全保障能力。在国防、反恐、安全等领域应用大数据技术，能够对来

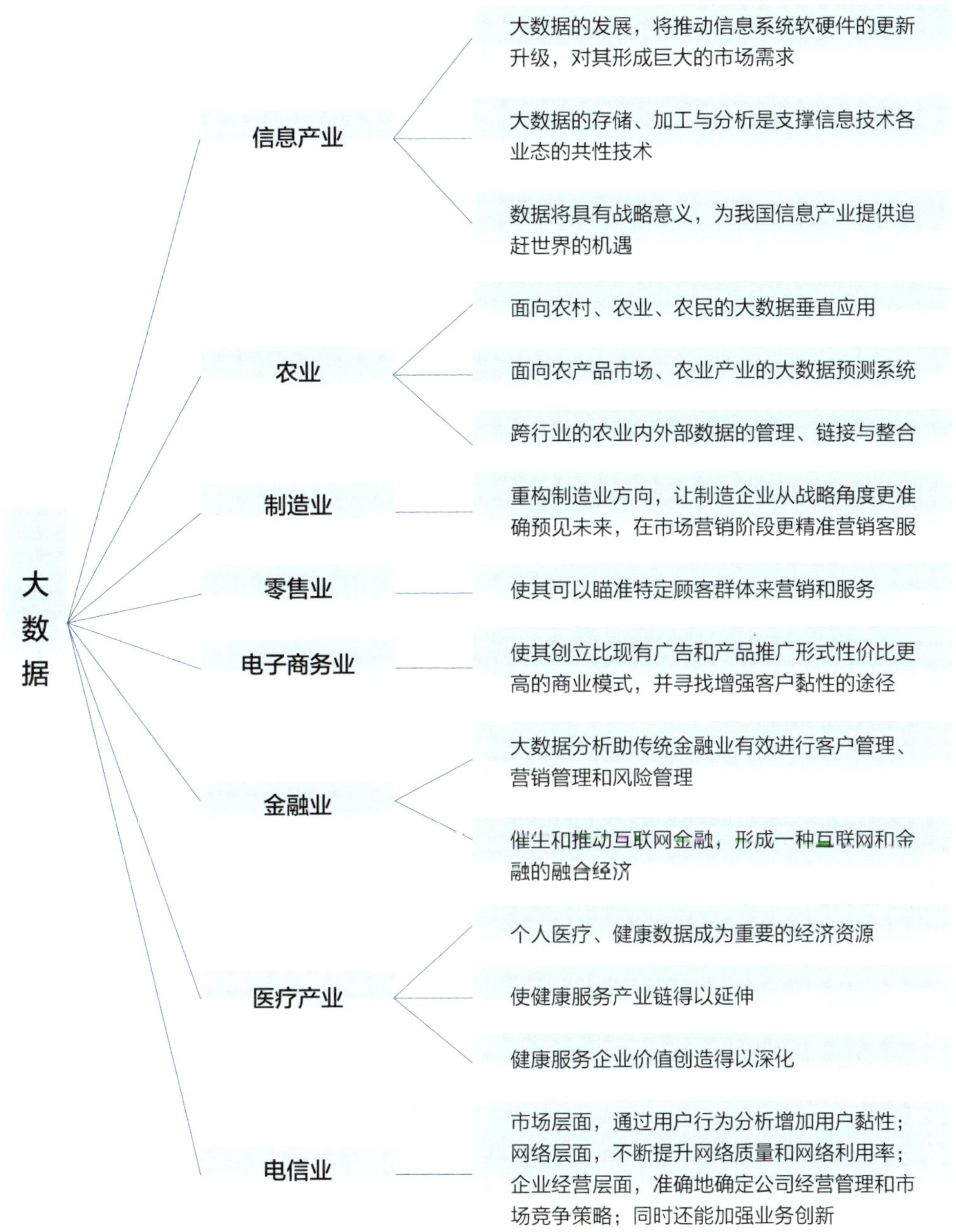

图 4-5　大数据对产业的影响

自于多种渠道的信息快速进行自动分类、整理、分析和反馈，有效解决情报、监视和侦察系统不足等问题，提高国家安全保障能力。

第三，大数据深度应用不仅有助于企业经营活动，还有利于推动国民经济发展。宏观方面，大数据使经济决策部门可以更敏锐地把握经济走向，制定并实施科学的经济政策。微观方面，大数据可以提高企业经营决策水平和效率，推动创新，给企业、行业领域带来价值，增加企业收入，并提高企业效率，推动企业创新；而在承上启下的中观层面，作为新兴的生产力资源和信息技术，大数据对国民经济众多产业的生产关系、生产方式影响更为巨大而深远。就整个社会情况而言，大数据的发展使得产业边际更趋于模糊。

（一）大数据对农业的影响

在传统产业中，农业作为第一产业，具有基础性的作用。在大数据时代，农业与大数据必然发生各种联系，通过大数据带来的技术突破推动农业迈向全面信息化时代，通过农业的快速发展推动大数据更加落地，产生实效。

农业大数据的集成和未来的挖掘应用对于现代农业的发展具有重要作用。在农业发展中，大数据不仅可以渗透到耕地、播种、施肥、杀虫、收割、存储、育种、销售等各环节，而且能够帮助农业实现跨行业、跨专业、跨业务的发展。

对于中国的 8 亿农民、18 亿亩耕地、186 万个乡村来说，所产生的数据量不仅巨大，而且类型丰富。如果能够通过深度挖掘，产生的价值不可估量。但问题如同大数据第二个和五个特征所说，需要高度精确化、处理速度及时的分析，才能够实现价值的显现。

大数据对农业影响具体体现在三个方面：

1．面向农村、农业、农民的大数据垂直应用

通过农业大数据的应用，不仅将为农民的农村生产和生活提供

方便，而且将为生产发展和政府决策提供科学、准确的依据。通过开发指向农业的移动大数据应用系统，让农民在田间地头就能够获知到各种农业动态信息；通过开发面向农业移动智能大数据感应系统，让农作物的生长情况“扫一扫”就能及时显示在农民的手中，并通过网络直接连接政府提供的农业大数据平台实现精确的生产性指导；通过开发直达农民家门口的农村智能大数据分析系统，让农民对市场、政策、生活的预期更加准确。

2．面向农产品市场、农业产业的大数据预测系统

首先要建立农产品智能标签。标签是行业应用的基础。不管什么行业，都需要精细化整理自己顾客的属性标签以及商品属性标签，农业作为生产农产品的行业，必然会涉及各种农产品的标签汇整问题，而且这些标签必须能够细化到单株作物，实现农业生产的精细管理和准确预测。

3．跨行业的农业内外部数据的管理、链接与整合

通过在农业政策层面，将整个农业行业内外，包括生产、加工、物流、营销、回溯的各种数据进行数字化的记录、分析和整理，为农民管理生产提供依据。这种“大数据驱动的”农业，必使得农民的生产活动变得更有效率、更开放、更精细。同时，基于大数据的分析，也能够帮助政府有效监控各种农业政策的实施情况，及时纠正农业生产中的偏差和失误。

另外，通过整合每个农村内部和外部数据，农业与行业外数据，并在户与户、巷与巷、村与村、农产品与农产品、农产品与相关配套、当季生产与未来预期之间建立连接，并进行分析整理，实现农民、农村、农业三个层面的数据共享互通，形成现实的网状的面向农村、惠及农民、给力农业的大数据场景。

（二）大数据对制造业的影响

大数据应用制造业领域可以重构的制造业方向，让制造企业从战略角度更准确地预见未来，在市场营销阶段更精准地营销客服。可以说，针对互联网平台的大数据分析应用，最大机遇不在互联网本身，而将在中国的传统制造业。未来，在企业开拓资本、市场、人才管理的过程中，来自互联网平台的大数据技术能够发现、解决现存隐形问题，并预先对企业未来事态进行预测，从而让企业抢占发展先机。或许未来更多的制造业企业会选择携手互联网企业，来挖掘大数据技术在这些传统行业中的价值所在。

例如，在汽车产业目前汽车制造商已经开始通过互联网技术，利用试驾、车辆平均故障记录等一系列数据，帮助工程师在新车推出之前实现快速的检测与漏洞修复。所以，我们看到，大数据技术正在深度改变着汽车业。同时，大数据也在重构传统汽车业，并将成为未来行业变革的催化剂。比如使用谷歌眼镜，工人们的操作细节可以更好地被检测形成数据，并作为提升产品制造细节的一个无形资产。数据的产生和收集本身并没有直接产生服务，最具价值的部分在于：当这些数据在收集以后，会被用于不同的目的，数据被重新再次使用。我们可以看到，在互联网大数据平台方面的跨界联姻，皆因对于数据的再挖掘与再利用。

（三）大数据对零售业的影响

瞄准特定的顾客群体来进行营销和服务是商家一直以来的追求。大数据技术使得对消费者的实时和极端的细分有了成本效率极高的可能。零售业可以基于全市场数据提供商品推销策略分析；大数据可以对顾客群体细分，然后对每个群体量体裁衣般地采取独特的行动。实际上，国外传统零售巨头早已开始大数据的应用和实践。Tesco 是全球利润第二大零售商，其从会员卡的用户购买记录中，充分了解用户的行为，并基于此进行一系列的业务活动，例如通过邮件或信件寄给用户的促销可以变得更个性化，店内的商家商品及促销也可以根据周围人群的喜好、消费时段而更加有针对性，从而提高货品的流通。这样的做法为 Tesco 获得了丰厚的回报，仅在市场宣传一项，就能帮助其每年节省 3.5 亿英镑的费用。

沃尔玛以3亿美元高价收购了一家专长分类社群网站Kosmix。Kosmix不仅能收集、分析网络上的海量资料（大数据）给企业，还能将这些资讯个人化，提供采购建议给终端消费者（若不是追踪结账资料，这些细微的消费者习惯，很难从卖场巡逻中发现）。这意味着，沃尔玛使用的“大数据”模式，已经从“挖掘”顾客需求进展到能够“创造”消费需求的阶段。在零售商内部，根据用户喜好推荐各类业务或应用是常见的，而通过关联算法、文本摘要抽取、情感分析等智能分析算法后，可以将之延伸到商用化服务，利用数据挖掘技术帮助零售商进行精准营销。

（四）大数据对电子商务业的影响

大数据的重要趋势就是数据服务的变革，把人分成很多群体，对每个群体甚至每个人提供针对性的服务。消费数据量的增加为电子商务企业提供了精确把握用户群体和个体网络行为模式的基础。电子商务企业通过大数据应用，可以探索个人化、个性化、精确化和智能化的广告推送和推广服务，创立比现有广告和产品推广形式性价比更高的全新商业模式。同时，电子商务企业也可以通过对大数据的把握，寻找更多更好地增加用户黏性，开发新产品和新服务，降低运营成本的方法和途径。

从国内来看，我国电子商务企业均积极在大数据领域进行布局和深耕，已逐步认识到大数据应用对于电子商务发展的重要性。电子商务企业通过大数据应用推动差异化竞争。当前，我国电子商务发展面临的两大突出问题是成本和同质化竞争。而大数据时代的到来将为其发展和竞争提供新的出路，包括具体产品和服务形式，通过个性化创新提升企业竞争力。以阿里巴巴为例，阿里巴巴通过对旗下的淘宝、天猫、阿里云、支付宝、万网等业务平台进行资源整合，形成了强大的电子商务客户群及消费者行为的全产业链信息，造就了独一无二的数据处理能力，这是目前其他电子商务公司无法模仿与跟随的。同时，也将电子商务的竞争从简单的价格战上升了一个层次，形成了差异化竞争。目前，淘宝已形成的数据平台产品，包括数据魔方、量子恒道、超级分析、金牌统计、云镜数据等 100 余款，功能包括店铺基础经营分析、商品分析、营销效果分析、买家分析、订单分析、供应链分析、行业分析、财务分析和预测分析等。

（五）大数据对金融业的影响

金融行业强烈依赖数据存储、处理、传输和智能终端等IT技术。IT 技术已经从根本上形成推动金融创新的原动力，业务需求和信息技术的结合将不断推动金融产品和服务的创新。信息技术是信息化时代金融创新的首要成因，目前，以云计算、虚拟化、大数据等为代表的新兴信息技术为金融创新提供了有效的、不可或缺的工具。

1．对传统金融业的影响

大数据技术可多维度掌握客户及业务的有效信息，全面综合分析出客户的资产负债、支付情况、流动性状态及客户行为，有助于金融机构开展产品创新和精准营销，以“用户为中心”、强化用户体验的服务模式将成为未来金融业的重要发展方向。实现数据资产向战略资产和市场竞争力的转化。同时，通过整合金融机构内部数据、社交媒体数据和外部公共数据，大数据还可提供信贷征信、反洗钱、反欺诈、金融环境变化等风险评估和预警信息，降低信息不对称带来的各种金融风险，营造更加安全、高效的经营环境。

客户管理方面：随着大数据的大量涌现，尤其是在社交网络的背景下，服务渠道不应仅局限于传统的传统金融业、保险和券商渠道，而应整合新的客户接触点（即社交媒体网站等），这种趋势已经变得日益清晰。传统金融业发展战略也逐步从以产品为中心转向以客户为中心，客户成为传统金融业发展的重要驱动力。传统金融行业不仅仅销售产品和服务，而且还应为用户提供完美的多渠道体验，成为真正以客户为中心的组织。

营销管理方面：借助大数据分析平台，通过对形式多样的用户数据（用户消费数据、浏览记录、购买路径等）进行挖掘、追踪、分析，将不同客户群体进行聚类，有助于获取用户的消费习惯、风险收益偏好等特征信息，从而根据不同客户特性打造个性化的产品营销服务方案，将最适合的产品服务推介给最需要的客户。

风险管理方面：随着金融业务的快速发展，相关经营者必须有效地甄别风险、防范风险和控制风险。风险管理成为金融企业稳健发展至关重要的一环。社会化媒体的互动、实时的传感器数据、电子商务和其他新的数据源，正给传统金融机构经营带来一系列的挑战。仅仅借助传统的解决方案，无法全面进行风险管理。大数据分析帮助传统金融业了解客户的自然属性和行为属性，结合客户行为分析、客户信用度分析、客户风险分析以及客户的资产负债状况，建立完善的风险防范体系。

2．互联网金融的影响

随着传统金融的互联网化，现在越来越多掌握大数据的互联网企业开始涉足金融业，运用有别于传统金融业的思路设计金融产品，以更精准的方式进行推广和销售，通过全新的概念进行金融服务，也给传统金融业带来新的挑战。相对于传统金融而言，大数据对于互联网金融的影响更多地表现在催生和推动方面。

互联网金融有明显的互联网特征，打破了传统金融业的收费模式。通过免费方式和完全开放的平台，在分享数据信息的同时聚集大量的数据、大量的客户，覆盖了传统金融业无法覆盖到的基层用户和小微企业。以阿里巴巴为首的跨行业的“颠覆者”发挥了互联网的优势，他们积累了比银行活跃度更高的中小微企业用户，并掌握着这些用户产品数据、销售数据、应收账款、存货金额、资金流向、物流信息、点击次数、与外界的链接程度以及相关产品等多方面信息。即使是普通购买者也存留了消费偏好、消费习惯、资金流向、支付方式、家庭住址等相关信息，其中某一个信息结合多个维度就会得出实时、精准的相关预测和结论。它对用户个体的了解，远远比银行拥有的代收税费加工资卡的信息颗粒度更细、活性更强。

同时互联网企业也有着独特的互联网金融时代的基础设施。主要有第三方支付平台、点击与评价体系和非常重要的基础设施云平台和云服务。在这三个互联网基础设施具备的条件下，数据分析团队基于数据对未来产品进行设计、定价、管理、风险控制将是互联网金融的核心。互联网金融产品将紧密贴合消费者需求，强调客户的极致体验，精准的推送信息，形成一种互联网和金融的融合经济，不断挖掘新的需求，形成更多的金融业态和金融形态。

大数据技术影响下，互联网金融和传统金融沿着不同的路径分别切入，共同推进金融产业的大变革，而大数据的积累和挖掘成为企业经营的核心资产，并加速金融脱媒，提高资源分配效率。

（六）大数据对健康医疗产业的影响

在健康医疗产业中，居民的个人身体状况、健康行为、临床医疗数据等都将汇集成巨量数据，如何在大数据环境下应用好这些医疗、健康信息，使大数据能够更好地提升我国健康服务业的价值，是该产业发展的方向。大数据对我国健康服务业的影响，主要表现在以下几方面。

1. 个人医疗、健康数据成为重要的经济资源

从上述对大数据的定义可见，个人碎片化的医疗、健康数据经过采集、分析和处理，能够成为整合化的有用信息。正是这种加工后的可用性，使个人医疗、健康信息如同矿产资源一样能够实现价值增值，成为一种重要的经济资源。但这种资源与矿产资源等有所不同，这些数据必须在电子信息技术、互联网技术、云计算技术等高新技术的支撑下才能够实现经济价值。

2. 健康服务产业链得以延伸

医疗、健康信息数据作为一种资源，能够使传统健康服务业发

生变革。这种变革以电子信息、互联网、云计算等为技术手段，以医疗、健康大数据为生产资料，通过产业融合的方式使传统健康服务产业链得以延伸。

首先，使医疗、健康信息数据采集、分析和处理等新行业出现在新产业链中；其次，使健康管理、疾病管理、远程医疗等目前尚处于萌芽阶段的行业，由于医疗、健康大数据的支撑出现蓬勃的发展；最后，使传统的药品研发、诊疗服务等行业实现个性化药品、个性化医疗等服务。可见，大数据对健康服务产业链的延伸作用表现在三方面：催生新行业的出现，带动萌芽行业的增长和推动传统行业的创新。

3. 健康服务企业价值创造得以深化

健康服务业中的企业，通过自身的信息化建设和改造，以医疗、健康信息大数据为决策依据，实现企业价值创造的深化。

健康服务企业的价值创造过程中，均有医疗、健康大数据为支撑。生产型企业在设计研发环节，可以通过大数据信息了解产品需求，进行产品开发；在生产、销售环节可以依据大数据信息进行产量测算和营销方案制定；在售后服务环节可以进行数据的再搜集。服务型企业对大数据的需求可能更高，因其需要根据个人基本信息做出处方、健康管理等决策，信息掌握的越全面决策的最优水平就越高，大数据为健康保险、临床决策、健康咨询、健康管理等服务提供了更全面的决策依据。可见，大数据以提高决策科学性的方式，使健康服务业中生产型、服务型两类企业均能够实现价值增值。

（七）大数据对电信业的影响

由于大数据的特征，运营商首先获取更多有用的大数据资源，如很多的网络运行信息，包含大量有价值的用户行为和位置信息。由此大数据技术应用对运营商主要影响表现在四个层面。

首先，在市场层面，运营商可以利用大数据对自身的产品进行服务，通过大数据分析用户行为，改进产品设计，并通过用户偏好分析，及时、准确进行业务推荐，强化客户关怀，这样就可以不断改善用户体验，增加用户的信息消费以及对运营商的黏度；其次，在网络层面，可以通过大数据分析网络的流量、流向变化趋势，及时调整资源配置，同时还可以分析网络日志，进行全网络优化，不断提升网络质量和网络利用率；第三，在企业经营层面，可以通过业务、资源、财务等各类数据的综合分析，快速准确地确定公司经营管理和市场竞争策略；第四，在业务创新层面，可以在确保用户隐私不被侵犯的前提下，对数据进行深度加工，对外提供信息服务，为企业创造新的价值。这样，大数据将助力运营商实现从网络服务提供商，向信息服务提供商的转变。

大数据产业具有强烈的互联网特征，现有的运营模式很难帮助运营商实现大数据产业的迅速发展。这是因为，对于大数据产业，运营商传统的金字塔式的组织结构已经过时，传统架构的信息系统及组织架构已无法应对海量数据和创新型应用，那种由上而下的运营模式无法更接近用户的需求，这显然已经阻碍运营商自身大数据产业的纵深发展。根据市场需求，运营商必须全面转向以客户和消费者为中心的运营体系，重新梳理企业的经营模式和组织架构，这就是模式的创新，大数据产业发展要求运营商实现管理经营和市场信息系统完美对接，新型大数据应用必将助力运营商向信息服务模式转型。

面向大数据时代，运营商的及时转型成为必然，否则将有被互联网企业超越的可能性。理论上讲，运营商拥有的颇具优势的大数据资源并不是完全不可替代，例如，用户的位置信息就可以通过多种 APP 应用获得，用户的网络使用信息也可以通过多家互联网企业合作获取，互联网企业可以通过泛互联网化收集更多的大数据信息。另一方面，多行业的垂直整合将成为趋势，在数据应用层面，行业企业通过多种手段搜集大量的用户数据，将更贴近用户，更理解用户，为其提供更适当的服务，大数据将成为资产、更具有战略意义，各个行业及单位都在关注大数据。

四、中国面临的机遇与挑战

在过去的几十年中，中国信息产业，一直落后于国外的巨头，长期处在产业链的末端，赚取低端的利润。尽管国家拿出大笔资金扶持上游环节的拓荒者，比如 CPU、操作系统、办公软件，但是花国家钱的，鲜有成功的先例。然而在新兴的大数据处理领域，中外公司几乎站在同一起跑线。单纯考虑狭义的大数据处理技术（如 Hadoop、MapReduce、模式识别、机器学习等），中外差距仅有五年左右。如果考虑数字资产规模以及利用的技术，中外差距更多体现为意识上的差距。我国大数据产业面临着人才匮乏、数据资源不够丰富、数据开放程度较低、相关的法律法规不完善等不利因素。事实上，我国目前对大数据的价值和应用，政府、学界、产业界和资本市场尚待达成一致的认知。各部门、各地方普遍存在“数据割据”和“数据孤岛”的现象。

随着互联网技术的不断发展，数据将像能源、材料一样，成为战略性资源。如何利用数据资源发掘知识、提升效益、促进创新，使其为国家治理、企业决策乃至个人生活服务，是大数据技术的追求目标。随着技术不断成熟，大数据技术将成为国家治理的重要工具。

丰富的数据资源和经济社会发展需求为大数据发展提供了难得的机遇。中国人口和经济规模以及社会经济结构的多元化与复杂性，决定中国的数据资产规模，冠于全球。客观上为大数据技术的发展，既提供了充沛的原材料又同时提供了巨大的市场需求。赛迪顾问预测 2012 年大数据市场规模为 4.5 亿元，未来几年大数据市场将呈现爆发式增长，以超过 100% 的年均复合增长率增长，到 2016 年，大数据将成为百亿级的市场。

我国在大数据技术领域与国外基本处于同一起跑线，窗口期没有消失，有机会实现超越发展。大数据技术以开源为主，迄今为止，尚未形成绝对技术垄断。即便是 IBM、Oracle 等行业巨擘，也同样是集成了开源技术，和本公司原有产品更好的结合而已。

开源技术对任何一个国家都是开放的，中国公司同样可以分享开源的蛋糕。

大数据的发展还面临着网络安全、消费者终端安全、隐私等潜在的安全风险。除此以外，我国大数据产业面临着人才匮乏、数据资源不够丰富、数据开放程度较低、相关的法律法规不完善等不利因素。大数据意味着大机遇，但同时也意味着工程技术、管理政策、人才培养等方面的大挑战。只有解决了这些基础性的挑战问题，才能充分利用这个大机遇，得到大数据的价值。

五、应对策略

从宏观层面上，我国亟须在国家层面对大数据给予高度重视，首先特别需要从战略定位、政策制定、资源投入、人才培养等方面给予强有力的支持；同时，政府部门的数据，应该在大数据国家战略和法律的保障下，向社会开放，从而推动国民经济相关产业发展、促进科技创新。

从技术、应用和保障层面上，我国应将大数据作为新一轮科技竞争和产业竞争的战略重点和制高点，充分认识“数据、技术、应用”三位一体、有机统一的内涵，掌握未来大数据发展主动权。

具体可以从以下方面着手：

1. 布局关键技术研发创新

总体来看，大数据的技术门槛较高，目前在大数据领域展开竞争的信息技术企业多是在数据存储、分析等领域有着传统优势的厂商。为实现产业升级，为在技术产业发展中不落人后甚至实现弯道赶超，我国不能再跟随发展，必须及早布局关键技术和新兴技术的研发应用。

一是以数据分析技术为核心，加强人工智能、商业智能、机器学习等领域的理论研究和技术研发，夯实发展基础。

二是加快非结构化数据处理技术、非关系型数据库管理技术、可视化技术等基础技术研发，并推动与云计算、物联网、移动互联网等技术的融合，形成较为成熟、可行的解决方案。

三是面向大数据应用，加强网页搜索技术、知识计算(搜索)技术、知识库技术等核心技术的研发，开发出高质量的单项技术产品，并与数据处理技术相结合，为实现商业智能服务提供技术体系支撑。

2. 提高软件产品发展水平

一是推动以企业为核心的产学研用合作，加快提高软件发展水平，为大数据发展和应用奠定基础。

二是利用本土语言优势，结合云计算技术与服务，加快中文数据采集、汇总与分析，加快开发和建设中文知识库、数据库与规则库。

三是利用产业发展引导资金，鼓励软硬件企业和服务企业应用新型技术，与信息内容服务相结合，面向实际的大数据应用提供具有行业特色的系统集成解决方案和数据分析服务。

四是以百度、腾讯、阿里巴巴等企业牵头，基于开源、开放操作系统或应用平台，整合优势资源，聚集一批有实力、有特色的中小互联网信息服务提供商，加速本土化信息服务的开拓与整合，形成良性发展的生态系统。

五是以有基础优势的数据处理软件商牵头，统合各方技术优势与数据优势，形成完整、可实用的数据分析软件，不断提高服务内容的精确度与匹配度。同时培育形成一批具有较高集成水平、较强市场能力的大数据解决方案提供商，为大数据在各行业领域的应用提供成熟的解决方案。

3. 加速推进大数据示范应用

一是面向健康医疗、金融、电信、流通等数据量大的领域，引导行业厂商参与，大力发展数据监测、商业决策、数据分析、横向扩展存储等软硬件一体化的行业应用解决方案。

二是面向智慧城市建设与百姓日常生活需求，加快推动大数据在智慧城市建设及个人娱乐、生活服务领域的应用，不断提升数字内容加工处理软件等服务发展水平。

三是推动行业数据的深加工服务。大力开发深度加工的行业数据库，对高科技领域数据进行深度加工，建立基于不同行业领域的专题数据库，提供内容增值服务。

四是选择重点领域、重点企业，鼓励其应用数据清洗等手段，对企业积累的数据进行初步分析整理，去除重复数据，减少噪音数据，提高大数据集合的建设质量。

4. 优化完善大数据发展环境

一是要加强大数据应用背景下信息安全问题的研究，应对好大数据应用可能带来或面临的信息安全风险，特别是研究面向基于大数据的情报收集分析工作的信息保密问题。

二是要明确数据分析处理服务的价值和作用，支持数据加工处理企业发展，将具备一定能力企业的数据加工处理业务列入营业税优惠政策享受范围。

三是完善相关体制机制，以政府为切入点，推动信息资源的集中共享，夯实大数据的应用基础。

第5章

移动互联网发展情况及对产业结构的影响

本章概要

移动互联网将移动通信和互联网这两个发展最快、创新最活跃的领域连接在一起，并凭借数十亿的用户规模，正在开辟信息通信业发展与传统产业商业模式转型升级的新时代。

从移动互联网的发展阶段看，全球移动互联网已处于爆发性发展阶段，但其发展方向、产业规则尚未最终形成，国际格局仍然在不断变幻，我国仍存在创新突破的巨大空间和时间窗口。我国移动互联网蓬勃酝酿态势已经十分明显，智能终端占移动终端出货比例猛增超过 10 个百分点，超过全球平均水平；中国企业在操作系统、跨平台应用软件、芯片等关键技术领域已经开始突破；应用商店应用数量超过 10 万。随着 3G 网络和智能终端的成熟和普及，互联网企业的移动化转型，我国移动互联网产业将在未来两年内出现质的飞跃，成为具有实质意义的重量级产业。

移动互联网对产业的影响主要体现在对自身所处信息通信行业的影响和对其他产业的影响两方面。第一，对信息通信行业的影响：①移动互联网让互联网进入新的产业周期；②移动互联网让移动通信产业发生颠覆性变化，基本的业务模式、商业模式和资源发展模式受到巨大冲击；③移动互联网推动了移动终端产业跨越式发展，终端能力、形态、与服务的关系都发生巨大变化。第二，对其他产业的影响：①颠覆性产业影响：一是文化产业中的一些传统业态；二是传统的通信与物流行业。②改造升级性产业影响：主要包括传统制造业、金融服务业、医疗健康、文化传媒和休闲旅游等。③创新性产业影响，主要包括基于移动电子商务的创新型商业模式。

移动互联网具有个性化、实用化以及时间和位置的高度灵活性等特点，在需求端、供给端以及政策支持与企业发展等方面均具有巨大的潜力和优势，但在技术、人才、管理及信息安全方面仍存在较大的不足。这也是未来政策对移动互联网技术及相应产业的支持方向。

一、概念及核心要素

移动互联网是以移动网络作为接入网络的互联网及服务，具体是指用户通过移动终端获取移动通信网络服务和互联网服务，以及多媒体、定制信息等其他数据服务和信息服务。移动互联网包括三个要素：移动终端、移动网络和应用服务。

移动互联网业务体系可以分为三类（见图5-1、图5-2）。其中，结合移动通信与互联网功能的移动互联网创新业务则代表了移动互联网的发展方向（见图5-3）。

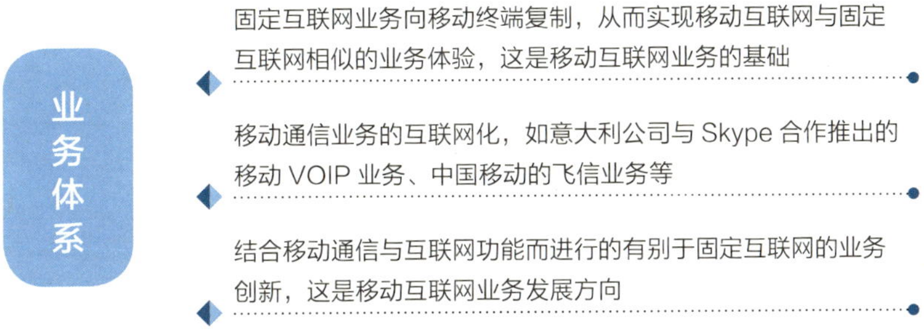

图5-1 移动互联网的业务体系概述

图5-2 移动互联网的业务体系示意图

资料来源：工业和信息化部电信研究院：《移动互联网白皮书》

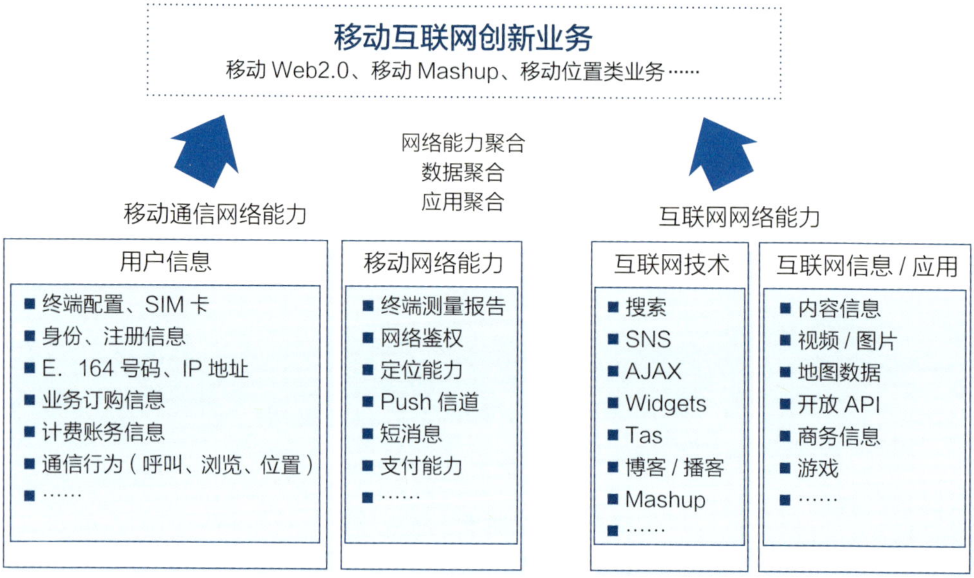

图 5-3 移动互联网创新业务

资料来源：工业和信息化部电信研究院：《移动互联网白皮书》

移动互联网作为空前广阔的融合发展领域，与广泛的技术和产业相关联，纵览当前移动互联网业务和技术的发展，其主要涵盖六大技术产业领域：移动互联网关键应用服务平台技术、面向移动互联网的网络平台技术、移动智能终端软件平台技术、移动智能终端

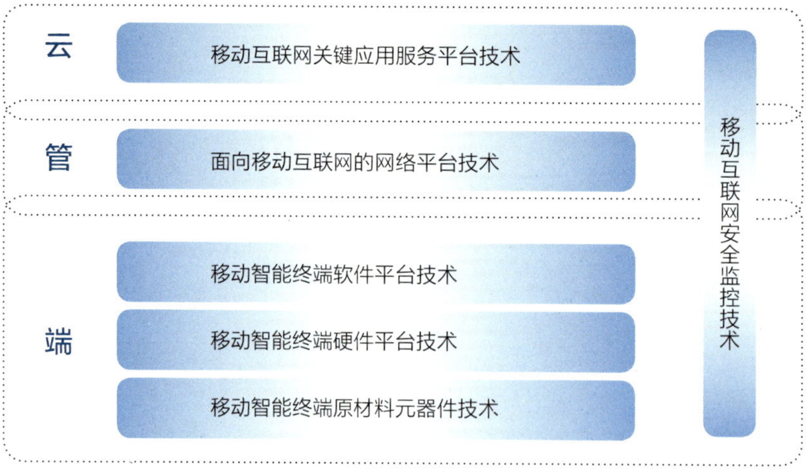

图 5-4 移动互联网六大技术体系

资料来源：工业和信息化部电信研究院：《移动互联网白皮书》

硬件平台技术、移动智能终端原材料元器件技术、移动互联网安全控制技术。其中，智能终端软、硬件技术是移动互联网技术产业中最为关键的技术。

移动互联网业务的特点，不仅体现在移动性上，可以“随时、随地、随心”地享受互联网业务带来的便捷，还表现在更丰富的业务种类、个性化的服务和更高级的服务质量（见图 5-5）。

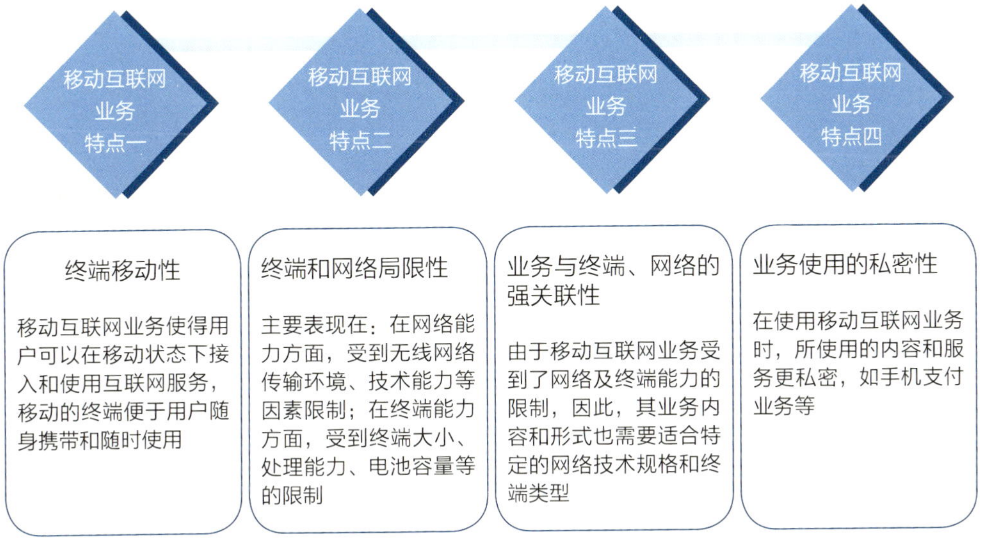

图 5-5 移动互联网的业务特点

二、国际国内发展现状

（一）移动互联网的发展

移动互联网发展迅速，从 21 世纪初萌芽开始，经历了飞速发展。2000 年至 2003 年，智能手机开始逐步增长。大量互联网服务商从 2006 年开始转型进入移动互联网市场。2007 年苹果公司、Google 纷纷推出智能手机，同年诺基亚宣布转型为移动互联网服务商；2008 年苹果公司宣布开放基于 iPhone 的软件应用商店 App Store，这个将网络与手机相融合的经营模式被认为是移动互联网划时代的创新商业模式。2011 年，移动互联网的各种应用开始普及，移动互联网的用户习惯开始养成。根据 CNNIC 的报告统计， 2013 年全球移动用户已超过 50 亿，国内移动用户已达到 8 亿。 2013 年，“互联网 +”成为热词，传统行业纷纷与互联网尤其是移动互联网“联姻”。从报刊、网站到医院、银行，从读书、教育到娱乐、购物，几乎各行各业都在试水移动客户端。

我国移动互联网的发展在近年来也呈现出迅猛态势。2008 年中国移动互联网市场规模达到了 388 亿，用户数量突破 2 亿大关，达到 20514 万。继 2007 年产业盘整后，移动互联网内容及应用开始规模化丰富，用户渗透率及活跃度得到巨大提升，如无线音乐、手机游戏、手机浏览器和移动搜索等移动互联网应用服务。

图 5-6 移动互联网发展历程

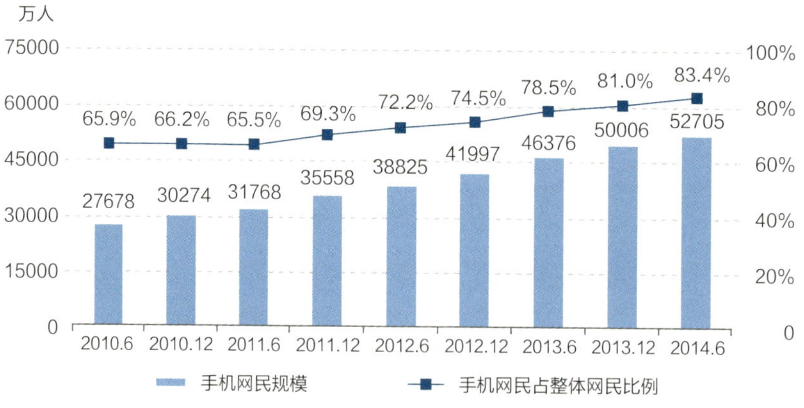

图 5-7 中国手机网民规模及其占网民比例

资料来源：CNNIC 中国互联网络发展状况统计调查

从2011年到2013年，中国移动互联网经历了飞速发展的三年。2013年，我国移动购物市场交易规模达1676.4亿元，各大电商在移动端加速“跑马圈地”。同时，基于移动互联网的新型移动支付发展迅猛，2013年移动支付市场交易规模突破1.3万亿元，同比增长8倍多，远超个人电脑支付增长率。2014年，中国移动互联网将进入持续稳定期，逐步探索实现入口平台整合、行业跨界融合，终端全智能化、应用大数据化。

根据CNNIC中国互联网络发展状况报告统计，截至2014年6月，中国网民有6.32亿，互联网普及率达到46.9%。其中，手机网民规模达到5.27亿，占83.4%，手机使用率首次超越传统PC使用率，手机作为第一大上网终端设备的地位更加稳固。

（二）移动互联网的应用

2014年以来，网民对移动网络应用的使用越发深入。交流沟通类应用中，即时通信使用率继续攀升，第一大网络应用的地位更为稳固。微博客市场逐步进入成熟期，整个市场呈现出集中化趋势。社交类网站呈现持续下降趋势，移动社交逐渐向单一应用聚合。移动商务类应用在移动支付的拉动下，正历经跨越式发展，在网络应用中地位愈发重要，手机网上支付、手机网络购物、手机网上银行和手机旅行预定应用的网民规模半年增长速度均超过40%，带动整体互联网商务类应用增长。休闲类娱乐应用中，手机网络游戏和手机网络音乐使用率保持快速增长，在2013年整体发展下行的背景下，网络游戏、网络音乐2014年上半年出现回暖，使用率基本恢复到2012年底水平。信息获取类应用发展较为平稳，但手机搜索引擎随着各大品牌手机搜索APP的推出、手机浏览器等多渠道推广及各类应用的用户导流，用户规模在保持高位情况下依然增长强劲。互联网金融类应用增多，互联网理财产品仅在一年时间内，使用率超过10%。

移动互联网的应用呈现出以下特点：

1. 应用服务本土化优势明显

我国部分移动互联网应用服务在技术创新、服务体验、内容资源等方面已实现较好的用户积累，形成稳定的市场格局，保持着较为领先的竞争优势。例如，至 2010 年底，手机 QQ 和飞信在我国移动 IM 市场的占有率已经超过 80%。同时，我国互联网巨头全线进入移动互联网，新浪、腾讯、开心等依托自身的互联网业务优势在应用服务领域起了一定的引领作用，如微博客、移动 SNS 等。

2. 新的应用服务模式不断涌现

追随全球发展潮流，我国产业各方积极参与，应用商店全线铺开。目前，我国三大运营商，联想、宇龙酷派等终端制造商、华为等网络设备厂商均面向自身的用户需求开设了应用商店，促进应用的自主创新。同时，结合产业发展情况，我国应用商店在合作、推广等方面也表现出独有的特色，如中国移动 mm 同终端厂商合作的“店中店”模式 4；华为数字商城同运营商合作的应用销售分成模式。另外，移动支付产业链的逐步完善推动了移动电子商务迈向正轨。

3. 运营商加快向移动互联网转型

三大运营商都把移动互联网作为最重要的发展方向之一，不仅以最快的时间全部开设了应用商店，而且面向典型的移动互联网业务应用（无线音乐、手机阅读、游戏、视频、位路、电子商务等）构建了平台级的产品和运营基地；同时，运营商也与产业链的各方积极合作，如中国移动和新华社联合推出搜索引擎——盘古搜索，将互联网服务与移动终端深度融合，充分利用自身的技术优势，实现了将桌面搜索结果“直达”手机的搜索服务新体验。

我国手机用户对各类移动服务的使用规模和发展变化的统计情况如表 5-1 所示。

表 5-1 我国手机用户对各类移动服务的使用规模和发展变化的统计

	2014 年 6 月		2013 年 12 月		
应用	用户规模（万）	网民使用率（%）	用户规模（万）	网民使用率（%）	半年增长率（%）
手机即时通信	45921	87.1	43079	86.1	6.6
手机搜索	40583	77.0	36503	73.0	11.2
手机网络新闻	39087	74.2	36651	73.3	6.6
手机网络音乐	35462	67.3	29104	58.2	21.8
手机网络视频	29378	55.7	24669	49.3	19.1
手机网络游戏	25182	47.8	21535	43.1	16.9
手机网络文学	22211	42.1	20228	40.5	9.8
手机网上支付	20509	38.9	12548	25.1	63.4
手机网络购物	20499	38.9	14440	28.9	42.0
手机微博	18851	35.8	19645	39.3	-4.0
手机网上银行	18316	34.8	11713	23.4	56.4
手机邮件	14827	28.1	12714	25.4	16.6
手机社交网站	13387	25.4	15430	30.9	-13.2
手机团购	10220	19.4	8146	16.3	25.5
手机旅行预订	7537	14.3	4557	9.1	65.4
手机论坛	6890	13.1	5535	11.1	24.5

资料来源：CNNIC

（三）移动互联网的市场分析

目前发达国家的移动互联网产业已处于爆发性发展阶段。从总体上看，全球大的格局仍在变化中，但初步形成了几大阵营。在终端软件平台方面，目前苹果、谷歌、微软协同诺基亚三大阵营实力最强，RIM、惠普、三星紧随其后，谷歌的 Android 已居全球智能终端出货量的第一位，在过去的一年中达到惊人的 615.1% 的增长率。在终端硬件平台方面，目前智能终端芯片的竞争集中于美、英两国若干 IC 巨头之间（特别是 Intel 和 ARM）；显示屏等关键器件则由韩国、日本、台湾地区把持；此外占据成本较高的存储技术主要由韩国阵营掌握，台湾地区处于跟随状态；而传感器作为重要元器件则由美国引领。在网络应用服务方面，谷歌和苹果处于领先地位，在最关键的应用商店方面，苹果遥遥领先，其 App Store 应用数量超过 35 万。在其他应用服务方面，移动互联网继承、融合了大多数互联网风行的业务，如 Twitter、Facebook、搜索、电子商务、网络广告、网络游戏等。

以美国为代表、由移动互联网应用巨头、领袖型的消费电子、智能终端企业、富有创造力的移动互联网用户群体构成的移动互联网产业雏形已经具备。对比来看，我国移动互联网发展在总体上仍然处于产业的初步形成阶段，产业形态、格局还不是非常清晰。在关键的终端操作系统、终端核心芯片、移动 Web 技术方面基本处于追随状态。大量的移动互联网典型应用，如微博客、移动视频、移动电子商务还刚刚兴起，用户应用范围相对局限，大规模产业放量尚未出现。但是，目前我国移动互联网蓬勃酝酿态势已经十分明显，中国（移动）互联网企业获得国际一流资本市场青睐，海外上市屡创新高；智能终端占移动终端出货比例猛增超过 10 个百分点，超过全球平均水平；中国企业在操作系统、跨平台应用软件、芯片等关键技术领域已经开始突破；应用商店应用数量超过 10 万。

三、对产业的影响

图 5-8 简要说明了移动互联网技术对产业的影响。

移动互联网目前已经成为信息产业当中发展最快、竞争最激烈、创新最活跃的领域，并给信息产业中的主要领域带来巨大的影响与变革。

移动互联网让互联网进入新的产业周期。一是互联网的接入终端形态发生变化，并成为产业的基本要素。移动上网终端数量已超过 PC，移动终端的独特性让移动互联网改变了互联网产业的基本

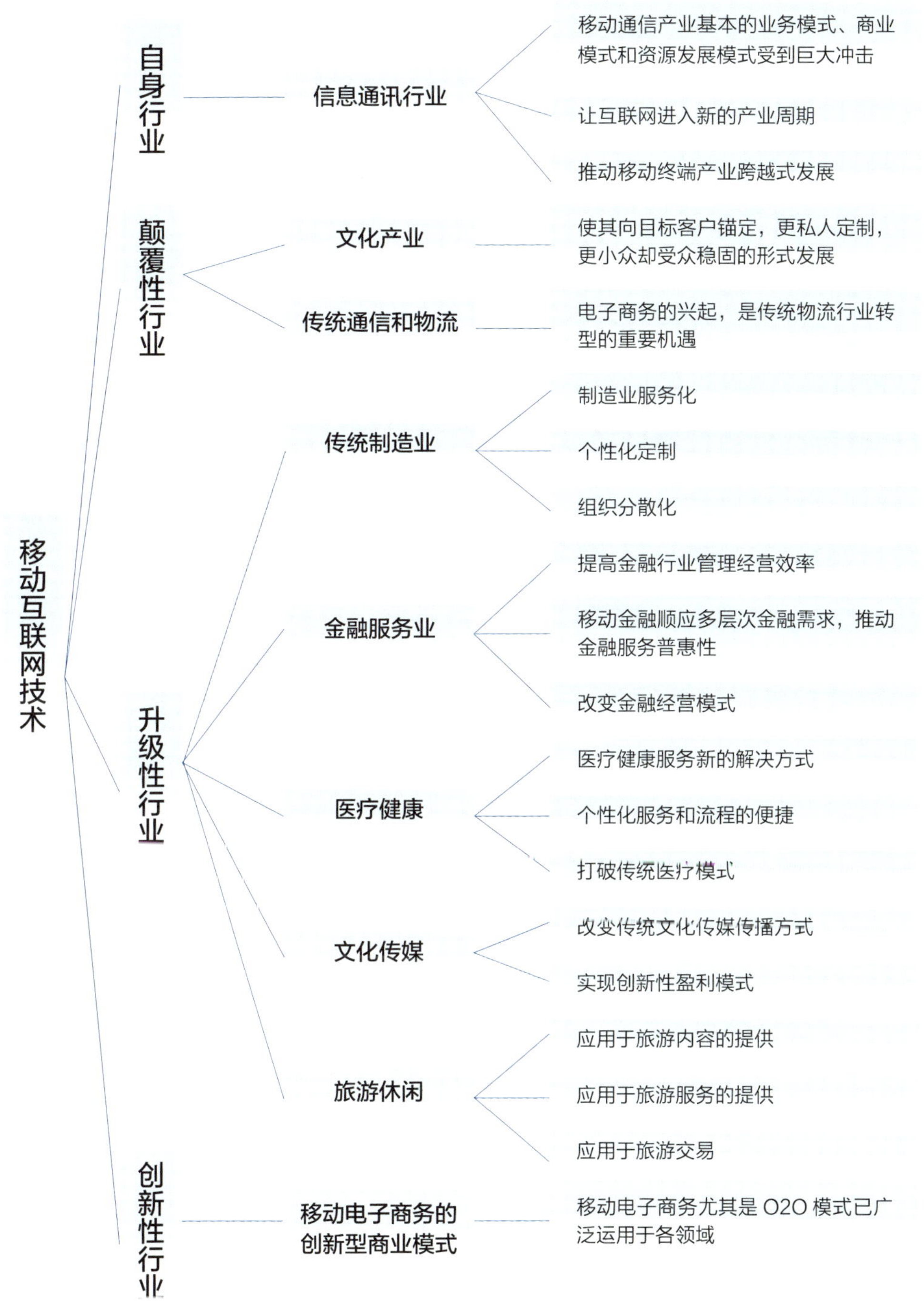

图 5-8　移动互联网技术对产业的影响

要素——终端成为关键环节，谷歌以智能终端操作系统 Android 为支点发起了移动互联网业务的竞争。二是互联网业务的发展重心、用户消费方式和业务组织模式发生了重要变化。互联网业务及信息逐步从以 PC 为中心转变为以手机为中心，以应用程序为中心的应用商店模式改变了用户使用、购买互联网服务的方式，让应用程序与浏览器平分了用户的业务入口；在业务组织方面，应用商店改变了互联网业务的开发、提供和产业链组织方式，形成了以终端和互联网为中心、基于接口开放和开发者广泛参与的新的互联网业务模式。移动互联网跨越了产业之间、产业链上下游之间的壁垒，让互联网公司、消费电子公司、电信运营商、终端厂商甚至芯片厂商之间形成短兵相接的竞争，其融合效应远远超过目前所有已知的产业融合，让互联网延伸至更广泛的领域。

移动互联网让移动通信产业发生颠覆性变化，基本的业务模式、商业模式和资源发展模式受到巨大冲击。应用商店模式成为移动通信（数据）业务的主导业务模式，电信运营商在通信领域仅存的贴近用户和理解用户感知的优势被颠覆，在新一轮的浪潮中逐渐被边缘化；不仅如此，移动运营商的命脉业务移动话音正在受到破坏性创新的威胁——移动终端的融合性让移动 VOIP、移动即时消息与互联网服务融为一体，正在替代基本的移动通信业务；同时，移动互联网带动了移动网络流量的爆炸性增长，导致无线网络资源加速消耗和服务质量的急剧下降。无线资源稀缺性和无线环境突变性导致的带宽资源矛盾更加尖锐和长远，传统的资源构建和发展模式面临重大挑战。

移动互联网推动了移动终端产业跨越式发展，终端能力、形态及与服务的关系都发生巨大变化。移动智能终端产业链在移动互联网的驱动下迅速进化，在谷歌 Android 影响下，移动终端操作系统开源、开放和免费的趋势风靡，极大地调动了开发者、硬件厂商的参与热情，终端系统软件、硬件适配成本大幅度降低，低端移动智能终端的成本迅速降低到 100 美元以下。

在智能手机、平板电脑上应用商店与终端软件平台一体化耦合模式凸显，应用商店和网络应用服务成为终端的必备要素，移动终端制造和互联网业务服务的关系已经发生变化；在整机、软件和应用爆发性发展的带动下，几乎所有的移动终端硬件——终端核心芯片、屏幕、存储器、传感器件都被推入加速创新通道。

移动互联网渗透到诸多行业，对人类的生产经营活动产生了巨大的影响。移动互联网将催生许多新的产业和新的商业模式，促进传统产业的转型与升级，同时，也将颠覆性地影响或改造那些曾为我们熟悉的行业。

（一）颠覆性产业影响

一是文化产业中的一些传统业态。包括实体唱片业、光盘租赁业、传统出版行业及其产业链条上的印刷业。随着信息传播方式与人们获取视听渠道的改变，传统的信息载体印刷用纸将被以硅为主的电子材料所取代，传统出版行业的经营模式难以为继，但出版行业或不会就此消亡，而是以更目标客户锚定，更私人定制，更小众却受众稳固的形式走向新的发展路径。二是传统的通信与物流行业。绿色邮筒和电报的逐渐消失，预示传统通信与物流行业在经济社会生活中的淡出。邮局如果不能向快递业或物流业方向转型，那就只有等人们来送行悼念了。据调查，现在中国每天有2500万个左右的包裹，10年后预计是每天2亿个。电子商务的兴起，是传统物流行业转型的重要机遇。

（二）改造升级性产业影响

1. 传统制造业

移动互联网技术使得互联网已经从消费互联网发展成为产业互联网，新的商业形态开始进入产业领域，并且从服务业逐渐走向制造业，走向工业领域。互联网与工业融合创新新兴通信技术带来的是制造业本身从数字化走向了网络化、智能化。

一是制造业服务化，由单纯的产品制造向服务制造转变。如三一重工通过网络实现服务型制造。通过在设备上安装2G、3G的移动通信模块，与三一重工的后台联系起来，可以实时采集设备的运行状况，进行主动维护。三一重工实施系统以后企业利润大幅度提升，三年间的新增利润超过 20 亿元，而且成本降低了 60%。

二是个性化定制，由规模化标准产品向个性化定制产品延展。通过移动终端搜集用户数据，在后台的云中心进行大数据分析。通过大数据分析对市场进行预测，可以延伸到产业生态圈的其他环节，进行跨界经营。通过这样的方式，既实现了个性化制造，也实现了批量化生产。

三是组织分散化。过去的工业都是集中式的大规模生产，由于与互联网的融合，已经呈现向组织分散的转变。主要模式包括协同研发、众筹融资、众包设计、网络制造，而这些模式已经开始广泛地为移动终端所联结和实现。

2. 金融服务

金融业是所有产业中收益相对较高也是对市场反应较为敏感的产业，金融信息化的建设一直是技术与商业探索的热点。移动金融正是新时期移动互联网时代金融信息化发展的必然趋势。

一是全面提高了金融行业管理及经营效率。在企业内部管理方面，以移动营销、移动客户关系管理、移动数据报表、移动信贷等为代表的移动办公模式逐步应用于金融行业内部管理，提高了企业内部的工作效率、降低了企业运营成本。同时，通过提供对外服务的移动产品，增加服务渠道，在提供更方便的服务的同时大大降低了传统渠道的成本还可以带来新的收益。目前常见的金融移动外部产品应用类型包括移动银行、移动掌上生活、移动理财投资、移动支付等。

二是移动金融顺应多层次金融需求，推动实现金融服务的普惠性。移动金融蓬勃发展，一方面让互联网巨头纷纷进军金融服务领域，另一方面，包括传统商业银行在内的各种金融机构，也都加快了与互联网融合的脚步，以其简单、便捷、门槛低的优势，让更广泛的人群，尤其是弱势群体，能有机会享受到种类更多、更优质的金融服务。

三是移动金融未来有望改变金融业经营模式，金融业竞争格局或因此发生改变。随着移动金融应用的普及，未来银行、证券等行业的网点规模效应可能会递减，更多的网点可能会消失，绝大部分业务将由线下转到线上，行业的竞争将更多依赖产品设计创新能力、客户需求锚定能力、跨界资源的整合能力等软实力。

3. 医疗健康

移动医疗的技术创新、商业模式创新为医疗健康服务提供了新的解决方式，为医疗投资带来了新的盈利模式，趋势性地展现了未来医疗服务新模式。

一是更多医学资料在手机中存储，为医疗健康服务提供新的解决方式。医疗信息采集系统基于医疗信息的采集和人体信号的检测，其核心是围绕每一个接受医疗服务的人，将医疗资源和各种医疗服务连接在一起在无线应用领域。

二是电商模式在医疗领域的应用，实现移动用户的个性化服务和服务流程的便捷。医疗学术机构通过提供付费的医学文献资料，移动医疗企业直接面向用户提供付费医疗服务等模式催生掌上药店、掌上医生等多种移动医疗服务模式。

三是移动医院模式将打破传统的医疗模式，有望成为未来发展趋势。传统的医疗模式一般都是“发病—检查—诊断—治疗—复查”，这一系列过程都在医院进行，而平时对自己的身体状况不甚了解。移动医院模式从“预约挂号”开始到“诊断治疗”实现随时随地的便捷体验。预计未来十年，这种在移动医疗领域的特殊商业模式有望成为未来发展趋势，推动移动医疗服务的整合。

4. 文化传媒

一是改变传统文化传媒的传播方式，带来新的视听模式。如移动电视，目前移动电视用户主要集中在积极尝试新事物、个性化需求较高的年轻群体，这样的群体在未来将逐渐扩大。随着移动电视业务进一步规模化，广告主也将积极参与其中。又如移动电子阅读，利用上下班坐车的零碎时间的习惯已经使我们的阅读习惯潜移默化地改变着。内容数字化，使电子阅读内容丰富，结合手机多媒体的互动优势，增加了音乐、动画、视频等新的阅读感受。

二是充分利用文化产品的黏性，将客户绑定移动端，实现创新性盈利模式。在移动网络虚拟世界里面，服务社区化将成为焦点。社区可以延伸出不同的用户体验，提高用户对企业的黏性，如我们常用的 QQ、MSN 等。移动广告业务是一个具有前瞻性的业务形态，可能是下一代移动互联网繁荣发展的动力因素。另外手机游戏的方便、快捷让我们可以随时随地的享受游戏的乐趣。手机游戏的黏着性非常强，成为为移动互联网的杀手级盈利模式，将掀起移动互联网商业模式的全新变革。

5. 旅游休闲

移动互联网技术通过对旅游休闲业产业链各环节的渗透，打破旅游产业链原有的结构和平衡，促生新的商业形态和交互模。

一是应用于旅游内容的提供。移动互联网进一步降低旅游服务的进入门槛，只要感兴趣，所有人均可以成为旅游内容提供者。安装客户端软件上网的方式为所有人提供了平台，随着智能手机的普及，将有越来越多的个人开发者或团队参与到这类软件的制作中，移动互联网将为有志于此的人提供舞台，内容提供者的大量涌现、云计算的兴起，将使旅游信息更加丰富多彩。

二是应用于旅游服务的提供。在移动互联网时代，传统旅游服务提供商需要根据自身的行业特性调整自己的服务内容和服务方式，通过网站手机版和客户端软件增加用户的使用黏性，提升品牌知名度。旅行社的在线咨询将演变为移动在线咨询，或者针对某旅行团或旅行路线建立虚拟社区，通过延伸服务与游客展开实时互动，及时对游客提供指导和帮助。宾馆施行手机预订和手机支付，游客可以随时了解客房的入住动态。手机电子商务将促进景点特色商品的销售，在信用卡支付不便的地区，手机支付将成为游客的首选。

三是应用于旅游交易。金融和物流是与旅游业紧密相关的两个行业，移动互联网也将改变这两种行业的商业形态，从而对旅游业产生间接影响。网上银行、支付宝、财付通、易宝等成为人们网络交易的首选工具，旅游交易工具的多元化将结束单纯依靠现金或银行卡交易的历史。使用移动互联网后的物流业可以更好地为旅游业服务，当游客在旅游景点购物后，可以通过快递寄回，并通过手机上网随时查询货物的动向，这样既可以减少旅途中行李的重量，又可以刺激游客多消费。

（三）创新性产业影响

移动互联网的产业创新主要体现在以移动电子商务为基础的商业模式创新。调查显示，至2013年9月，我国电子商务销售额中有37%来自移动端；43%的智能手机用户在购物时会使用移动端查询信息。这些比率还处于快速上升阶段。未来，移动电子商务与手机搜索的融合，跨平台、跨业务的服务商之间的合作，电子商务企业规模的扩大，企业自建的电子商务平台爆发式增长将带动移动电子商务的成熟。目前，移动电子商务已广泛运用于公共交通、公共事业缴费、购物、一卡通、电子票务、旅游、金融、医疗、教育等领域，为人们的生活与消费带来了很大的便利。而O2O模式更是实现了信息和实物、线上和线下、实体店与实体店之间的无缝衔接，具有价格便宜，购买方便等优势，已应用于移动电子商务、租车租房服务、个性化产品设计、产品直销、线上促销等领域。移动互联网的应用推动了移动电子商务的发展，使电子商务有望迎来发展的第二个“春天”。

四、中国的差距和机遇

1. 中国的差距

当前，我国移动互联网的发展与发达国家相比仍有较大差距。

一方面，中国企业在操作系统领域缺乏对核心技术的掌控。虽然中国拥有庞大的移动互联网用户群体、巨大的移动终端设备生产能力，以及位列世界前15强的三大电信运营商，但作为发展中国家，中国与发达国家相比仍存在技术方面的差距。移动智能终端操作系统、移动芯片等领域最领先的核心技术仍然掌握在少数发达国家企业手中，中国在全球移动互联网核心技术领域刚刚起步。

此外，移动互联网领域专业技术人才缺乏，以及国内软件项目管理水平与国际水平仍存在差距，这些也都制约了移动互联网技术与市场的发展。

另一面方面，我国移动互联网发展在总体上仍然处于产业的初步形成阶段，产业形态、格局还不是非常清晰。

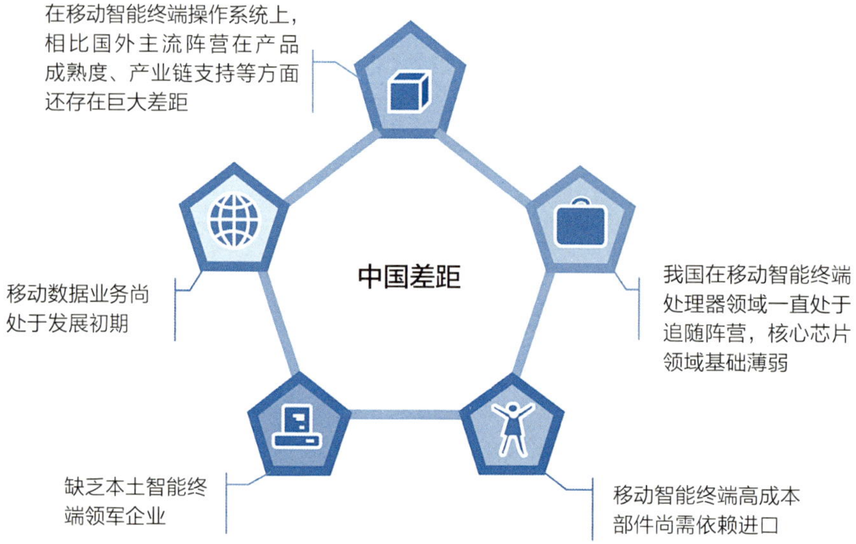

图 5-9　中国的差距

2. 中国的机遇

据统计中国电脑用户 3 亿，每天使用 3 小时，中国手机用户 8 亿，每天使用 16 小时，所以移动互联网的潜在机会是 PC 互联网的 14 倍。也就是说，如果移动互联网发展成熟后的市场将是 PC 互联网的 14 倍。移动互联网，目前在最大程度上实现了社会资源更自由、更大范围的调配和更快速、更便捷的流通，从而影响和改变着财富增长的速度和分配方式。这种变化所释放出来的巨大能量将必定影响未来信息社会人们数字化生活中方方面面的需求，进而滚雪球般地创造出越来越多的机会和财富。

经过多年积累，中国已经成为全球中低端移动智能终端的研发和制造中心，所生产的移动智能终端销往世界各地。同时，由中低端产品向高端产品发展的趋势对移动操作系统相关技术的研发提出了更多新的要求。植根中国的移动智能终端操作系统产品与技术提供商在产业链中的地位尤为重要。随着中国逐步成为移动智能终端研发制造中心、在全球的产业链地位日益重要，植根中国的移动智能终端操作系统产品与技术提供商在产业链中也将会起到更大的作用。

此外，中国移动互联网的建设得到了政府政策的大力支持。根据国家统计局《战略性新兴产业分类（2012）》（试行），智能终端操作系统行业属于新一代信息技术产业中的高端软件和新型信息技术服务业，是国家重点支持的战略性新兴产业。在发展方向上，《“十二五”国家战略性新兴产业发展规划》明确提出大力发展高端软件和新兴信息服务产业，加强以网络化操作系统、海量数据处理软件等为代表的基础软件、智能终端软件、信息安全软件等关键软件的开发；工信部印发的《互联网行业“十二五”发展规划》为移动互联网、物联网、云计算更长远的发展铺平了道路。在基础设施建设上，国家加大对3G通信网络的建设，完成对所有城市和县城以及部分乡镇的覆盖，并立足长远，大力推动LTE、4G无线网络的建设。

总体上看，全球移动互联网虽然已处于爆发性发展阶段，但其发展方向、产业规则尚未最终形成，国际格局仍然在不断变幻，我国仍存在创新突破的巨大空间和时间窗口。随着3G网络和智能终端的成熟和普及，互联网企业的移动化转型，我国移动互联网产业将在未来两年内出现质的飞跃，成为具有实质意义的重量级产业。

五、应对策略

针对我国目前移动互联网的发展状况、发展趋势以及所遇到的问题，政府及相关部门应该采取多种措施来促进移动互联网的发展。

一是加快突破关键性技术，鼓励开发基于主流应用开发系统的应用软件，支持移动应用开发系统和开源社区建设。加快推进移动互联网的云计算和大数据应用。

二是积极培育孵化一批创新创业企业。鼓励有条件的区域以“区中园”、“园中园”形式建设移动互联网产业创业孵化园，支持高端人才、大学生和小微企业的创新和创业。

三是强化资金保障。鼓励天使投资、VC（风险投资）、PE（私募基金）等投资机构投资移动互联网企业，投资额达一定规模的，给予适当奖励。支持设立专项担保基金，为有技术、有市场、有信用的移动互联网企业提供融资担保服务。整合政府相关专项资金，加强财政资金的投入，重点支持企业发展、重大技术攻关、重点企业引进、集聚区建设、创新平台和公共服务平台建设、创业投资等。

四是积极引进和培养人才。移动互联网企业所在园区要积极为企业提供人才引进、培训、认证等“一门式”服务。对引进的高层管理人员（含核心技术人员），对其户籍、居住证办理、医疗保障、子女教育、家属就业、人才公寓入住或购房补贴等方面给予重点支持。大力引进海外高层次、高技能人才和创新团队，对创新创业并入选海外高层次人才“千人计划”的给予一次性政府科学技术人才补贴。

五是优化发展环境，严格执行国家移动互联网管理的相关法律法规，加强网络安全监管。加强知识产权保护，建立异地执法协调机制。探索对新兴业态和服务的“温和监管”和“预警式监管”模式，为企业营造宽松的发展环境。积极研究既符合法律法规，又符合移动互联网发展特征的税收征缴模式。

第6章

机器人技术发展情况及对产业结构的影响

本章概要

机器人的发明是人类第三次工业革命的伟大产物，是一种半自主或全自主工作的机器设备，它能完成有益于人类的工作。

2011—2013 年全球机器人销量稳定在 16 万台左右，行业呈现如下特点：①从工业机器人向服务机器人拓展；②亚太地区成为工业机器人的主要市场；③汽车制造业应用最多。

中国已成为全球机器人增长最快的市场，2013 年销售量达 2.5 万台，保有量 12 万台。IFR 预测，到 2015 年中国需求将达 3.5 万台，占全球的 16.9%，成为全球规模最大的市场。

从市场格局来看，全球机器人市场呈现由日本和欧洲少数龙头企业垄断控制的局面。我国机器人关键零部件严重依赖进口，机器人本体依靠价格优势参与竞争、利润微薄，不过系统集成上有所突破。

机器人技术主要在七个下游行业有重要影响：工业、农业、医疗健康、家庭与个人服务、教育、科考勘探与灾害搜救、国防军事。机器人技术的发展会带来下列影响：①加快信息化与自动化进程；②推动产业结构优化升级；③加快人工替代；④拓展和深化了人类科研空间；⑤使人们生活更加智能化、便捷化。机器人发展存在的问题有：①造成工人失业；②机器人伦理与法律问题。

我国机器人技术产业化的机遇：①庞大的市场需求；②产业政策支持；③机器人密度提升和进口替代空间大。面临的挑战包括：①国际巨头垄断市场；②核心技术受制于人；③劳动力和研发队伍的素质不高；④配套机制不完善。

政府企业的应对策略：①国家完善顶层设计，地方协调联动执行，引导产业向链条式和集群化发展；②加大政策扶持力度；③强化配套公共服务，促进政产学研金联动发展；④构建国家创新体系，做好核心技术攻关；⑤建设完备人才队伍。

一、概念及核心要素

机器人是一种半自主或全自主工作的机器设备。机器人由六个系统组成，包括人机交互系统、控制系统、驱动系统、机械机构系统、感受系统、机器人—环境交互系统，它们分属于机械部分、传感部分和控制部分。机器人的发明是人类第三次工业革命的伟大产物，其主要有以下几个特征和应用方向（见图 6-1、图 6-2）。

主要特征

- 机器人是自动执行工作的机器装置，靠自身动力和控制能力来实现各种功能
- 它既可以接受人类指挥，又可以运行预先编排的程序，也可以根据以人工智能技术制定的原则纲领行动
- 它是高级整合控制论、机械电子、计算机、材料和仿生学产物，在工业、医学、农业、建筑业甚至军事等领域中均有重要用途
- 它的任务是协助或取代人类的工作，例如生产业、建筑业或是危险的工作

图 6-1　机器人的主要特征

主要应用方向

- **工业机器人**——含电子电气、橡胶塑料、食品饮料、金属机械、农林渔业、矿业（挖掘和采矿业）、制造业、电气水供应、建筑业、教育研究和开发、其他非制造业等应用方向
- **专业服务机器人**——主要应用于国防、农业、场地、医疗、物流系统等方向
- **个人 / 家庭机器人**——包括清洁机器人、割草机器人、智能服务机器人、娱乐休闲机器人等，其中娱乐休闲机器人包括玩具机器人、宠物机器人、教育和培训机器人等

图 6-2　机器人的主要应用方向

我国的机器人专家从应用环境出发，将机器人分为两大类，即工业机器人和特种机器人。

二、国际国内发展现状

伴随着第三次科技革命的深化和金融危机后全球经济的复苏趋势，世界各国都对机器人等先进技术和相关产业引擎予以极大重视，国际机器人市场在平稳复苏中增长，并且已经面临着传统工业机器人向智能机器人转型的时点。

尽管工业机器人的运用仍然在机器人市场中占据绝大部分，但从未来发展看，专业服务机器人和个人 / 家庭服务机器人将日益发展为机器人市场的另一强劲驱动引擎（见图 6-3）。

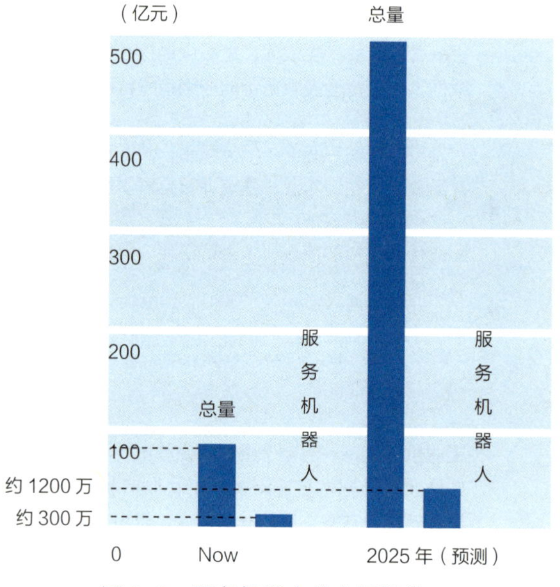

图 6-3　服务机器人的市场规模

地区分布上，21 世纪的亚太地区仍将成为工业机器人的主要市场，服务机器人市场前景也非常广阔，这为中国发展机器人市场提供了一个很好的周边环境和外部氛围。国际上，不仅是专业的机器人制造商在发力，微软等 IT 企业，丰田、奔驰等汽车公司，甚至还有家具、卫生洁具企业也都纷纷参与机器人的研制。尽管日美欧等国控制了机器人核心技术和绝大部分市场，但中国企业仍能够从中找到适合自己发展的切入点。

（一）机器人技术的发展

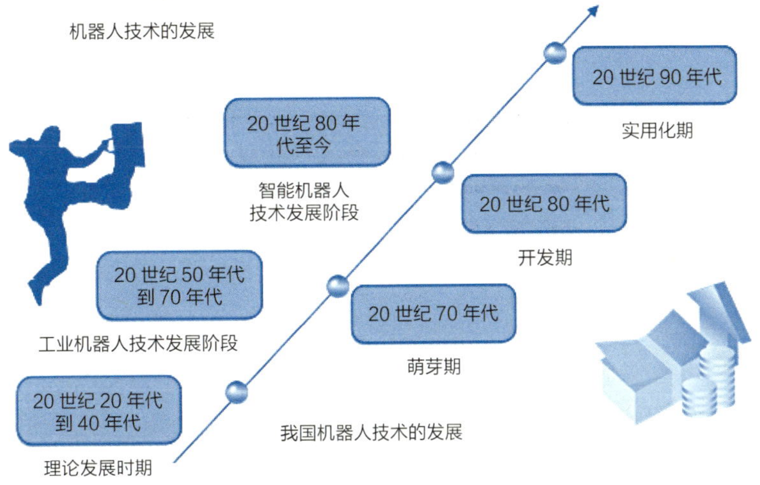

图 6-4 机器人技术的发展历程

图片来源：作者自绘

（二）机器人技术的应用

机器人技术的应用已经从工业领域逐渐扩展到军用、农业、家庭生活等方向。从未来发展看，专业服务机器人和个人 / 家庭服务机器人将日益发展为机器人市场的另一强劲驱动引擎。在 2005—2012 年间，全球工业机器人销量的平均增速为 13%，在全球经济衰退的年份会有较大的负增长（如表 6-1 所示）；专业服务机器人销量的平均增速为 31%，个人 / 家庭服务机器人销量的平均增速为 33%。

表 6-1 2005—2012 年全球机器人销量平均增长率

机器人类型 \ 平均增长率	工业机器人	专业服务机器人	个人 / 家庭服务机器人
平均增长率	13%	31%	33%

工业机器人广泛应用于多个行业。从机器人应用的细分行业看，汽车制造业（汽车工业及汽车零部件）是工业机器人的主要应用方向。近年来的数据显示，汽车行业成为机器人市场强劲恢复的主要驱动力量之一。2012 年，汽车行业新安装工业机器人约占机器人

总安装量的40%。除汽车行业外，电气/电子行业、金属和机械行业，以及橡胶和塑料行业的工业机器人安装量较大，分别占总份额的21%、9%和3%。

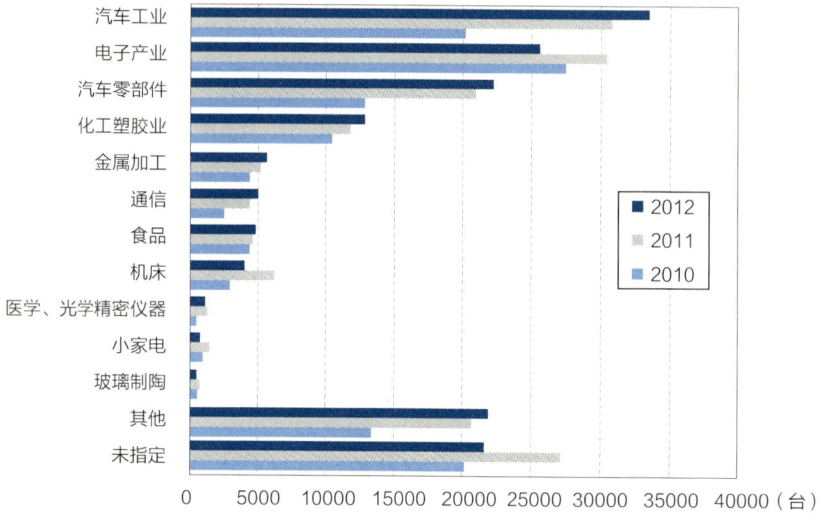

图6-5 2010—2012年全球各行业工业机器人年安装量

资料来源：IFR，《机器人技术及其应用》2014年01期

专业服务机器人主要应用于军用、农业方向。从发展趋势来看，物流、医疗、建筑、移动平台、清洁领域的机器人运用较2011年有所减少，而安保、水下、国防安全等方面运用略有提升。在未来，专业机器人还将向更广领域内扩张，“机器人+产业”模式将成为21世纪产业革命的主要推动力。

个人和家用服务机器人的应用呈现出增长趋势，发展前景非常光明。2012年，个人和家用服务机器人的销售量比2011年增长20%，销售额增长88%。其中，个人服务机器人约占总销售量的34%，家用机器人约占总销售量的65%。在未来，个人交通机器人以及家庭安全和监视机器人的发展不可小觑，而助残机器人会在市场上拥有一席之地。

国内机器人的应用呈现新特点。工业机器人仍然主要对接汽车行业（整车及零部件）、电子电气、橡胶塑料、金属制品等，但是国内工业机器人更多运用于焊接、搬运、装配等方面。受我国经济

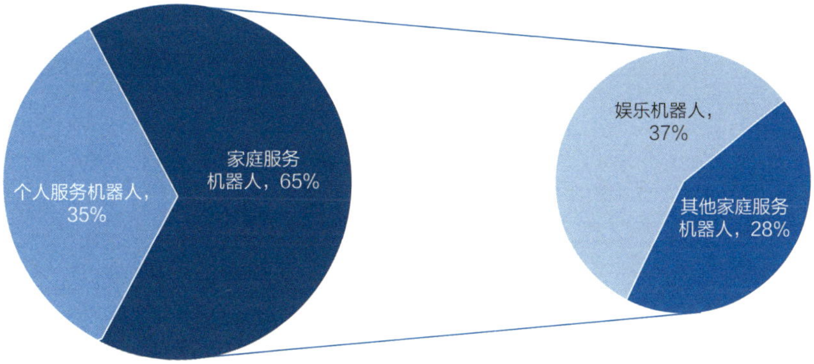

图 6-6 2012 年全球个人 / 家庭服务机器人销量结构

转型的政策影响，建筑施工、石化、食品、军工、水下、高空及微加工行业的需求将会明显增长，一般工业机器人的需求量将会继续上升，特别是在推动生产线和仓储自动化方面。

机器人市场呈现出了三个特点，如图 6-7 所示。

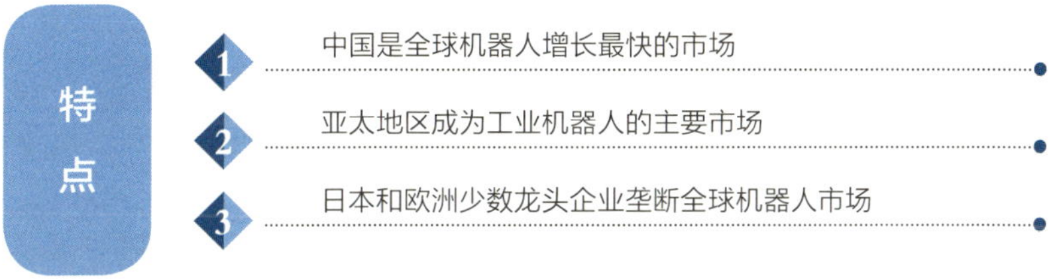

图 6-7 机器人市场特点

中国已成为全球机器人增长最快的市场。2010—2012 年，中国工业机器人安装量年平均增长率为 75%，三年间中国工业机器人保有量翻了一番，从 52290 台增长到 96924 台。2013 年，中国工业机器人销售量达 25000 台，保有量为 121200 台。据 IFR 预计，到 2015 年中国机器人市场需求将达 35000 台，占全球比重 16.9%，成为机器人全球规模最大的市场；在 2013—2016 年我国工业机器人总增长高达 52%，年均增长在 17% 左右，仍将是全球增长最快的市场。

从市场需求看，亚太地区是工业机器人的主要市场。亚太地区的日本、韩国、美国一直是机器人大国，近年来中国已经超越韩国

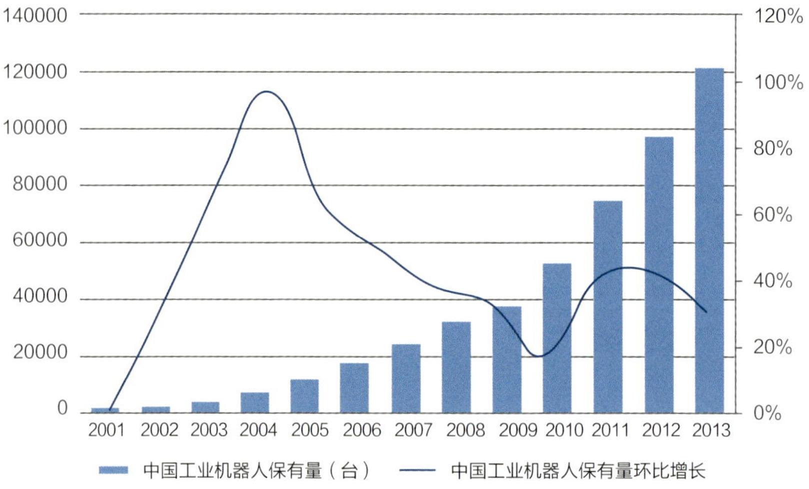

图 6-8 中国工业机器人保有量及增速

资料来源：IFR、建投研究院

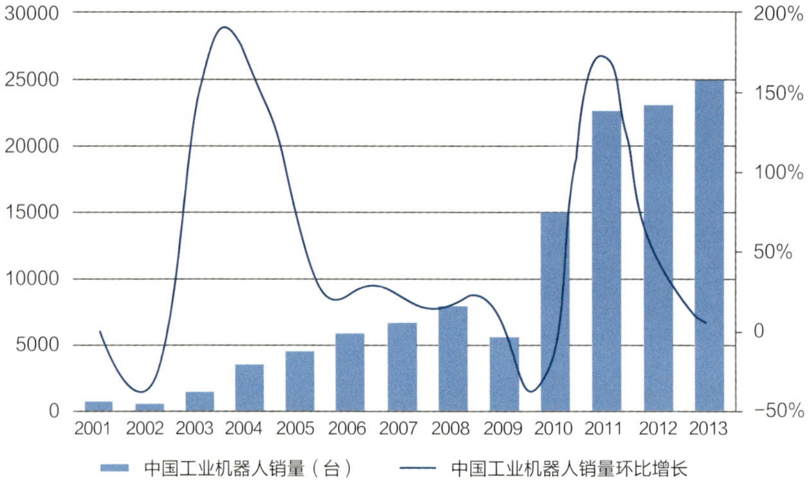

图 6-9 中国工业机器人销量及增速

资料来源：IFR、建投研究院

成为仅次于日本的全球第二大工业机器人销售市场。目前亚洲（按照 IFR 的分区，包括澳大利亚和新西兰）仍是最大的机器人市场，2013 年的销量相比 2010 年强劲增长了 141%。2007—2013 年间亚洲市场的机器人需求量年均复合增长率为 9.7%，除日本地区外的增长率高达24%，远超世界其他地区。在欧洲，德国是最大的机器人市场，意大利次之。

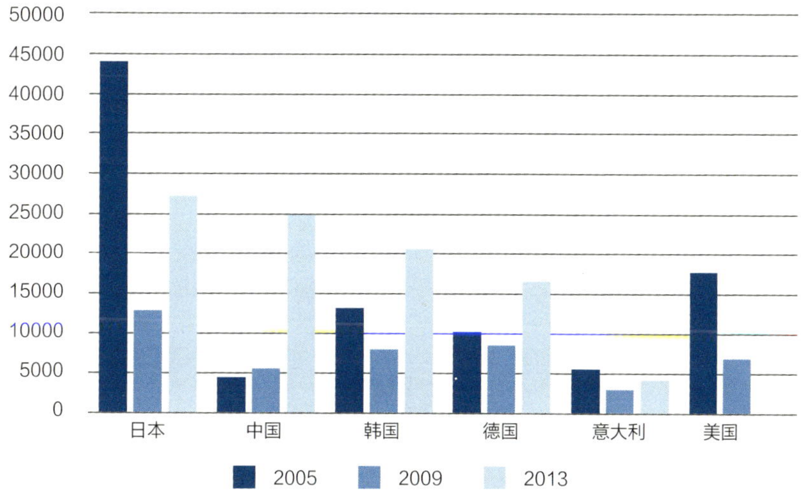

图6-10 主要国家工业机器人销量

资料来源：IFR、建投研究院

从市场竞争格局看，无论是机器人本体还是核心零部件，全球机器人市场均由日本和欧洲少数龙头企业垄断控制。机器人本体制造商中，日系代表企业包括安川（YASKAWA）、发那科（FANUC）、松下、OTC、川崎等公司，欧系代表企业包括德国库卡（KUKA）、瑞典ABB、意大利COMAU、奥地利IGM等。ABB、发那科、库卡和安川电机四大家族在机器人本体的市场占有率接近，共同占据全球工业机器人本体市场以及我国工业机器人本体市场的半壁江山。从不同机器人类别来看，目前欧洲和日本是工业机器人主要供应商，而美国则在军用、医疗和家政等服务机器人产业中占有绝对优势。

国内的机器人制造商主要有沈阳新松、东莞启帆、安徽埃夫特、上海沃迪、广州数控等。其中，新松机器人的优势产品AGV已经达到国际先进水平，不但占据了国内汽车行业整车装配生产线80%的市场份额，还走出国门销往美国通用、福特等国外汽车厂商。

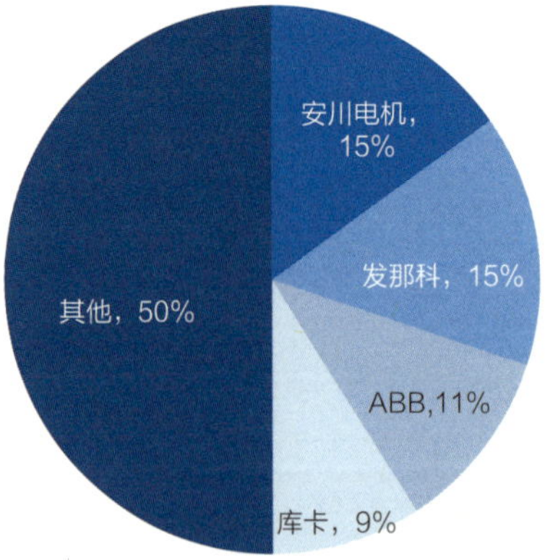

图 6-11　2012 年工业机器人四大家族全球市场份额

资料来源：IFR、国联证券研究所

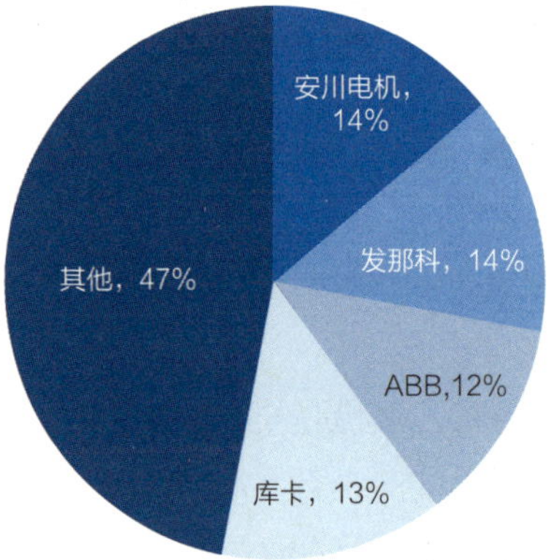

图 6-12　2012 年工业机器人四大家族在中国的市场份额

资料来源：IFR、国联证券研究所

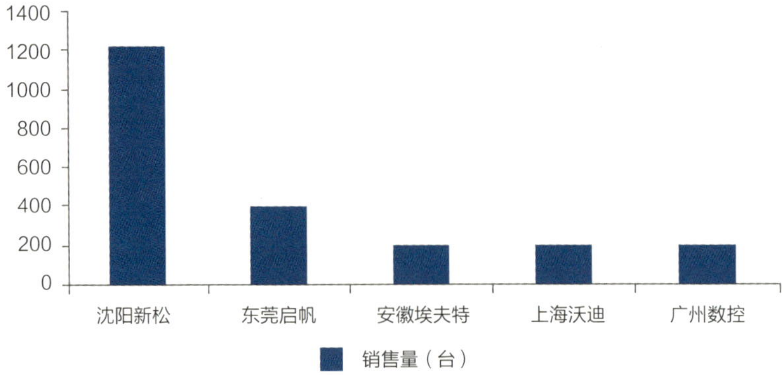

图 6-13　我国主要机器人国产品牌销售数量

资料来源：兴业证券研究所

同样，全球机器人零部件制造的寡头垄断趋势也非常明显。机器人关键基础部件主要分成以下三部分：高精度机器人减速机，高性能交直流伺服电机和驱动器，高性能机器人控制器。作为最关键的核心零部件减速机有超过 70% 的市场份额由日本厂家控制；国内秦川发展的 RV 减速器产业化道路走得最远，而北京谐波传动所、江苏绿的和中技克美等企业在谐波减速机领域已经取得了突破，但较日本公司 Nabtesco 和 Harmonic Drive 还相去甚远。伺服电机的主流供应商有日系的松下、安川和欧美系的倍福、伦茨等，国内汇川技术等公司也有一定的市场份额；控制器的主流供应商有美国的 Delta Tau 和 Gail、英国的 TRIO 和中国的固高、步进等公司。

表 6-2　2012 年我国工业机器人市场竞争格局

排名	品牌	市场占有率（%）
1	发那科	14
2	安川	14
3	库卡	13
4	ABB	12
5	OTC	7
6	松下	6
7	川崎	4
8	现代	4
9	那智	4
10	本土企业	4
11	其他	18

资料来源：中国产业信息网整理，方正证券

三、对产业的影响

机器人技术不但会带动产业链上下游产业的发展，还能够影响到生产线以外的其他领域。图 6-14 简要说明了机器人技术对上下游产业的影响。

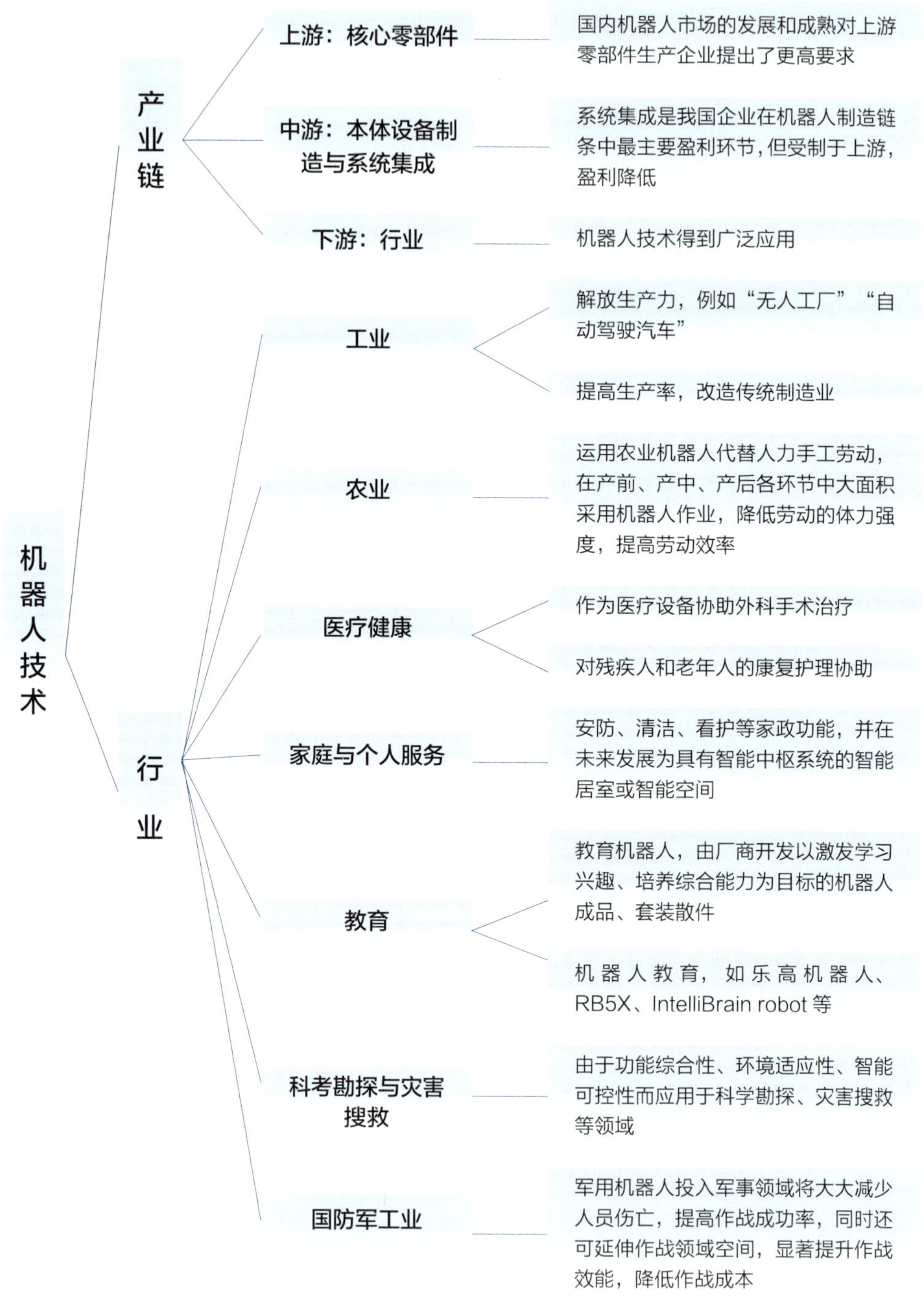

图 6-14 机器人技术对上下游产业的影响

（一）工业

工业机器人主要包括焊接、装配、搬运、激光加工、移动、码垛、研磨抛光、清洁、水切割、净化、真空等功能，在汽车与汽车零部件制造、电子电气、橡胶塑料、食品饮料、金属机械、制造业、电气水供应、建筑业等行业中发挥了极为重要的作用。

汽车及汽车零部件制造业是机器人技术运用最广泛的行业。汽车制造业中，在汽车冲压、涂装自动化、车身焊接、动力总成等四大工艺以及零部件的制造中，工业机器人被广泛应用。在焊接工艺中，传统的手工焊、专机焊等方式存在作业环境恶劣、劳动强度大、焊接质量不易保证、生产柔性差等缺点，无法适应现代汽车生产的需要。焊接机器人的应用能有效提高生产自动化水平与效率，使生产更具柔性，提高焊接质量。机器人作业精度高、柔性好、效率高，从而保证了汽车零部件的标准化和质量。

生产线的自动化推动了“无人工厂”的出现，在生产率大幅提升的前提下，生产力也得到真正的解放。例如在美国、德国，大众全球最大工厂的汽车生产中大量采用无人化全自动旋转式激光焊台；日本发那科机器人生产基地则更卓然，发那科机器人产量目前接近全球50%，整个日本山梨县生产基地全部用“机器人生产机器人”，年产数量接近6万台机器人的工厂里员工只有19人，夜间作业只需2人。①

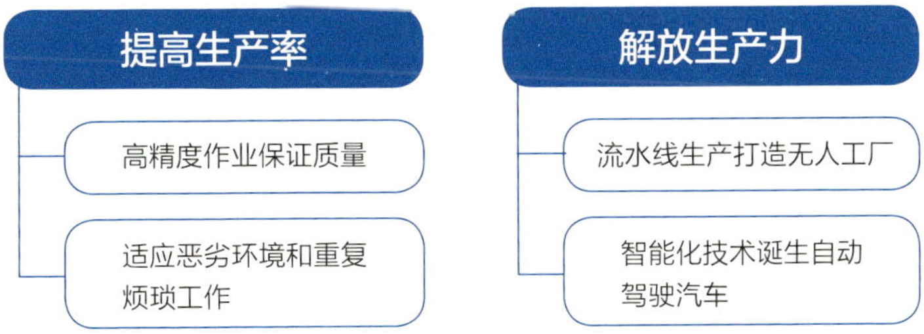

图6-15 机器人技术改造传统制造业

资料来源：建投研究院

① 朱海涛．从投资角度看自动化／机器人行业发展[J]．机器人技术与应用，2013(3):13-15.

另一方面，汽车行业的“无人化”不仅发生在流水线上，更出现在“无人驾驶汽车”产品上。无人驾驶汽车是一种智能汽车，也可以称之为轮式移动机器人，主要依靠车内的以计算机系统为主的智能驾驶仪来实现无人驾驶。

（二）农业

农业机器人是一种以农产品为操作对象、具有信息感知以及四肢行动能力、能重复编程的柔性或自动化或半自动化设备，集传感技术、监测技术、人工智能技术、通信技术、图像识别技术、精密及系统集成技术等多种前沿科学技术于一身。运用农业机器人代替人力的手工劳动，在产前、产中、产后各环节中大面积采用机器人作业，从而降低劳动的体力强度，提高劳动效率。①

一些常见的农业机器人包括：采摘机器人，对作业对象自行识别，选择成熟农产品进行采摘；嫁接机器人，能够使嫁接苗的子叶方向实现自动识别、判断，同时能完成砧木、穗木的取苗等一系列嫁接过程的自动化作业；喷雾机器人，提高了生产效率；除草和施肥机器人，由智能化拖拉机和全球定位计算机系统组成，作业时只在有杂草的位置喷洒除草剂或定点施肥；放牧机器人能够检查数目、分发饲料，把走散的羊赶回羊群，也具有护卫庭院、安全检查、寻觅救援等功能。此外，还包括树木修剪机器人、耕地分拣机器人、挤牛奶机器人等。

（三）医疗健康产业

医疗领域中很有发展前途的机器人技术可分为三大类：宏观机器人技术，微型机器人技术以及生物机器人技术。①

---

① 毕昆，赵馨，侯瑞锋，等．机器人技术在农业中的应用方向和发展趋势[J]. 中国农学通报，2011，27(04): 469-473.

1．宏观机器人技术

宏观机器人技术主要包括：①医用康复机器人为残疾人和老年人提供外部协助和支持服务，并利用信息传输和通讯系统帮助医生实时监控病情和提供专业建议；②外科手术机器人在手术过程协助医生；③制药环节的工业机器人运用能够实现精准化控制和批量化生产。

2．微型机器人技术

微型机器人技术从毫米级到微米量级甚至纳米量级不等，主要包括侵入性显微外科机器人和新一代微型化的机电一体化医疗用品。在外科手术中，微型机器人可以进入到病人体内根据需要游动并反映体内病症情况，定点释放药物，协助外科手术治疗，如注射麻醉剂或修补血管等，降低成本损耗并大大提高成功率。

3．生物机器人技术

生物机器人与其他机器人最大的区别是其由有生命的材料构成而非单纯用金属材料构成。生物机器人技术涉及生物系统的建模和模拟等问题，以便能更好地了解人体生理学。随着仿生学和生物机器人技术的发展，生物机器人将用于为残障人士提供义肢

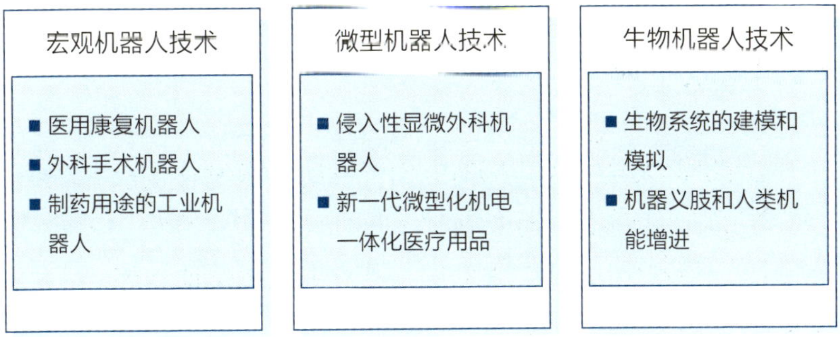

图 6-16　医疗领域的机器人技术应用

资料来源：建投研究院

① 徐阳．机器人技术在医疗领域中的应用 [J]．机器人技术应用，1998(01)：11.

或提供人体机能增进，或许有一天能够创造出现实版的“钢铁侠”。

总的来说，机器人技术的运用在两个主要的医疗领域带来变革：一是作为医疗设备协助外科手术治疗，二是对残疾人和老年人的康复护理协助。

（四）家庭与个人服务

家庭与个人服务机器人的运用范围最广阔，种类繁多，且未来发展空间更大。智能型服务机器人在家庭生活中主要有安防、清洁、看护等家政功能，并且在未来发展为具有智能中枢系统的智能居室或智能空间。

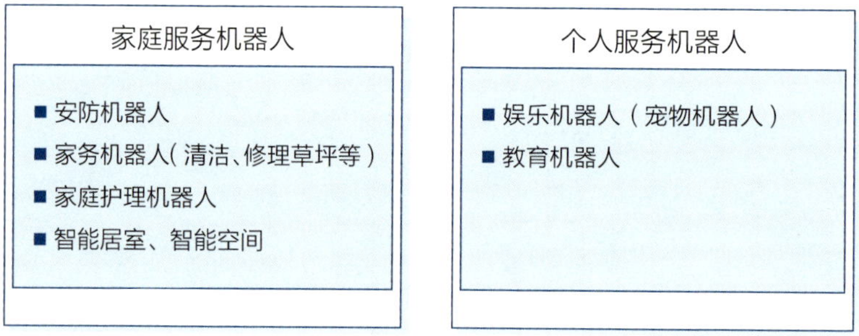

图 6-17 智能机器人在家庭与个人服务中的应用

资料来源：建投研究院

（五）教育行业

教育机器人是由生产厂商专门开发的以激发学生学习兴趣、培养学生综合能力为目标的机器人成品、套装或散件。它除了机器人机体本身之外，还有相应的控制软件和教学课本等。教育机器人主要用于机器人竞赛和课内外教学。[①]

教育机器人和机器人教育有利于促进教育方式的改革，在动手和创造中培养学生的综合能力；有利于建立一门新的标准课程；

① 童小平．教育机器人的应用现状 [J]. 中国教育技术装备，2008(16): 138-140.

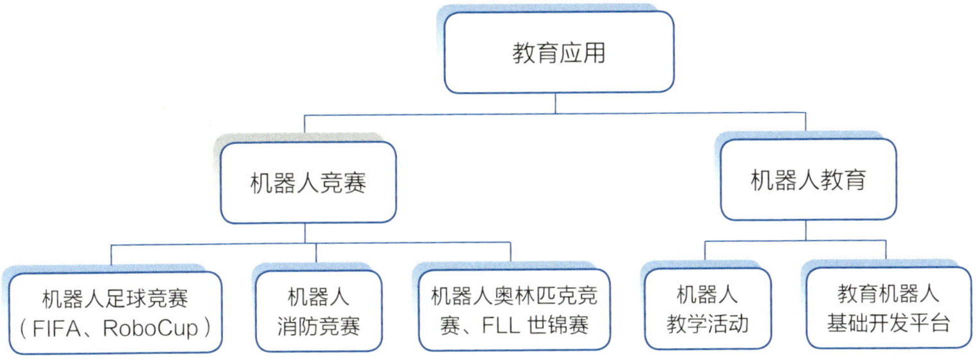

图 6-18 机器人技术在教育领域的应用

资料来源：建投研究院

有利于寓教于乐；有利于引导学生学会观察、学会表达、学会思考、学会创新，培养学生的团队协作精神和宽容为怀的人文品格。

（六）科考勘探与灾害搜救

机器人技术，尤其是智能机器人在科考勘探中发挥了极大的作用。智能机器人不仅能够适应恶劣的自然环境，拓宽人类的探索领域，还具备实时对考察对象扫描记录、分析反馈、检测检验、采集样本和搬运等多种综合型功能。

同样地，智能型救援机器人也越来越多用于灾害搜救方面。在地震、矿难、火灾等特殊环境下，救援机器人能够有效搜寻遇难者，无论是在空中搜索、利用软体机器人贴合地表在废墟表面搜索、利

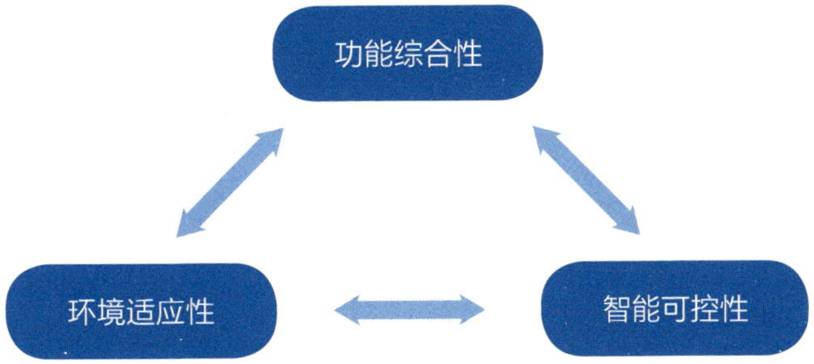

图 6-19 智能机器人的三大优势

资料来源：建投研究院

用微型机器人进入狭小空隙搜索，机器人都大大延生了人类的感知能力，同时显著降低了二次破坏对救援人员生命的威胁，专业的破拆搜救机器人还可以协助救援人员救出受困者。

总的来说，智能机器人在科学勘探、灾害搜救领域的运用主要依赖其三方面特征：一是功能综合性，二是环境适应性，三是智能可控性。

（七）国防军工产业

军工自动化来源于高精尖技术战争需求与减少人员伤亡。扫雷机器人、作战机器人、侦察机器人、哨兵机器人、排雷机器人、布雷机器人等军用机器人投入军事领域将大大减少人员伤亡，提高作战成功率；机器人的军事化发展也推出了无人飞行器、无人潜水器、太空机器人等高精端设备，降低了人员伤亡的同时大大延伸了作战领域空间，显著提升作战效能，降低了作战成本；微型机器人和仿生机器人如昆虫机器人的投入运用更增强作战部队的灵活性和机动性，适应反恐特殊作战。

四、中国的差距和机遇

（一）我国的机器人产业与国外的差距

我国机器人产业与国外差距明显，主要体现在以下几个方面：

1. 国际机器人巨头技术垄断

在我国工业机器人市场上，90% 以上的机器人市场份额被 ABB、发那科、安川机电、KUKA 等国外企业所垄断，仅 ABB、发那科、安川机电、KUKA 四大家族的占比就达到 53%，显然形成垄断之势。

与国际巨头相比，国内公司总体存在经营规模较小、创新能力薄弱、品牌竞争力不强等问题。

2. 国内技术研发落后

国内机器人发展起步较晚、基础薄弱，在技术研发能力上存在一定劣势，但近年来中国科学院沈阳自动化研究所、中国科学院自动化研究所、哈尔滨工业大学、清华大学等高等学府与研究机构的研发能力有目共睹。

然而，国内产学研的结合还十分薄弱，核心技术的研发依旧落后于世界先进水平。国内机器人精品少，成本高，绝大多数的配件或本体在精度和质量上都落后于日欧同类产品，特别是在高性能的交流伺服电机、高精密度成套工艺方面的差距尤为明显，从而制约了国产机器人的价格竞争力，也对下游销售造成极大阻碍。

在智能服务机器人方面，国内产品研发更为落后，且产品成本与价格较民众购买力而言过高，难以走进个人与家庭生活。

3. 人才培养缺失

在人才培养方面，美、日等国一直给予极大重视，尤其是在青少年中开展机器人的组装、制作等科学活动，从小培养创新能力、动手能力和科研综合能力。而我国机器人教育才刚刚起步，目前只局限于北京、上海、广东、浙江、江苏等发达地区的部分学校，远远没有普及开来，这对于机器人产业未来几十年的发展步伐产生消极影响。

在劳动力结构方面，由于机器人技术的应用导致就业结构高端化，适应智能化机器人和智能系统操作的人才稀缺，人工替代下的技术性失业对产业的持续发展造成冲击，反过来阻碍了机器人技术的产业化。

4. 配套机制不完善，地方政府与企业盲目跟风，产业发展需要统一规范

“十一五”及“十二五”期间，国家863项目、国家支撑计划重大项目、国际合作重大项目等多个项目涉及机器人领域，各地也

在大力投资机器人产业，机器人产业园纷纷成立，相关企业得以享受政策优惠。不过，尽管从中央到地方都有扶持计划，但总体零散、不成系统，难以形成协同发展，导致扶持效果总体并不理想。而实力良莠不齐的企业纷纷进入工业机器人生产市场，势必造成质低价廉的恶性竞争，难以形成研发、生产、制造、销售、集成、服务等有序、细化的产业链和集群化发展。工信部装备司副司长王卫明也指出，行业归口和行业规划还需明确，行业政策和标准有待研究还存在缺位。机器人的产业化还需要更细致的统一规范。

（二）中国发展机器人的机遇

世界经济正在经历一个深度调整期，以智能制造装备为核心的制造业大变革正在孕育之中。机器人产业化尤其是智能机器人和服务机器人的发展在世界范围内尚属于上升期，中国这样的发展中国家只要把握住机遇亦存在突破空间。

1. 我国机器人密度提升空间大

据 IFR 统计，2011 年全球平均工业机器人每万工人拥有量为 55 台，发达国家一般达到 150 台以上，而中国仅有 21 台，相比欧美日韩发达国家差距较大，同时也蕴含着巨大发展前景。以工业机器人应用最为成熟的汽车产业为例，发达国家的机器人密度大都超过每万工人 1000 台的水平，而我国汽车工业机器人密度虽已从 2006 年的每万工人拥有 51 台快速提升到 2012 年的 213 台，但相比之下仍有很大提升空间，同时非汽车行业的工业机器人密度仅为每万工人拥有 11 台，机器人配备量与产业发展要求不符，未来提升空间巨大。

2. 新行业应用扩展空间大

在全球范围内除汽车产业外其他产业的工业机器人应用都尚在发展初期，机器人密度普遍不高。此外，机器人技术的应用领域随人类社会发展不断扩张，新的应用方向不断出现。以我国的新松机器人为例，产品应用行业近年来逐渐从汽车行业扩展到电子电气、工程机械、烟草、印刷、造纸、食品、医药、军工等多个领域。而智能服务方面的产品还存在缺口，多样化的需求为未来机器人产业化发展创造出了极大的市场。

3．进口替代空间大

目前中国的机器人市场表现出强烈的外强内弱特征，但随着我国机器人企业对核心技术的突破和规模效应的提升，与国外机器人的差距将逐步缩小，某些产品也在逐步赶超国外企业，走出国门。同时自主品牌的发展和实力的壮大也将加快进口替代，真正实现国内机器人产业链的上下游协同发展。

五、应对策略

（一）国家完善顶层设计，地方协调联动执行

中央在继续保持对产业发展的重视的同时，着重从顶层规划上统一协调各个政策和管理部门的职能配合，统筹考虑产业布局，以防止国内地方与企业盲目蜂拥进入导致重复建设、产能过剩和恶性竞争。

各地方应当在中央统一规划下协调联动执行产业发展政策，但要特别重视因地制宜，突出自身优势，做到有序分工、协同发展，建立全国联动、区域呼应的产业发展秩序。

（二）加大政策扶持力度

从“机器人王国”日本的经验来看，其机器人产业成功的关键在于政府实施了比常规产业更加优惠的经济扶持政策，激励企业投资开发机器人的积极性，从而促进了机器人产业的迅猛发展。

因此，政府需要继续加大对机器人产业及相关行业、企业的扶持力度，给予一定的经济优惠政策，并保持政策的持续性。具体来说主要有：

一是税收政策。对于机器人研发企业和应用企业，加大对企业自主创新投入的所得税前抵扣力度；对机器人生产企业实行财政补贴；实行减免税政策；以及进一步提供机器人出口退税率；等等。

二是对国产机器人实施政府采购政策。将国产的自主创新产品纳入到财政性资金优先采购范围；在政府采购中规定采购中小企业产品的合理比例，扶持高技术中小企业的成长。

三是对中小企业采取各种鼓励措施。在国家中小企业创新基金中，增加鼓励使用机器人的条款，如中小企业设备更新资金贷款制度及设备贷给制度、改善中小企业劳动环境的技术开发计划、中小企业的试验研究费减税等；对中小企业使用机器人进行免费技术指导计划；等等。

（三）强化配套公共服务，促进政产学研金联动发展

地方政府要加强配套公共服务的建设，在政府引导下充分发挥市场力量，使得政、产、学、研、金等各方面能够极大调动自身创造力因素，激活产业生命力。

现阶段，国内的“政、产、学、研、金”合作还浮于表面，主要是个别企业与研究机构或高等院校之间的对口接洽。未来，可依托于行业协会的平台，深化政、企、学界的交流与合作，搭建和利用产需对接平台。

应在主要的机器人发展基地，提供孵化中心和公共服务平台，尝试以国家机器人基地为依托，以机器人的一体化生产、综合利用与下游产业链产品商业化，特别是以各种政策作为主要示范内容，建立全国性示范区，进行制度创新，探索我国机器人产业发展模式。

由于机器人产业属于资金和技术密集型产业，为保证产业良

好发展，应切实打通投融资渠道。政策层面的投融资措施有：帮助机器人企业加快改制上市，鼓励中小企业通过中小企业板、创业板上市发展；对国家鼓励目标行业或产品中使用机器人的项目，对实施项目方，给予短期投资贷款；促进机器人及其应用系统普及的无息贷款制度；等等。

（四）构建国家创新体系，深化国际交流合作

我国机器人产业发展的根本掣肘在于技术的落后，尤其是核心技术受制于人，而应对策略只有两种：一是提升自主创新能力，从内部强化研发水平；二是引进国外先进技术，并加快消化吸收将其内部化。

第一点是长远发展的根本出路，为此就需要加快构建国家创新体系[①]，提升全民族的科学素养和创新水平。国家创新体系需要政府、企业、科研院所及高校共同发力，同时具备相应的技术创新支撑服务体系。创新能力的提升绝非一日可以实现，需要而不仅限于以下几方面的努力：①加强基础教育中的创新能力培育；②以政策切实鼓励企业创新精神，在知识产权保护、研发风险补偿机制等方面加大对创新企业的倾斜，可以对首个研发与应用成功的机器人相关企业加大物质投入，优先推荐其成果在下游企业中采用，以补偿其在前期研发中的资金消耗，并鼓励整个行业的创新精神。

第二点虽然治标不治本，但也是我国在起步阶段尽快追上世界先进水平、踩着巨人肩膀实现跨越发展的一大方式。为此，需要积极深化国际合作与交流，鼓励国内大企业与国际龙头企业开

① 国家创新体系，即国家科技创新体系，主要由创新主体、创新基础设施、创新资源、创新环境、外界互动等要素组成。《国家中长期科学和技术发展规划纲要（2006—2020年）》指出：国家科技创新体系是以政府为主导、充分发挥市场配置资源的基础性作用、各类科技创新主体紧密联系和有效互动的社会系统。目前，我国基本形成了政府、企业、科研院所及高校、技术创新支撑服务体系四角相倚的创新体系。

展生产合作和技术交流，积极参与国际先进经验交流会，以开放的姿态迎接新型产品进入国内市场，引进国外人才加快国内研发进度。在这一系列过程中尤其注意国外经验的本土化；注意站在巨人肩膀上着眼未来，防范国际技术转移和产品替代使发展中国家陷入“低端陷阱”的可能，加快核心技术的攻关才能实现跨越式发展。具体来说，国内的技术引进重心不应当是工业机器人相关技术，而是智能化的服务机器人技术。

（五）加大机器人教育力度，建设完备人才队伍

机器人产业发展对人才队伍提出了更高的要求，一方面是强化专业科研人员的素质，另一方面是提升从业人员的技能水平。

专业科研人员的素质强化需要依靠从小学、中学到大学和深造阶段的教育。主要有：

一是在基础教育中逐步引进机器人教育，通过机器人竞赛和教学活动，提高学生设计、开发、应用机器人的能力和创新能力。

二是在高等教育中重视机器人学科建设，为企业和产业输送机器人调整、使用、维修及管理人员。

三是依托高校和企业设立机器人研发中心、研究机构等，吸纳专业人员和知识，显著提升科研能力。

四是针对一般民众加强科普宣传，使人们了解机器人技术的基础知识、常见应用和对生活的影响，不仅能够用科技武装人们的头脑，也有利于激发一般人对机器人的兴趣，有利于培养后备科技人才。

从业人员技能水平的提升除了依靠其自身的教育，还要求政府和企业提供职业培训。工业机器人替代了制造业中的一线低技能工人，甚至是部分熟练工，而调试、维护和控制工业机器人的技术性岗位将会相对增加；高端制造业的发展将会增加知识型员工的需求，也会相应地带动生产性服务业从业人员的增加。因此更需要帮助现有工人提升素质，加快职业转型，促使就业结构向产业结构靠拢。

第7章

3D打印技术发展情况及对产业结构的影响

本章概要

3D 打印是指由计算机辅助设计模型（CAD）直接驱动，运用金属、塑料、陶瓷、树脂、蜡、纸、砂等材料，在快速成形设备里分层制造任何复杂形状的物理实体的技术。传统制造技术是“减材制造技术”，即对原材料进行加工、制造，打造出比原材料更小的物品，3D 打印则是“增材制造技术（Additive Manufacturing）”，具有制造成本低、生产周期短等明显优势，被誉为“第三次工业革命最具标志性的生产工具”。

国内 3D 打印在过去 20 年发展比较缓慢，在技术上存在瓶颈。首先，我国的 3D 打印在材料的种类和性能受限制，特别是使用金属材料制造时还存在问题。其次，3D 打印的成形效率需要进一步提高。再次，3D 打印在工艺的尺寸、精度和稳定性上迫切需要加强。

3D 打印作为第三次工业革命的重要产物，其最直接的影响就是对于制造业的影响，它将改变第第二次工业革命产生的以装配生产线为代表的大规模生产方式，使产品生产向个性化、定制化转变，实现生产方式的根本变革。除此之外，3D 打印还将影响服务业、零售业和建筑设计业等多个领域和行业。

目前中国 3D 打印技术发展面临诸多挑战，总体处于新兴技术的产业化初级阶段，主要表现在：一是产业规模化程度不高。3D 打印技术大多还停留在高校及科研机构的实验室内，企业规模普遍较小。二是技术创新体系不健全。创新资源相对分割，标准、试验检测、研发等公共服务平台缺乏，尚未建立起产学研用相结合的技术创新体系。三是产业政策体系尚未完善。缺乏前瞻性、一致性、系统性的产业政策体系，包括发展规划和财税支持政策等。四是行业管理亟待加强；五是教育和培训制度急需加强。

针对以上瓶颈，我国可以从几个方面加以应对。第一，加快 3D 打印的研发和产业化投入；第二，根据3D 打印对不同产业的影响，制定不同的产业发展政策；第三，建立和 3D 打印相关的法律法规；第四，推行鼓励 3D 打印进入市场的税收制度，并完善对 3D 打印设备采购的政策。

一、概念及核心要素

3D 打印是指由计算机辅助设计模型（CAD）直接驱动，运用金属、塑料、陶瓷、树脂、蜡、纸、砂等材料，在快速成形设备里分层制造任何复杂形状的物理实体的技术。基本流程是，先用计算机软件设计三维模型，然后把三维数字模型离散为面、线和点，再通过 3D 打印设备分层堆积，最后变成一个三维的实物。

传统制造技术是“减材制造技术”，即对原材料进行加工、制造，打造出比原材料更小的物品，3D 打印则是“增材制造技术（Additive Manufacturing）”，具有制造成本低、生产周期短等明显优势，被誉为“第三次工业革命最具标志性的生产工具”。3D 打印将多准制造变成简单的由下而上的二维叠加，从而大大降低了设计与制造的复杂度。同时，3D 打印还可以制造传统方式无法加工的奇异结构，尤其适合动力设备、航空航天、汽车等高端产品上的关键零部件的制造。当然，3D 打印是通过 3D 打印设备来实现的。把数据和原材料放进 3D 打印设备中，根据 3D 打印的技术原理，机器就会按照程序把产品一层层地打印出来。

图 7-1　3D 打印设备

图片来源：MakerBot 公司

二、国际国内发展现状

1892 年，Blanther 首次在公开场合提出使用层叠呈现的方法制作地形图的构想。1940 年，Perera 提出与 Blanther 不谋而合的设想，他提出可以沿等高线轮廓切割硬纸板然后层叠成型制作三维地形图的方法。在接下来的几十年里，又先后有人开展了类似 3D 制造的研究工作。直到 1986 年，Charles W. Hull 成立了 3D Systems 公司，研发了著名的 STL 文件格式，STL 格式逐渐成为 CAD/CAM 系统接口文件格式的工业标准。同年，3D Systems 制造出世界上第一台商用 3D 打印机。当时的 3D 打印机体积非常巨大，而且价格昂贵，但是这台巨型 3D 打印机的面试意味着 3D 打印商业化的起步。第一台商业 3D 打印机面世之后，3D 打印的研发进一步加快，到 21 世纪初期逐渐出现了用 3D 打印技术打印的肾脏、血管、汽车和飞机等。直到今天，3D 打印在航天航空、军事和医疗等领域都有很大的应用。

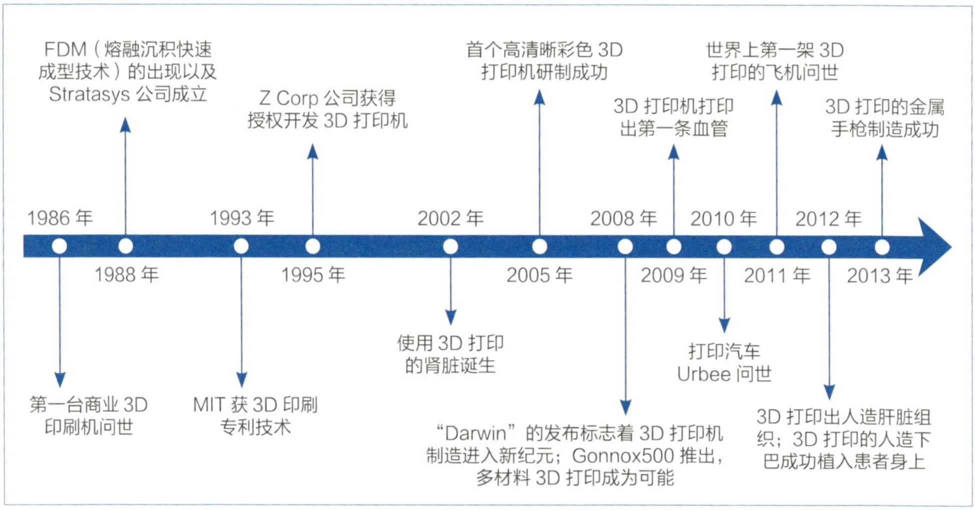

图 7-2　3D 打印技术发展历程

全球 3D 打印产业的权威研究机构——美国沃勒斯公司发布的全球 3D 打印产业报告显示，2012 年全球 3D 打印市场总收入为 22 亿美元，其中包括设备和服务。各国所占比重如图 7-3 所示。

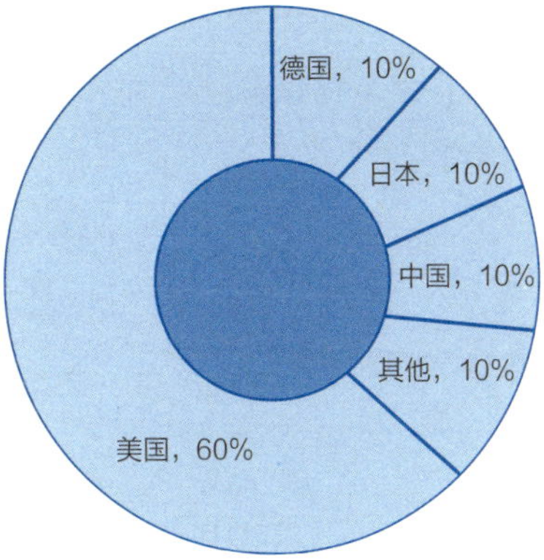

图 7-3 各国所占 3D 打印市场份额

我国 3D 打印技术的发展如图 7-4 所示。

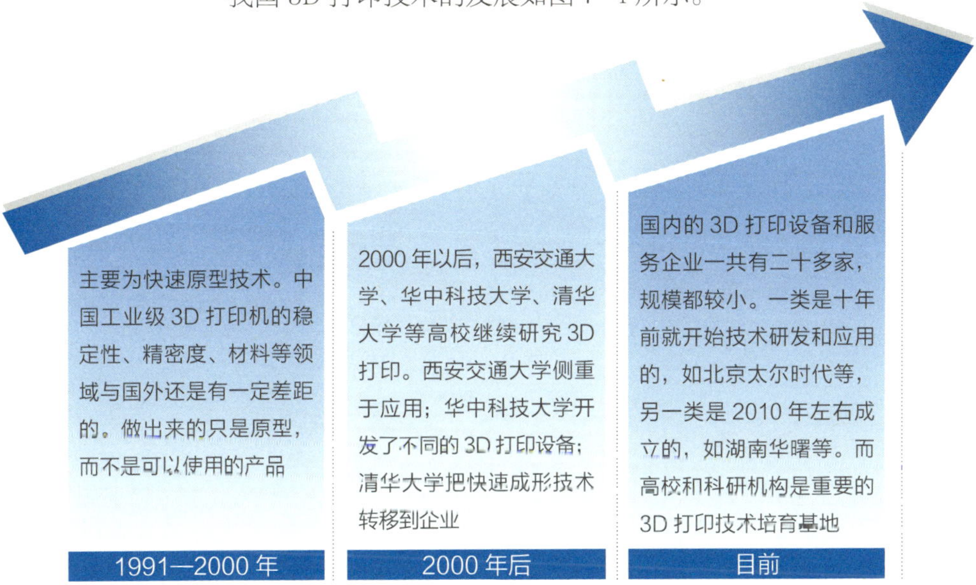

图 7-4 我国 3D 打印技术发展历程

注：快速原型技术 (Rapid Prototyping)，即开发样品之前的实物模型；具体在国际上有几种成熟的工艺，包括分层实体制造 (LOM)、立体光刻 (SLA)、熔融挤压 (FDM)、激光烧结 (SLS) 等，国内也在不断跟踪开发。2000 年前后，这些工艺从实验室研究逐步向工程化、产品化转化。

三、对产业的影响

3D 打印是以数字化、网络化为基础，以个性化、短流程为特征，实现直接制造、桌边制造和批量定制的新的制造方式。其生长点表现在：与生物工程的结合，与艺术创造的结合，与消费者直接结合。

3D 打印作为第三次工业革命的重要产物，其最直接的影响就是对于制造业的影响，它将改变第二次工业革命产生的以装配生产线为代表的大规模生产方式，使产品生产向个性化、定制化转变，实现生产方式的根本变革。除此之外，3D 打印还将影响服务业、零售业和建筑设计业等多个领域和行业。

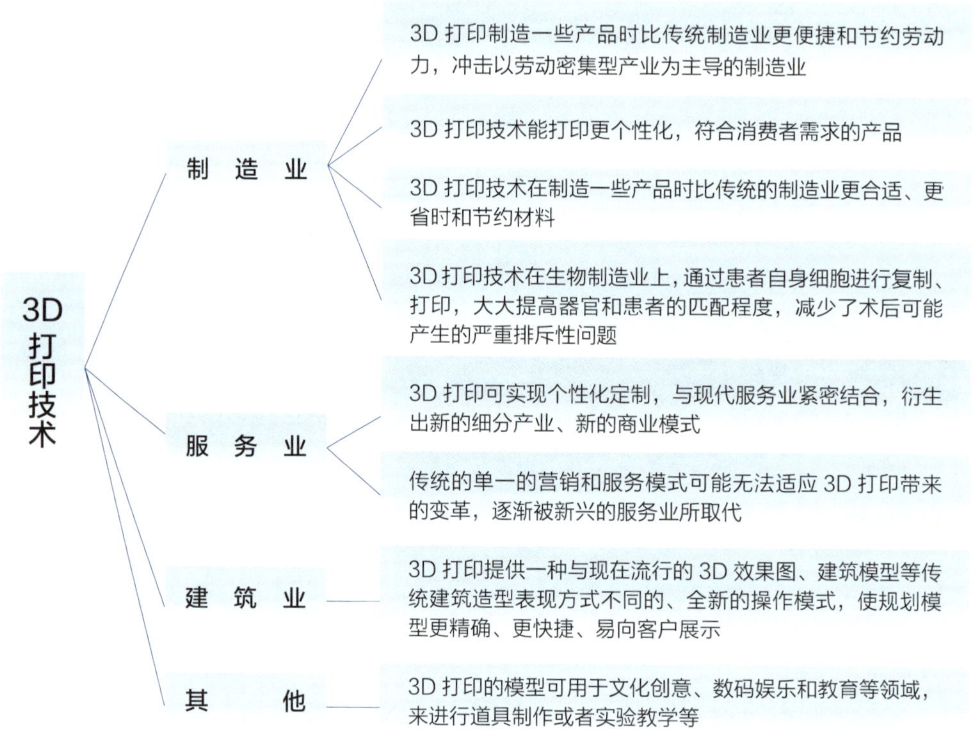

图 7-5　3D 打印技术对其他产业的影响

（一）3D 打印对制造业的影响

3D 打印作为制造技术的新型技术，其对制造业的影响是最大的也是最直接的。3D 打印技术的发展，将使得越来越多的产品能够用 3D 打印机制造，同时，打印的成本也越来越低。3D 打印机的推广应用将减少产品推向市场的时间，产品用户只要简单下载设计图在数小时内通过3D打印将产品打印出来，从而不需要大规模生产线，不需要库存大量的零部件，不需要大量的工人，这会给以劳动密集型产业为主的制造业国家带来较大的冲击，但是3D打印的出现对科技的发展和社会的进步是有益的。

以我国为例，2010年中国制造业在全球制造业总值中的占比为19.8%，超过了美国的19.4%，成为制造业的世界第一大国。中国已有煤炭、钢铁、水泥、汽车、纺织服装等220多种工业产品产量居世界首位。标有“Made In China”标志的服饰和用品在全球各地都随处可见，这是因为中国的制造业仍然以劳动密集型产业为主导，并且劳动力低廉，使得世界各地的商家都愿意利用中国的劳动力市场进行生产和制造。但是现在的问题是，中国能不能保持这样的世界地位？从总量上来说，欧美制造业已少之又少，不可能再移到中国来；从劳动力供应、成本和环境成本角度上说，中国制造成本已比周边的发展中国家高，之所以还有很多产品仍在中国制造，那是因为中国有积累了30多年的电子产品生产经验，工厂形成了产业网，具备高度发展的供应链，多元化设计及工程技术，娴熟的生产工艺，以及迅速投入规模化生产的意愿。简言之，中国能提供成熟的工业产业群。3D打印的出现和发展，有可能动摇中国世界第一制造大国的地位。

一方面，3D打印技术制造一些产品时比传统的制造业更便捷和节约劳动力。以汽车制造业为例，汽车的制造是烦琐而复杂的过程，除了汽车的零部件加工和制造，装配汽车还需要一系列的生产流程，包括冲压、焊接、涂装、总装等，需要大量而且具备不同专业技术的工作人员才能完成。尽管欧洲发达国家掌握着汽车制造和零部件制造的核心技术，但是欧洲的劳动力昂贵，而他们又不想放弃汽车在中国的市场，于是出现了很多由欧洲进口的零部件在中国内地组装的汽车，例如华晨宝马、一汽奥迪、上海大众等，中国也因此成为汽车整车制造的第一大国。但是3D打印的出现可以使得这一过程变得简单便捷，3D打印机可以一次性完成汽车的装配制造（见图7-6），汽车零部件不再需要飘洋过海运送到像中国这样的劳力输出国进行制造，这对中国汽车制造业的打击是相当大的。2010年第一辆由3D打印机制造的汽车Urbee问世，当时这只是一辆打印汽车的原型。

图 7-6　3D 打印的汽车样车

图片来源：西安交通大学

图 7-7　最新的 3D 打印汽车“斯特拉迪”

图片来源：中国新闻网

2014 年 10 月 8 日，一辆由 3D 打印机器完整打印的汽车“斯特拉迪”走上街头试行，更值得注意的是，这辆汽车的零件成本只有约 3500 美金，打印周期仅为 44 个小时，并且最高时速可以达到 80 公里每小时，且依靠电动能源，充电时长 3.5 小时，可以行驶约 100 公里。3D 打印的发展，无疑对汽车制造业的格局有巨大的影响。

3D 打印技术能够打印出更个性化的，符合消费者需求的产品。试想一下这样的场景，当你需要一双新鞋子的时候，你只需要从网上花费几美元或者免费找到一个你喜欢的鞋子款式的模型文件，用电子设备扫描你的脚，然后选择你想要的颜色，把这些信息通过手机软件传送到当地一家 3D 打印店里，几个小时之后，在你去健身房的路上，你去 3D 打印店拿到你的新鞋子，发现正是你想要的款型而且非常合脚。又有一天，你需要一把转椅，于是你打开了一个家具制造的网站，找到自己喜欢的转椅模型，选择好颜色和材料，调整一下椅子的大小，然后付款，几天之后，你想要的转椅就被送到了你的家门口。这样的场景在不久的将来必定会发生，而且对于服饰、家具这样的生活日用品，个性化的定制更能够得到消费者的亲赖。这样一来，我国本土的服饰、家具生产聚集地的贸易额必然受到影响，也许在不久的将来，欧美的服饰上印有“Made In China”字样的服饰将大大减少，中国的服饰制造业将受到重创。

另一方面，3D 打印技术在制造一些产品时比传统的制造业更合适、更省时和节约材料，例如航空航天设备的零部件制造。由 3D 打印制造出来的金属零件完全符合航空航天领域对于未来器械设备制造的要求。轻量化和高强度一直是航空航天设备制造和研发的主要目标。3D打印技术所制造出来的零件能够很好地迎合这两个要求，

图 7-8　3D 打印的航空航天零部件

图片来源：电子工程世界

如由激光快速成型技术打造的一次成型钛合金的承力能力比普通锻造、焊接强上 30%。由于航空航天设备所需要的零部件往往是一些需要单件定制的小部件，如果运用传统工艺制作势必会存在制作周期过长且成本过高的问题。而 3D 打印技术低成本快速成型的特点则能很好地弥补这一问题。传统技术在生产零件过程中会造成许多不必要的损耗，对于复杂产品，夸张的时候原材料利用率仅有不到 10%。而 3D 打印所特有的增材制造技术则能很好地利用原材料，利用率高达 90%。因此，选择 3D 打印技术制造航空航天设备的零部件是更好的选择。

3D 打印技术在生物制造业上也有重要意义。在 2002 年和 2009 年，科学家利用人体细胞分别成功打印出肾脏和血管，在 2012 年用患者细胞打印出人造下巴并成功植入患者身上。3D 打印在假肢制造、牙齿矫正与修复等方面都已经有很大的应用。利用 3D 打印能够完美地复制人体结构构造，贴合人体工学。现如今在欧洲，使用 3D 打印制造钛合金人体骨骼的成功案例就有 3 万多例。目前，许多疑难重症都需要靠器官移植的办法来解决，但是现在器官捐赠

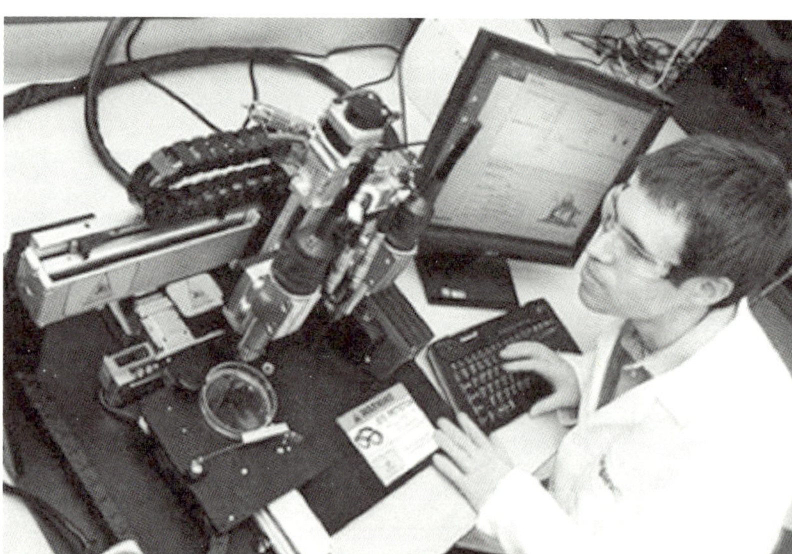

图 7-9　能制造人体器官的生物墨水 3D 打印机

图片来源：www.souvr.com

涉及伦理在内的诸多问题，器官的需求供不应求，要找到能和患者匹配的器官更是难上加难。3D 打印技术在生物制造业上的应用，通过患者自身的细胞进行复制、打印，大大提高了器官和患者的匹配程度，减少了术后可能产生的严重排斥性问题。因此，今后 3D 打印在生物制造业的应用将会非常可观。

所以说，3D 打印的出现对制造业的发展既是机遇也是挑战，它使得以前烦琐复杂的制造业变得简单便捷，同时对于劳动力的需求也不如以前大了。3D 打印对制造业的影响，最大的获益者应该就是美国等发达国家。这些发达国家因为转移劳动密集型产业而在本国丧失大量就业机会，3D 打印技术的发展将有助于它们夺回曾经流失的产业，将大量已转移给中国的产业重新搬回本土。这对于中国这样以劳动密集型产业为主导的制造业大国来说是非常不利的，中国的制造业市场必须抓住 3D 打印带来的机遇，充分利用 3D 打印的优势，通过 3D 打印技术开发更多的适合未来生产模式的制造业。同时，也应该理智地认识到 3D 打印对劳动密集型产业为主导的制造业的冲击，逐渐缩小因 3D 打印而受到消极影响的制造业规模，发展新的生产模式。

（二）3D 打印对服务业的影响

从总体上来说，3D 打印对于推动服务业的发展是有促进作用的；对部分行业的服务业来说可能会带来消极的影响。

3D 打印的出现，使得消费者和产品之间的关系更加紧密，对于大部分的日常用品，消费者都可以通过 3D 打印技术进行个性化的定制，所以 3D 打印可以与现代服务业紧密结合，衍生出新的细分产业、新的商业模式，创造出新的经济增长点。例如，自主创业者可以通过购置或者租赁低成本的 3D 打印设备（一些 3D 打印设备成本已低于 1 万元），利用电子商务等平台提供服务，为大量消费者定制生活用品、文体器具、工艺装饰品等各类中小产品，激发个性化需求，形成一个数百亿甚至数千亿元规模的文化创意制造产业，并增加社会就业（见图 7-10）。当然，3D 打印在创造这些就业机

图 7-10　3D 打印带来的新型服务业

会的同时，对这些商品的传统服务业有不小的冲击。例如，消费者可能更倾向于去 3D 打印一件自己喜欢的文化衫而不是去服装店购买，消费者可能更喜欢在 3D 打印的网店定制一块有自己喜欢图案的毛巾、肥皂、牙膏而不是去百货超市购买，这样一来，传统的单一的营销和服务模式可能无法适应 3D 打印带来的变革，逐渐被新兴的服务业所取代。

（三）3D 打印对建筑设计业的影响

3D 打印通过更精确、更快捷的模型制作有利于建筑设计业的发展。随着建筑模型越来越复杂，传统的手绘效果图和 3D 效果图已经不能满足建筑设计业发展的需要，建筑师和规划师往往在方案的后期阶段需要人工制造建筑或者规划模型向客户展示，但是人工制作的模型费事费力，并且在尺寸的把握上存在一定的偏差。3D 打印提供了一种与现在流行的 3D 效果图、建筑模型等传统的建筑造型表现方式不同的、全新的操作模式。据 Omote 3D 公司官方网站显示，整个建筑模型制造过程分为三个阶段：拍照、建模、打印。这种操作方式比用软件画图、按照图纸仿形雕刻更真实、更精确、更快捷。

事实上，在建筑设计项目的初期，由于方案的不确定性，建筑师和规划师往往通过简洁的图形把想法传递给客户，但是对于没有以专业技能为支撑的客户，要想通过 2D 图像理解一个立体空间的框架往往会遇到困难，3D 打印模型在这一点上就非常有用。它的优势在于可以有效传达想法，同时保持跟进鼓励讨论和新的改变，这对客户准确地理解方案是非常有帮助的。通过 3D 打印技术制造的模型，不仅可以在材质和颜色上更真实地反应客户的实际需要，而且比人工拼接出来的模型更加细腻、完整，有利于吸引潜在客户。由瑞典创新工作室 WE DO 使用 Z Corp 的 3D 打印技术，创建了这个令人震惊的具有高度细节的 3D 建筑模型（见图 7-11）。在这个模型里，虚拟现实的每一个细节，包含了 7400 个高细节度的座位，每个只有 4 毫米宽，这是传统模型制造无法企及的，这样的模型将是未来建筑设计行业的发展方向。

图 7-11 用 3D 打印技术打印出的 3D 建筑模型

图片来源：Product Design & Development

（四）3D 打印对其他领域的影响

3D 打印技术作为新型制造业技术，最直接的影响是制造业，包括前面提到的航空航天零部件制造业、汽车制造业、生物制造业、服饰制造业等，除此之外 3D 打印还会影响到服务业、建筑设计业、食品业等。3D 打印通过制造业还会影响到文化创意、数码娱乐和教育等领域，科幻类电影《阿凡达》运用 3D 打印塑造了部分角色和道具，3D 打印的小提琴接近了手工艺的水平，3D 打印的模型在北美的一些中学、普通高校和军事院校用于验证科学假设和实验教学。在未来，随着 3D 打印技术的不断提高，有更多的产业和行业会发生变化。

四、中国的差距和机遇

由于我国工业化起步较晚、工业基础比较薄弱，中国工业级 3D 打印机的稳定性、精密度、材料等领域与国外还是有一些差距的。目前做出来的只是原型，而不是可以使用的产品，而且国内对产品开发也不重视，大多是抄袭，所以快速原型技术在中国工业领域普及得很慢，全国每年仅销售几十台快速原型设备，主要应用于职业技术培训、高校等教育领域。

2000 年以后，西安交通大学、华中科技大学、清华大学等高校继续研究 3D 打印。西安交通大学侧重于应用，做一些模具和航空航天的零部件；华中科技大学开发了不同的 3D 打印设备；清华大学把快速成形技术转移到企业——殷华（后改为太尔时代）后，把研究重点放在了生物制造领域。

目前国内的 3D 打印设备和服务企业一共有 20 多家，规模都较小。一类是十年前就开始技术研发和应用，如北京太尔时代、北京隆源、武汉滨湖、陕西恒通等。这些企业都有自身的核心技术。另一类是 2010 年左右成立的，如湖南华曙、先临三维、紫金立德、飞尔康、峰华卓立等。而华中科技大学、西安交通大学、清华大学等高校和科研机构是重要的3D技术培育基地。

从2012年设备数量上看，美国目前各种3D打印设备的数量占全世界40%，而中国只有8%左右。国内3D打印在过去20年发展比较缓慢，在技术上存在瓶颈。首先，我国的3D打印在材料的种类和性能受限制，特别是使用金属材料制造还存在问题。其次，3D打印的成形效率需要进一步提高。再次，3D打印在工艺的尺寸、精度和稳定性上迫切需要加强。

目前我国的3D打印行业主要靠卖3D打印设备，而美国的公司是多元经营，设备、服务和材料基本各占销售收入的1/3。在全球3D模型制造技术的专利实力榜单上，美国3D Systems公司、日本松下公司和德国EOS公司遥遥领先。我国的3D打印技术现阶段与美国的差距主要表现在：①产业化进程缓慢，市场需求不足；②美国3D打印产品的快速制造水平比国内高；③烧结的材料尤其是金属材料，质量和性能比国内好；④激光烧结、陶瓷粉末、金属粉末的工艺方面还有一定差距；⑤国内企业的收入结构单一。

但是，作为传统的制造业大国，3D打印也给我国未来的发展带来了机遇。

第一，3D打印使制造业和服务业紧密结合。3D打印产业链涉及很多环节，包括3D打印机设备制造商、3D模型软件供应商、3D打印机服务商和3D打印材料的供应商。因此围绕3D打印的产业链会产生很多机会。在3D打印产业链里，除了出现大品牌的生产厂商外，也有可能出现基于3D打印提供服务的巨头。

第二，近中期看，与传统的制造技术形成互补。相较于传统生产方式，3D打印技术的确是重大的变革，但目前和近中期还不具备推动第三次工业革命的本领，也不会是传统制造业的终结者。3D打印技术虽然也许会重振部分发达国家制造业竞争力，但是短期内还难以颠覆整个传统制造业模式。理由有三：一是3D打印只是新的精密技术与信息化技术的融合，相比于机器化大生产，不是替代关系，而是平行和互补关系；二是3D打印原材料种类有限，决定了绝大多数产品打印不出来；三是个性化打印成本极高，很难实现传统制造方式的大批量、低成本制造。目前的3D打印技术在复杂构件、新产品开发、协同制造和实现创意方面较有优势，最理想的应用是在个性化或者定制化的领域。因此，近中期还不可能完全替代传统的制造技术，应该是优势互补。

第三，长期来看，3D打印技术是典型的颠覆性技术。哈佛商学院教授克莱顿·克里斯坦森提出的颠覆式创新理论表明，新进入者如果抓住市场的特殊需求，进入边缘应用领域，当它的技术不断改进直至被主流市场接受时，便会替代传统技术轨迹晋升为主流技术。从长远看，这项技术最终将给工业生产和经济组织模式带来颠覆式的改变。

五、应对策略

3D打印给社会的进步既提供了机遇也提出了挑战。从整体上来说，3D打印大大减少了材料的浪费，也给许多制造业提供了更好的制造途径。所以，面对3D打印带来的科技革命，我国应该制定以下政策以适应3D打印带来的变化。

1. 加大对3D打印技术的研发和产业化投入

3D打印具有巨大的市场前景，但我国的3D打印设备依然落后于以美国为首的发达国家，进口设备成本高、打印材料贵制约着3D打印的发展和普及。我国应该对3D打印带来的契机进行统筹规划，充分利用3D打印的优势，大力发展3D打印推动的产业势头，尽快降低3D打印材料的成本，促进3D打印的发展。

2. 制定适合不同产业的产业政策

根据3D打印在未来对我国不同产业，尤其是制造业的影响，国家有关部门应该做好相应的准备：一方面充分抓住3D打印带来的契机，大力发展航空航天制造业和生物制造业等；另一方面也要制定防范措施以应对3D打印对一些产业的不利影响，开发和推动与3D打印相关联的新型服务业、销售业等，最大限度地减少3D打印带来的不利影响。

3. 建立和3D打印相应的法律制度

3D打印进入家家户户之后，产品的知识产权问题可能引发巨大的社会问题。我国对于知识产权的保护本来就远不如发达国家严格，随着3D打印可以制造越来越多的产品，如果没有相应的完善的知识产权法律体系明确3D打印产品的知识产权，那么在未来，品牌效应会越来越弱，由知识产权引发的纠纷也会越来越多。

4. 建立激励的税收和政府采购政策

建议政府对中国3D打印产品实施早期采购政策。同时，还将鼓励金融机构开展多种形式的首台（套）保险业务，建立支持3D打印发展的多渠道、多元化投融资机制，引导创业投资和股权投资向3D打印领域倾斜，鼓励民营资本进入3D打印领域等。特别是建议政府当前尤其要重视桌面级市场和个人打印服务市场，给桌面级产品研发企业和个人打印服务企业提供更多的关注和支持，特别是人才、资金支持和税收减免等扶持。建议重点对消费者、使用者和对采购这些设备的企业进行政府补贴和增值税抵扣，以扩大内需市场。

第8章

先进材料发展情况及对产业结构的影响

本章概要

先进材料（advanced materials），又称新材料，主要是指新出现或正在发展中的具有传统材料所不具备的优异性能的先进材料。具有以下五个特点：①资本、技术密集；②高风险、高收益；③产业关联度高；④技术壁垒较高；⑤产品附加值较大。

先进材料既是当代高新技术的重要组成部分，又是发展高新技术的重要支柱和突破口。由于先进材料覆盖了制造业的方方面面，作为各行各业的物质基础，对于下游产业都有重要的影响，材料的新性能、新技术、低成本等特征能够促进下游产业的发展。

目前全球先进材料市场规模已超过 8000 亿美元，由先进材料带动而产生的新产品和新技术则是更大的市场。先进材料产业作为战略性产业日渐受到各国的重视，美、日、德等发达国家纷纷制订完善的发展计划，搭建研发产一体的先进材料发展平台。

进入 21 世纪以来，我国先进材料产业发展迅速，2010 年先进材料产业产值 6500 亿元，2013 年我国新材料产业生产总值为 12500 亿元左右。预计到 2015 年我国新材料产业总产值要达到 2 万亿元，年均增长率超过 25%。

我国先进材料产业总体发展水平仍与发达国家有较大差距，产业发展面临一些亟待解决的问题，主要表现在：先进材料自主开发能力薄弱，大型材料企业创新动力不强，关键先进材料保障能力不足；产学研用相互脱节，产业链条短，先进材料推广应用困难，产业发展模式不完善；先进材料产业缺乏统筹规划和政策引导，研发投入少且分散，基础管理工作比较薄弱。

我们需要在八个方面采取应对政策：① 加强政策引导和行业管理；② 制定财政税收扶持政策；③ 建立健全投融资保障机制；④ 提高产业创新能力；⑤ 培育优势核心企业；⑥ 完善先进材料技术标准规范；⑦ 大力推进军民结合；⑧ 加强资源保护和综合利用。

一、概念及核心要素

先进材料（advanced materials），又称新材料，主要是指新出现或正在发展中的具有传统材料所不具备的优异性能的先进材料。主要包括新型功能材料、高性能结构材料和先进复合材料，其范围随着经济发展、科技进步、产业升级不断发生变化。

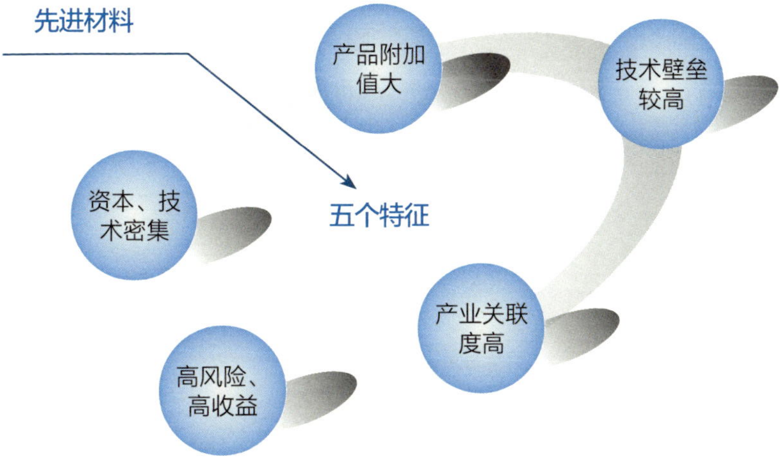

图 8-1 先进材料的五个特征

伴随现代科学技术的巨大飞跃，产生了新兴的信息、生物工程、新能源、空间技术等高技术群，而先进材料又是这些高技术群的物质基础。先进材料的开发是现代科技发展之本。近二三十年来，在生产力发展和高技术产业需求的刺激推动下，先进材料正以很快的

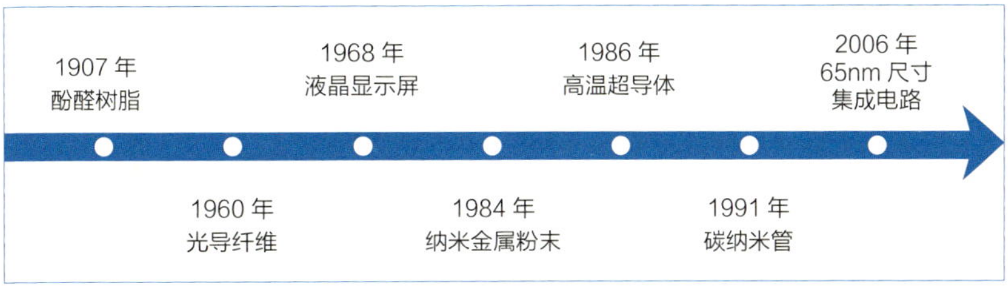

图 8-2 20 世纪以来材料领域的重大发现

资料来源：安信证券研究中心

速度增长，种类和规模不断扩大，对社会、经济和科技发展产生了深远影响。先进材料的发展应用不仅是技术革命与创新的基础和社会前进的推动力量，而且也成为社会经济可持续发展的前提保证。

材料行业的发展不仅仅依赖于材料科学的进步，有关的物理、化学、生物学、信息科学等基础学科的突破也对新型材料的研发提供了巨大推动（见图 8-3）。

图 8-3　材料行业的发展趋势

二、国际国内发展现状

先进材料的重要性使得世界上主要的发达国家和发展中国家都制定了各自的发展高技术先进材料的战略规划。以美国为例，早在 1991 年，美国发表的《国家关键技术》等一系列报告认为，材料领域的进展几乎可以显著改进国民经济所有部门的产品性能，提高它们的竞争能力，因此把先进材料列为六大关键技术领域的首位，并制定了一系列与先进材料相关的计划，主要包括："21 世纪国家纳米纲要"、"国家纳米技术计划 (NNI)"、"未来工业材料计划"、"光电子计划"、"光伏计划"、"下一代照明光源计划"、"先进汽车材料计划"、"化石能材料计划"、"建筑材料计划"、"NSF 先进材料与工艺过程计划"等。

目前全球先进材料市场规模已超过8000亿美元，由先进材料带动而产生的新产品和新技术则是更大的市场。先进材料产业作为战略性产业日渐受到各国的重视，美、日、德等发达国家纷纷制订完善的发展计划，搭建研发产一体的先进材料发展平台；伴随着全球资源的减少，先进材料产业发展与环境、资源的协调性也倍受重视，加快发展先进材料产业，提升产业竞争力成为国家实施可持续发展战略的重要组成部分。

主要发达国家都高度重视先进材料产业的发展，美国、日本、

表8-1 各主要国家先进材料发展规划汇总

国家	重点发展方向	相关计划和政策
美国	信息材料、生物医用、纳米材料、环境材料及材料技术科学等	美国未来工业材料计划、21世纪纳米技术研究开发法案、光电子计划、太阳能电池（光伏）发电计划、下一代照明光源计划、先进汽车材料计划、美国氢燃料电池研究计划、光电子计划、汽车材料计划、建筑材料计划等
日本	信息通信、环境、生命科学、纳米材料等	纳米材料规划、21世纪之光计划、超级钢铁材料计划
欧盟	光电、有机电子、超导复合、催化剂、光学、磁性、仿生、纳米、生物医药和智能材料等	欧盟的纳米计划、第六个框架协议、纳米计划、尤里卡计划等
德国	激光、纳米、电子、生物、信息通讯等技术领域	自1994年就启动了跨世纪国家级先进材料计划。在先进材料制造装备、加工和应用三个方向确保德国在国际上的领先地位；进入21世纪后，德国在九大重点发展领域均将先进材料列为首位，通过开发先进材料以解决资源短缺和环境污染的问题，德国还将纳米技术列为科研创新的战略领域
俄罗斯	高分子材料、复合材料、全金属材料，陶瓷材料、高纯度材料、生物材料、超导材料、纳米材料	先进材料与化学产品是俄罗斯近年来的年度九项科技规划之一
韩国	下一代高密度储存、生态、生物、自组装的纳米、未来碳素、高性能高效结构材料、智能卫星传感器、仿生、控制生物功能等材料	2025年构想，新产业发展战略、纳米科技推广计划、NT（纳米技术）综合发展计划、G7计划（先导技术开发计划）、生物工程科学发展计划、重点国家研究开发计划、原子能开发计划等

资料来源：华泰联合证券

欧盟是世界先进材料生产的主要国家和地区，在不断加强对传统材料充分改造的同时，高度重视先进材料产业的发展，纷纷提出自己的发展计划。

进入21世纪以来，我国先进材料产业发展迅速，2010年先进材料产业产值6500亿元，2011年已突破8000亿元。2012年的初步测算，增长率将在25%以上，产值突破万亿元。

在先进材料领域，稀土功能材料、先进储能材料、光伏材料、有机硅、超硬材料、特种不锈钢、玻璃纤维及其复合材料等产能居世界前列。部分关键技术取得重大突破。我国自主开发的钽铌铍合金、非晶合金、高磁感取向硅钢、二苯基甲烷二异氰酸酯（MDI）、超硬材料、间位芳纶和超导材料等生产技术已达到或接近国际水平。先进材料品种不断增加，高端金属结构材料、新型无机非金属材料和高性能复合材料保障能力明显增强，先进高分子材料和特种金属功能材料自给水平逐步提高。

按照新材料“十二五”规划：①“十二五”期末，我国先进材料行业要达到总产值两万亿元，年均复合增长率25%以上，企业创新能力增强、重点先进材料企业研发投入要占销售收入5%；②先进材料产品综合保障能力提高到70%，关键先进材料保障能力达到50%，实现碳纤维、钛合金、耐蚀钢、先进储能材料、半导体材料、膜材料、丁基橡胶、聚碳酸酯等关键品种产业化、规模化。

三、对产业的影响

先进材料既是当代高新技术的重要组成部分，又是发展高新技术的重要支柱和突破口。在当代社会条件下，高技术的发展更是以先进材料的发展为突破口，世界各国在高技术领域的竞争，在很大程度上是先进材料水平的较量。

由于先进材料覆盖了制造业的方方面面，作为各行各业的物质基础，对于下游产业都有重要的影响，材料的新性能、新技术、低

- **先进材料技术**
  - **新能源产业**
    - 新能源材料是为实现新能源的转化和利用以及发展新能源技术中用到的关键材料，是发展新能源的核心和基础
    - 特点：更高能源转化效率、储存性能等，还可降低应用成本
  - **汽车产业**
    - 汽车中应用的先进材料主要是结构先进材料和功能先进材料
    - 特点：降低重量、提高性能、降低能耗
  - **装备制造产业**
    - 特钢及其他金属合金等先进材料的发明和应用也促进了装备制造业的发展
    - 特点：高强度、易加工、机械性能优
  - **信息技术产业**
    - 从信息的获取、传输、存储、显示到处理等，每一次提高、每一个环节都是以先进材料为基础和突破口的
    - 特点：体积更小、运算速度更快、成本更低
  - **节能环保产业**
    - 环保先进材料可用于治理环境污染或处理环境污染物，而本身不产生污染；随着环保压力越来越重，对于环保材料数量和质量的要求也越来越高
    - 特点：降低治理成本、优化环境
  - **生物医疗产业**
    - 生物医学材料，是指以医疗为目的，用于与组织接触以形成功能的无生命的材料，能够对细胞、组织和器官进行诊断治疗、替换修复或诱导再生
    - 特点：如医用金属材料具有生物惰性、较高的机械强度和抗疲劳性能，以及良好的生物力学性能等；医用无机材料具有良好的生物相容性、耐腐蚀性

图 8-4 先进材料技术对产业的影响

成本等特征能够促进下游产业的发展。而下游装备制造业、航空航天、能源科技、信息技术等产业的发展对材料的性能也提出了更高的要求。

而下游装备制造业、航空航天、能源科技、信息技术等产业的发展对材料的性能也提出了更高的要求。

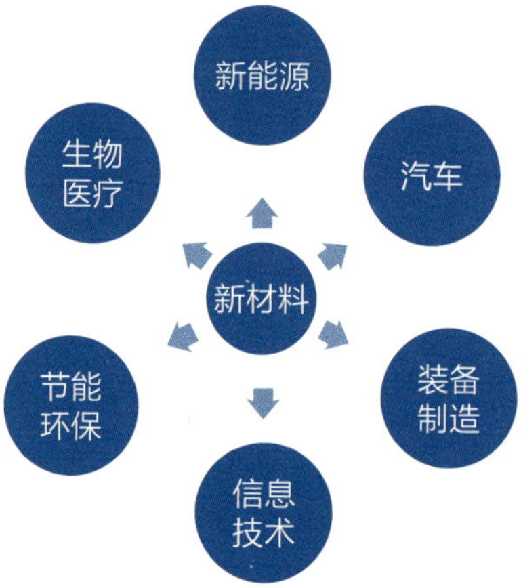

图 8-5 先进材料的主要下游产业

资料来源：建投研究院

表 8-2 部分下游领域对先进材料的需求分析

下游领域	对材料提出的性能要求
航空航天	耐高温、高强度且具有较低密度和体积
装备制造	高强度、易加工、机械性能优良
交通运输	高强度、低密度
能源	更高的能源转化效率、储存性能等
信息技术	体积更小、运算速度更快、成本更低

资料来源：中国银河证券研究部

（一）新能源产业

新能源材料是为实现新能源的转化和利用以及发展新能源技术中所要用到的关键材料，它是发展新能源的核心和基础。主要包括储氢合金材料为代表的镍氢电池材料、锂离子电池材料、燃料电池材料、多晶硅为代表的太阳能电池材料和发展风能、生物质能以及核能所需的关键材料等。

新能源材料的发展能够降低新能源的应用成本，通过提高能源转换效率提升新能源的竞争能力，实现减少资源消耗、降低碳排放，终极目标是替代传统能源。

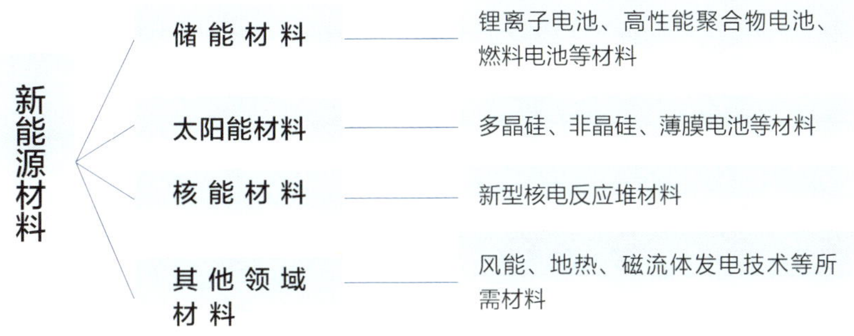

图 8-6　新能源领域的先进材料

资料来源：建投研究院

（二）汽车产业

汽车中应用的先进材料主要是结构先进材料和功能先进材料，这些先进材料能够降低重量、提高性能、降低能耗。

结构先进材料主要是利用其优异的力学性能，达到提高强度、韧性、耐磨性能等，降低材料用量、减轻车辆重量等目的，从而促使汽车向轻型化发展，主要包括特种钢铁、有色合金先进材料、复合先进材料等。

汽车产业中会大量应用合金结构先进材料，特钢就是其中最普遍应用的材料。

钛合金也是一种，按作用不同可分为两类：第一类用来减少内燃机往复运动件的质量，该部件质量的减轻可以大幅降低能耗，主要包括阀门、阀簧、阀簧承座、连杆等部件；第二类用来减轻汽车总重量，主要是底盘部分，包括弹簧、排气系统、半轴和紧固件等。

其他新型结构材料在汽车领域的应用也较为广泛：镁合金下游企业主要是汽车、摩托车等交通类产品企业和一些电子及家电领域；钛合金目前主要应用领域为航空航天；铝合金广泛应用于航空航天、交通运输、轻工建材等部门；改性塑料减重 30% 以上，是最重要的汽车轻量化材料。

功能先进材料是另一大类先进材料，在汽车产业中的广泛应用产生了巨大的经济和社会效益。功能先进材料具有特殊电、磁、光、声、热、力、化学以及生物功能，在汽车产业中得到广泛的应用，具体包括磁性材料、金刚石薄膜、功能高分子材料等。

磁性材料以稀土永磁材料为代表，每辆汽车中已有 40—70 处用到永磁材料，大多数用于电机、执行器和传感器。金刚石薄膜大量用于加工复合材料和汽车工业中广泛应用的大型石墨模具，以及其他难加工材料的加工。功能高分子材料具有重量轻、加工性能良好、综合性能优良、装饰效果优秀、具有节能环保效果等优点。

（三）装备制造产业

随着制造业升级，装备制造业对材料需求更多、性能要求更高。“十二五”期间，航空航天、轨道交通、海洋工程等高端装备制造业，预计需要各类轴承钢 180 万吨 / 年、油船耐腐蚀合金钢 100 万吨 / 年、轨道交通大规格铝合金型材 4 万吨 / 年、高精度可转位硬质合金切削工具材料 5000 吨 / 年。到 2020 年，大型客机等航空航天产业发展需要高性能铝材 10 万吨 / 年，碳纤维及其复合材料应用比重将大幅增加。

特种钢铁是装备制造业的主要用材，其对质量及性能的要求日

表 8-3 装备制造业用钢品种及性能要求

	分类	用钢品种	对钢材性能的要求
高铁	轨道用钢	轨枕用调质钢筋、精轧螺纹钢筋、高强螺栓、预应力钢丝；钢轨及配件用鱼尾板、垫板、道岔轨、轨距挡板等	强度、硬度、韧性和良好的焊接性能
	桥梁用钢	H 型钢、工字钢、槽钢、角钢以及各种尺寸的桥梁板等	高强度、良好耐腐蚀性
	车辆用钢	车轮、轮箍、侧架、摇枕、车轴、轴承、弹簧、耐大气腐蚀中板、耐候钢薄板及型钢、H 型钢、冷弯型钢	车轮钢在冶炼时必须要求杂质含量极低且均匀分布
	车站用钢	螺纹钢筋、线材、圆钢、钢板等	高强度
	电气化铁路用钢	H 型钢、钢绞线、各种尺寸的耐候型钢及钢管等	高强度、良好耐腐蚀性
	其他	隧道建设用钢、线路维护用钢等	
海工	海洋平台用钢	高强度、大厚度钢板	高强度、高韧性、抗疲劳、抗层状撕裂、焊接性及耐海水腐蚀性
	海洋能源设备用钢	高强度 Z 形钢材、大厚度板材和管线钢	
	海底油气管线用钢	高强度管线钢	横纵向强度及高低温止裂韧性、焊接性、抗大应变和海水腐蚀性
大飞机	机翼内部、翼梁接头	强度和超高强度合金钢、复合材料	高强度、轻重量
	飞机起落架	强度和超高强度合金钢	耐热性、耐磨性、承受荷载、冲击韧性、疲劳强度
军工	核工业用钢	核设施用高强度不锈钢、容器板、耐辐射结构钢等	高强度、高速度、高压力、高低温、低磁性及其他各类特殊要求
	航空航天工业用钢	发动机、推进舱、返回舱、涡轮盘等所用各类高温合金、精密合金、低磁不锈钢、高强钢及其他特种合金	
	兵器工业用钢	装甲车曲轴、扭力轴用钢，子弹壳、炮弹壳用各类深冲钢，火炮零部件用钢等	

资料来源：中国银河证券研究部

益严格，具备高强度、高韧性、耐腐蚀等特殊性能的特钢对于装备制造业的发展具有很大的推动作用。

除了特钢，其他金属合金等先进材料的发明和应用也促进了装备制造业的发展。比如，海水淡化、电站冷凝器、化学工业、海洋舰艇船舶及海洋工程等都需要大量钛材使用，其主要价值都在于抗腐蚀性能。锆金属和锆合金材料大量应用在核电设备和工业中：①核级锆，主要用于核电站、核动力舰艇的反应堆的构件材料、核燃料包壳等；②工业锆，主要用于化工设备、制药器件等。

其他先进材料技术也在装备制造业得到广泛使用，比如，用超导材料制造的磁悬浮列车，速度可达 550 千米 / 小时，与民航飞机差不多；压电材料、磁致伸缩材料、导电高分子材料等在航空上的应用也取得大量创新成果。

以航空装备产业为例，碳纤维、芳纶、环氧树脂等复合材料以及铝锂合金和钛合金等合金材料的发展促进了航空装备的发展，使飞机结构更强、体积更大、质量更轻。比如空客 A380，其采用的复合材料和轻质材料达到了前所未有的水平，此举减轻了飞机的

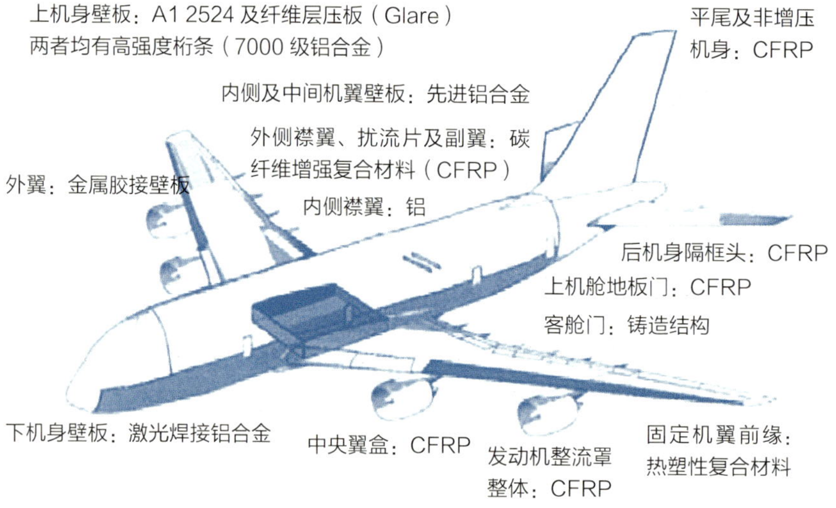

图 8-7 空客 A380 使用的材料

资料来源：银河证券研究部

重量，使其成为一架高燃油效率的飞机，与竞争机型相比，其油耗低 12%，并相应减少了排放。A380 无疑是首架每乘客百公里油耗不到 3 公升的远程飞机——这一比例相当于一辆经济型家用汽车的油耗。

（四）信息技术产业

先进材料在信息技术发展中起到了关键性作用。从电子技术到微电子技术再到光电子技术；从信息的获取、传输、存储、显示到处理等，每一次提高、每一个环节都是以先进材料为基础和突破口的。

电子信息材料包括在微电子、光电子技术和新型元器件基础三大类产品领域中所用的材料，主要包括单晶硅为代表的半导体微电子材料；激光晶体为代表的光电子材料；介质陶瓷和热敏陶瓷为代表的电子陶瓷材料；钕铁硼（NdFeB）永磁材料为代表的磁性材料；光纤通信材料；磁存储和光盘存储为主的数据存储材料；压电晶体与薄膜材料等。这些基础材料及其产品支撑着通信、计算机、信息家电与网络技术等现代信息产业的发展。我国电子材料和元器件市

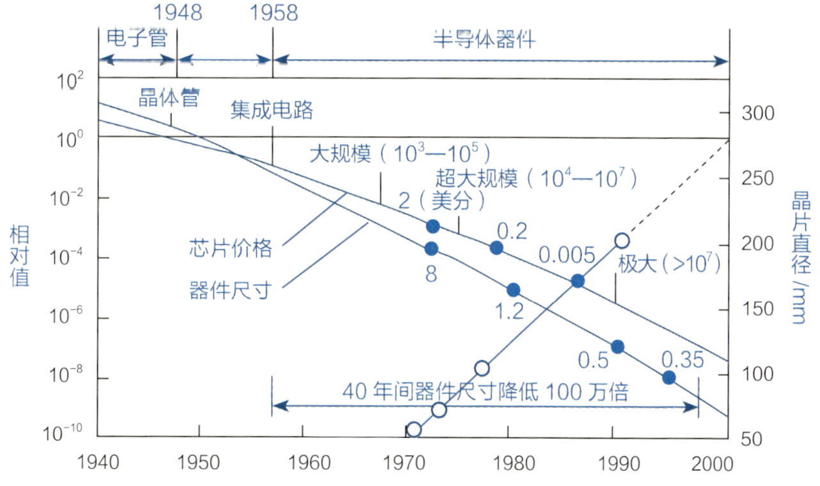

图 8-8 20 世纪集成电路发展历程

资料来源：东方证券研究所

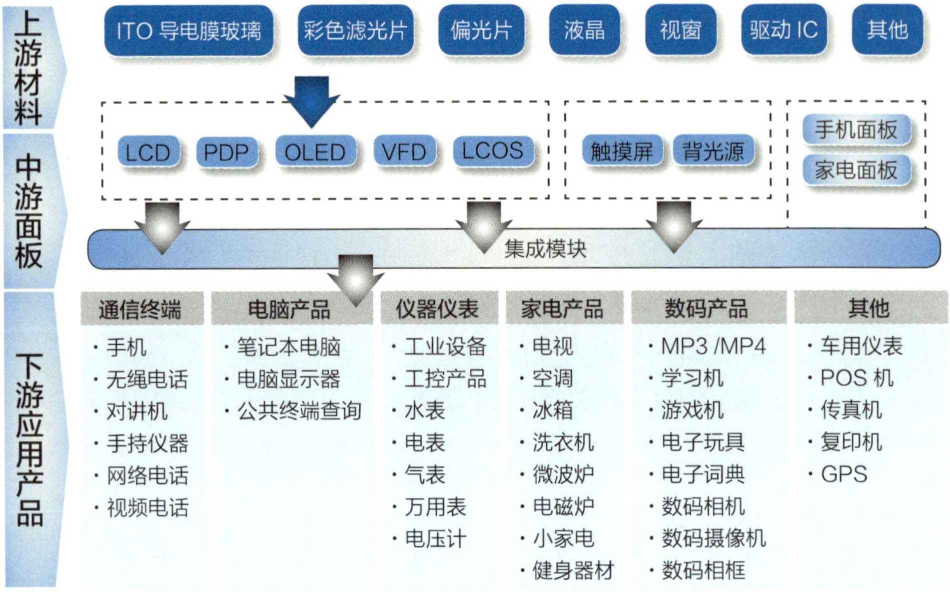

图 8-9 平板显示产业链

资料来源：安信证券研究中心

场的迅速扩大，2010 年市场规模将达到 3.1 万亿元，其中电子元件市场将达到 2 万亿元，电子器件将达 9000 亿元，电子材料将达到 2000 亿元。

对于微电子材料而言，Si、GaAs、InP 等集成电路和半导体器件用材料由单片集成向大尺寸、高均质、晶格高完整性的系统集成方向发展。半导体材料主要可以分为硅半导体材料和化合物半导体材料二大类，而 95% 以上的半导体器件和 99% 以上的集成电路（LSI）都是用高纯优质的硅抛光片和外延片制作的。在未来 30—50 年内，它仍将是 LSI 工业最基本和最重要的功能材料。此外，化合物半导体材料比硅材料更适用于高频率、超高速、低功耗、低噪声的器件和电路，以及发光器件和激光器件，主要用于移动通信、光通信、数字音像设备、超高速电脑和军事电子装备等，因此近年有快速的增长。以碳化硅 (SiC) 、氮化镓 (GaN)、氧化锌 (ZnO)、金刚石、氮化铝 (AlN) 等宽禁带半导体为代表的第三代半导体材料，是制作高温、高频高速、大功率电子器件和高亮度发光二极管等器件的最佳材料之一，这类产品有非常良好的市场前景。

在显示技术的材料应用方面，ITO 导电玻璃、彩色滤光片、偏光片、液晶等材料的发展推动了 LCD、PDP、OLED 等主流平板显示技术的发展与进步。LCD 技术相当成熟，是目前以及未来一段时间内最主要的平板显示器件；PDP 较适合大尺寸显示（目前通常大于 30 英寸）的主流产品；OLED 技术正趋于成熟，具有广阔的市场前景，目前集中在中小尺寸（1—10.4 英寸）市场。

（五）节能环保产业

近年来，随着人们环保节能意识的增强以及各国对环保节能材料推广的政策引导和扶持，受益最多的就是建筑用生态环境材料。再生玻璃材料、低辐射玻璃、生态水泥、新型墙体材料、长余辉发光材料、变相储能材料、自清洁涂层材料、调湿材料等环保节能材料已经逐渐成为材料产业的重要组成部分。基于其独特的功能特性，环保节能材料已经成为建材领域中最具潜力的生力军。

在节能领域，由于建筑能耗、工业能耗、交通能耗是我国三大能源消耗，其中建筑能耗是社会最大能耗，占 46.7%。墙体流失能量最多，占建筑能耗一半。因此，墙体保温新材料的应用对于降低能耗有重要作用。从墙体绝热保温效果上看，聚氨酯硬泡材料的节能和环保特性都绝对领先于矿物棉等无机材料，是建筑保温材料的最优选择。预计全球聚氨酯将保持 3% 的年均增长率，到 2016 年预计将增长到 2120 万吨左右，亚太地区的市场份额预计增长到 60%，目前我国的聚氨酯产量已位居世界第一。

其他建筑节能材料还有以 Low-E 玻璃为代表的玻璃节能材料，Low-E 中空玻璃节能 70% 以上，且具有节能环保双重作用，是节能玻璃的首选。我国 Low-E 玻璃普及率不足 10%，远低于欧美国家的 80% 以上，发展潜力巨大；以 LED 为代表的半导体照明材料，预计“十二五”期间其产业规模估计仍将保持34%左右的年复合增长率，到2015年，国内半导体照明产业规模将达到5000亿元；储能、节能的长余辉材料（具有利用日光或灯光储光，夜晚或在黑暗处发光的特点），将长余辉材料制成发光涂料、发光油墨、发光塑料、发光纤维、发光纸张、发光玻璃、发光陶瓷、发光搪瓷和发光混凝土……，可用于安全应急、交通运输、建筑装潢、仪表、电气开关显示以及日用消费品装饰等诸多方面。

环保先进材料可用于治理环境污染或处理环境污染物，而本身不产生污染，具体包括环境净化材料（脱硫材料、脱硝材料、除尘材料等），能源净化材料（脱硫材料、脱砷材料等），环境替代材料（氟利昂替代材料、无磷材料、石棉替代材料等），以及生物降解材料（可降解塑料、生物降解性材料等）。

我国未来几年的环保压力越来越重，对于环保材料数量和质量的要求也越来越高，预计每年对环保材料的需求增速超过15%，尤其是对于高效环保先进材料的需求增速更高。环保先进材料的发展将推动下游环保服务和应用的发展，降低治理成本、优化环境，取得良好的经济和社会效益。

（六）生物医疗产业

生物医疗材料，即生物医学材料，是指以医疗为目的，用于与组织接触以形成功能的无生命的材料，能够对细胞、组织和器官进行诊断治疗、替换修复或诱导再生。先进材料的发展对于生物医疗产业有巨大的促进作用，能够提供更多的医疗技术和手段，减轻患者的痛苦，延长患者的寿命。

作为世界人口最多的国家，我国生物医疗材料的市场潜力十分巨大，行业增速较快，不过也存在高端产品进口比例较高的问题。

生物医疗材料按照组成成分划分，可将其分为医用金属材料、医用高分子材料、医用无机材料、医用复合材料等。按材料功能划分，

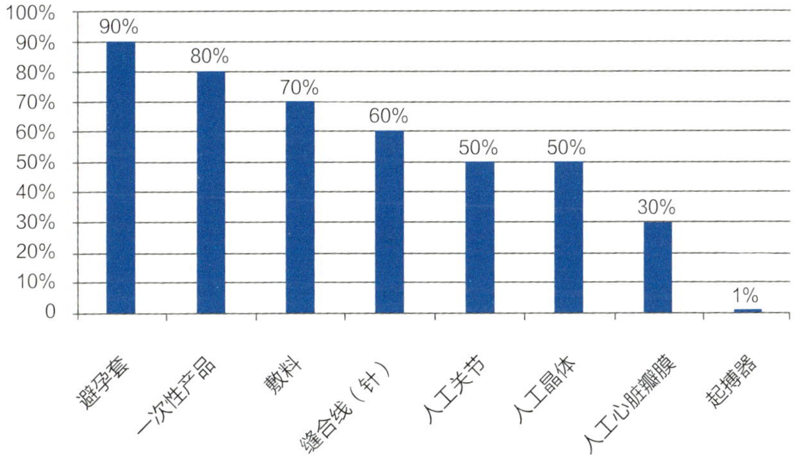

图 8-10　部分生物医疗材料的国产化率

资料来源：中信证券研究部

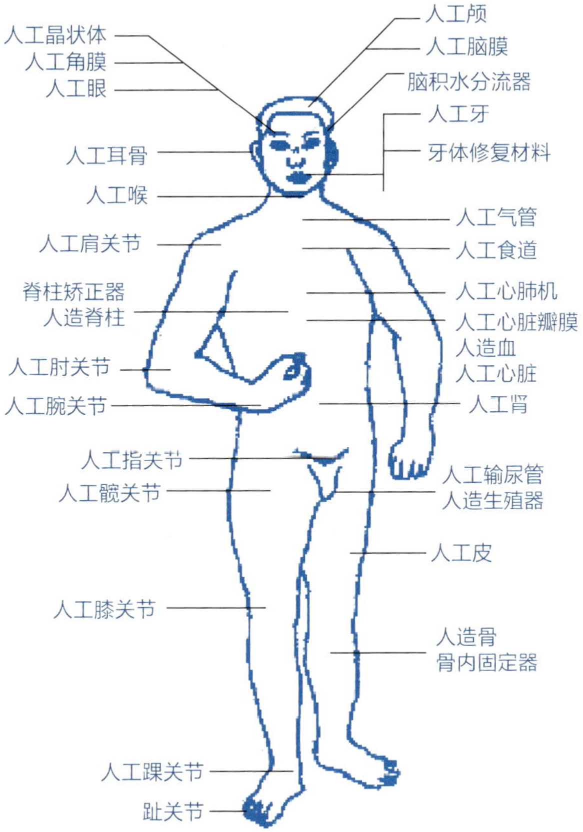

图 8-11　常用生物医疗材料应用部位

资料来源：中国银河证券研究部

则可分为硬组织相容性材料、软组织相容性材料、血液相容性材料、生物降解材料等。

四、中国的差距

我国是材料大国，在全球市场的占有率不断提升，但不是材料强国，在技术实力、管理水平等方面还落后于发达国家。跨国公司及其分支公司在先进材料产业的发展中占据竞争优势。这些企业规模大、研发能力强、产业链完善，它们通过战略联盟、大量的研发投入、产业技术及市场标准制定并控制知识产权，寻求在竞争中处于优势甚至垄断地位，一些新材料产业出现了被大型跨国公司垄断的现象或趋势。

我国先进材料产业总体发展水平仍与发达国家有较大差距，产业发展面临一些亟待解决的问题，主要表现在：先进材料自主开发能力薄弱，大型材料企业创新动力不强，关键先进材料保障能力不足；产学研用相互脱节，产业链条短，先进材料推广应用困难，产业发展模式不完善；先进材料产业缺乏统筹规划和政策引导，研发投入少且分散，基础管理工作比较薄弱。

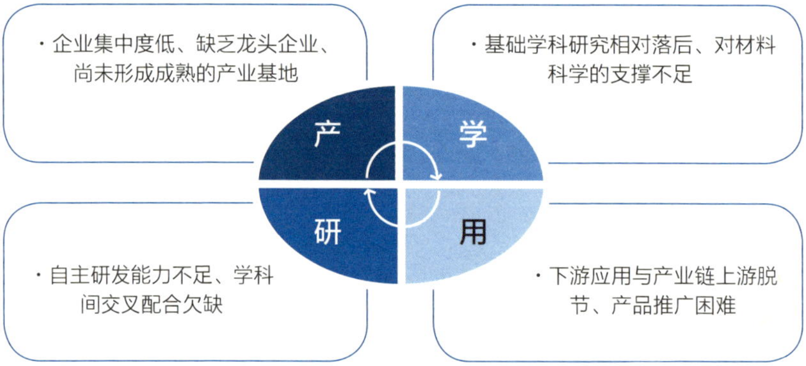

图 8-12　我国先进材料行业目前主要瓶颈

五、应对策略

（一）加强政策引导和行业管理

中国新材料的研究水平与国外发达国家相比仍然存在差距，导致产能存在一定的缺口。一般来说，技术难度越大产能缺口越大，对国外的依存度就越大。需要加强对重点先进材料的支持力度，实施先进材料产业重大工程，建立和完善先进材料产业政策体系，加强先进材料产业政策与科技、金融、财税、投资、贸易、土地、资源和环保等政策衔接配合。

设立先进材料行业协会，建立健全先进材料产业统计监测体系，把握行业运行动态，及时发布相关信息，避免盲目发展与重复建设，引导和规范先进材料产业有序发展。

（二）制定财政税收扶持政策

建立稳定的财政投入机制，通过中央财政设立的战略性新兴产业发展专项资金等渠道，加大对先进材料产业的扶持力度，开展重大示范工程建设，重点支持填补国内空白、市场潜力巨大、有重大示范意义的先进材料产品开发和推广应用。各有关地方政府也要加大对先进材料产业的投入。充分落实、利用好现行促进高新技术产业发展的税收政策，开展先进材料企业及产品认证，完善先进材料产业重点研发项目及示范工程相关进口税收优惠政策。

重点支持先进材料企业研发（R&D），打造国际国内研发中心。提高政府支持 R&D 投入类资金比例，优先倾向重点产业领域、关键技术壁垒的产业方向。

（三）建立健全投融资保障机制

加强政府、企业、科研院所和金融机构合作，逐步形成“政产学研金”支撑推动体系。制定和完善有利于先进材料产业发展的风险投资扶持政策，鼓励和支持民间资本投资先进材料产业，研究建立先进材料产业投资基金，发展创业投资和股权投资基金，支持创新型和成长型先进材料企业，加大对符合政策导向和市场前景的项目支持力度。鼓励金融机构创新符合先进材料产业发展特点的信贷产品和服务，合理加大信贷支持力度，在国家开发银行等金融机构设立先进材料产业开发专项贷款，积极支持符合先进材料产业发展规划和政策的企业、项目和产业园区。支持符合条件的先进材料企业上市融资、发行企业债券和公司债券。

（四）提高产业创新能力

加强先进材料学科建设，加大创新型人才培养力度，改革和完善企业分配和激励机制，完善创新型人才评价制度，建立面向先进材料产业的人才服务体系。鼓励企业建立先进材料工程技术研究中心、工程实验室、企业技术中心、技术开发中心，不断提高企业技术水平和研发能力。围绕材料换代升级，建立若干技术创新联盟和公共服务平台，组织实施重点先进材料关键技术研发、产业创新发展、创新成果产业化、应用示范和创新能力建设等重大工程，发挥引领带动作用，促进先进材料产业全面发展。

（五）培育优势核心企业

发挥重点先进材料企业的支撑和引领作用，通过强强联合、兼并重组，加快培育一批具有一定规模、比较优势突出、掌握核心技术的先进材料企业。鼓励原材料工业企业大力发展精深加工和先进材料产业，延伸产业链，提高附加值，推动传统材料工业企业转型升级。高度重视发挥中小企业的创新作用，支持先进材料中小企业向“专、精、特、新”方向发展，提高中小企业对大企业、大项目的配套能力，打造一批先进材料“小巨人”企业。鼓励建立以优势企业为龙头，联合产业链上下游核心企业的产业联盟，形成以先进材料为主体、上下游紧密结合的产业体系。

（六）完善先进材料技术标准规范

瞄准国际先进水平，立足自主技术，健全先进材料标准体系、技术规范、检测方法和认证机制。加快制定先进材料产品标准，鼓励产学研用联合开发重要技术标准，积极参与先进材料国际标准制定，加快国外先进标准向国内标准的转化。加强先进材料品牌建设和知识产权保护，鼓励建立重要先进材料专利联盟。加快建立先进材料检测认证平台，加强产品质量监督，建立先进材料产品质量安全保障机制。

（七）大力推进军民结合

充分利用我国已有军工先进材料产业发展的技术优势，优化配置军民科技力量和产业资源，推进国防科技成果加速向经济建设转化，促进军民先进材料技术在基础研究、应用开发、生产采购等环节有机衔接，加快军民共用先进材料产业化、规模化发展。鼓励优势先进材料企业积极参与军工先进材料配套，提高企业综合实力，实现寓军于民。建立军民人才交流与技术成果信息共享机制，积极探索军民融合的市场化途径，推动军民共用材料技术的双向转移和辐射。

（八）加强资源保护和综合利用

高度重视稀土、稀有金属、稀贵金属、萤石、石墨、石英砂、优质高岭土等我国具有优势的战略性资源保护，加强战略性资源储备，支持有条件的企业开展境外资源开发与利用，优化资源全球化 配置，为先进材料产业持续发展提供保障。合理规划资源开发规模，整顿规范矿产资源开发秩序，依法打击滥采乱挖，提高资源回采率。积极开发材料可再生循环技术，大力发展循环经济，促进资源再生与综合利用。加大短缺资源地质勘查力度，增加资源供给。

（九）深化国际合作交流

鼓励企业充分利用国际创新资源，开展人才交流与国际培训，引进境外人才队伍、先进技术和管理经验，积极参与国际分工合作。鼓励境外企业和科研机构在我国设立先进材料研发机构，支持符合条件的外商投资企业与国内先进材料企业、科研院校合作申请国家科研项目。支持企业并购境外先进材料企业和技术研发机构，参加国际技术联盟，申请国外专利，开拓国际市场，加快国际化经营。

第9章

自动驾驶汽车技术发展情况及对产业结构的影响

本章概要

自动驾驶汽车指的是不需要或者只需要（相对于传统汽车）较少人工操作的汽车。自动驾驶汽车是一种智能汽车，也可以称之为轮式移动机器人，主要依靠车内的以计算机系统为主的智能驾驶来实现自动驾驶。

自动驾驶汽车是通过车载传感系统感知道路环境，自动规划行车路线并控制车辆到达预定目标的智能汽车。自动驾驶汽车集众多科技于一体，包括自动控制、视觉计算、模式识别、激光测距系统和人工智能等。自动驾驶汽车是科技高度发达的产物，也是衡量一个国家科研实力和工业水平的一个重要标志，在国防和国民经济领域具有广阔的应用前景。

现阶段，我国的自动驾驶汽车具备了在高速公路行驶的能力，但是还不能够在城市道路上自动驾驶。究其原因，一方面，这和我国的基本国情有关；另一方面，我国的自动驾驶技术和发达国家依旧存在差距。

自动驾驶汽车引发的科技革命将对多个产业和行业产生影响，包括整车制造商、零部件供应商、汽车经销商、汽车保险公司、汽车修理厂、停车场运营商、石油企业、医院 、法律、零售业、服务业等，在这里我们就与自动驾驶汽车兴起直接相关的产业和领域——信息技术产业、汽车整车和零部件制造业、汽车销售业、汽车保险业、汽车服务业、建筑设计业一一进行分析。

自动驾驶汽车的发展仍然存在一些难题，制约着自动驾驶汽车在短期内不能上路行驶。第一是技术难题，这在发展中国家尤其突出；第二是成本问题，自动驾驶汽车的成本依然远远高于传统汽车；第三是缺乏公众信任度的问题，绝大多数人还是无法相信自动驾驶技术的可靠性。

面对瓶颈和挑战，政府应该从四个方面应对。首先是完善法律体系，为自动驾驶汽车建立相应的法律基础；其次要加大研发资金的投入，加快研发进程；再次通过政策制定鼓励具备自动驾驶技术的生产厂商安装自动或半自动驾驶设备；最后加强公众对自动驾驶汽车的认识，最终实现自动驾驶汽车的广泛使用。

一、概念及核心要素

很多年前，自动驾驶技术就已经被广泛运用在商业飞机上。飞机上的计算机可以控制飞机的大部分飞行过程，包括飞机的起飞和降落。油轮和大型货船也是高度自动化的，这使得只需要很少的船员就可以操控它们。如今，半自动化乃至全自动化的驾驶技术也被应用在汽车上，自动驾驶汽车的出现很有可能在 2025 年之前给地面交通带来革命性的改变。

自动驾驶汽车指的是不需要或者只需要（相对于传统汽车）较少人工操作的汽车。自动驾驶汽车是一种智能汽车，也可以称之为轮式移动机器人，主要依靠车内的以计算机系统为主的智能驾驶来实现自动驾驶。自动驾驶汽车是通过车载传感系统感知道路环境，自动规划行车路线并控制车辆到达预定目标的智能汽车。自动驾驶汽车集众多科技于一体，包括自动控制、视觉计算、模式识别、激光测距系统和人工智能等等。自动驾驶汽车是科技高度发达的产物，也是衡量一个国家科研实力和工业水平的一个重要标志，在国防和国民经济领域具有广阔的应用前景。

二、国际国内发展现状

自动驾驶技术的研发始于 20 世纪初，从 20 世纪 70 年代开始，美国、英国、德国等发达国家进一步加快了自动驾驶汽车的研究，直到 21 世纪，伴随着信息技术革命的发展，自动驾驶技术进步的频率越来越快，几乎每年在可行性和实用化方面都取得了突破性的进展。

为了促进自动驾驶汽车的快速发展，在 2004 年时，美国 DARPA（美国国防部高级研究计划局）曾出资 100 万美元来奖励能够完成研究计划局为自动驾驶汽车所设定的任务的团队。不幸的是，当时没有任何一个团队能够完成这项任务。但仅仅在一年之后，

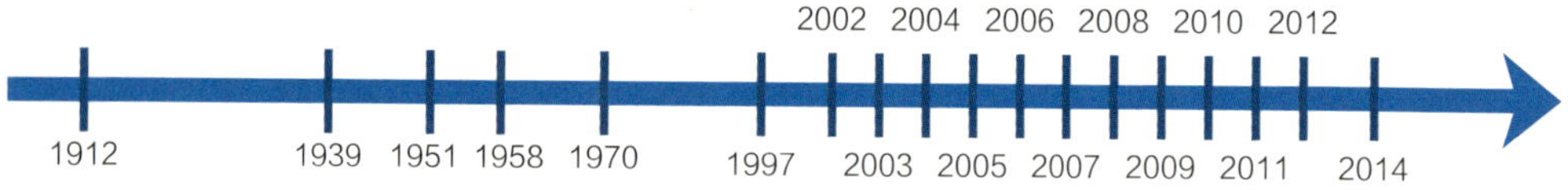

1912 年：凯迪拉克的自动启动系统意味着驾驶人不再用手动曲柄启动汽车。
1939 年：奥兹莫比尔公司推出了第一个自动变速系统。
1951 年：克莱斯勒推出第一款油压转向系统。
1958 年：克莱斯勒的巡航控制系统使得驾驶人不用再时时注意行驶速度。
1970 年：克莱斯勒 Imperial 首先配置防抱死刹车系统。
1997 年：部分丰田车配置基于雷达的自适应巡航控制，可与前车自动保持安全驾驶距离。
2002 年：丰田推出 NightView（夜视），一款车内监视器，可显示前方道路的近红外图像，凸显障碍。
2003 年：梅赛德斯推出 Pre-Safe 系统，采用感应器预测迫在眉睫的撞击，采取各种防范措施。
2004 年：英菲尼迪推出第一款“离开车道”警示系统，在车驶离车道时提醒驾驶人。
2005 年：沃尔沃推出第一款盲点警报系统，当有车进入驾驶人盲点时就会发出警报。
2006 年：雷克萨斯推出相机—声呐辅助的平行泊车系统。
2007 年：卡内基梅隆大学的 Tartan 车队赢得了美国国防部的自动汽车比赛大奖。
2008 年：梅赛德斯引进 AttentionAssit，在驾驶人显露疲劳征兆时发出警告。
2009 年：沃尔沃推出行人监测系统。
2010 年：奥迪无人驾驶自动汽车 TTS 行驶 12.42 公里，抵达落基山派克峰顶。
2010 年：7 辆车组成的 Google 无人驾驶汽车车队开始在加州道路上试行。
2010 年：梅赛德斯 F800Style 概念车展示赛车助手，一款低速适应巡航控制系统。
2011 年：中国国防科技大学创造的一辆无人驾驶汽车行驶 286 英里，从长沙开至武汉。
2012 年：通用汽车公司的阿兰 · 陶伯估计，这一年自动驾驶系统将成为汽车标准配置。
2014 年：谷歌在 Code Conference 科技大会上推出新型没有方向盘和刹车的无人驾驶汽车原型。

图 9-1 自动驾驶技术的发展历程

资料来源：根据公开资料整理

就有五辆自动驾驶汽车完成了这项任务。在 2007 年，赛道被设计成和城市交通更为相似的虚拟场景，有更多的路标、障碍物和车辆，最终依然有六个团队的自动驾驶汽车完成了这项任务。直到今天，谷歌公司自行研发的自动驾驶汽车已经在美国加利福尼亚州、内华达州、佛罗里达州和华盛顿特区的公路上进行测试，并且行驶里程数累计超过 70 万英里。其他大型汽车制造商，例如通用汽车、丰田、梅赛德斯奔驰、奥迪、宝马和沃尔沃也在测试它们自行研发的自动驾驶系统。并且随着自动驾驶汽车的成本逐渐降低，自动驾驶汽车有望在 2025 年之前实现真正的上路行驶。

我国自动驾驶汽车的研发要晚于发达国家，国防科技大学在 1992 年成功研制出我国第一辆真正意义上的自动驾驶汽车。2005 年，首辆城市自动驾驶汽车在上海交通大学研制成功。随后，由国防科技大学自主研制的红旗 HQ3，于 2011 年 7 月 14 日首次完成了从长沙到武汉286公里的高速全程自动驾驶实验，全程历时3小时22分钟，平均时速87公里／小时，该车在特殊情况下进行人工干预的距离仅为2.24公里，仅占自助驾驶总里程的0.78%。国内其他主要汽车厂商也在加快自动驾驶汽车的研发。

表9-1 中国企业自动驾驶汽车技术的发展格局

厂商	研发进展和趋势
一汽	一汽自动驾驶新技术的研究始于2001年。由国防科技大学研制的红旗HQ3自动驾驶轿车是一汽自主品牌轿车向高端技术发展的一个新成果，其2011年由长沙开往武汉，行程286公里，其中自主超车67次，平均时速87公里／小时
上汽	上汽2013年9月正式与中国航天科工三院在沪签署战略合作协议；上汽自动驾驶汽车试行还处于研发阶段
北京汽车	北京汽车自动驾驶汽车计划于2014年达到上路水平，届时将选择适当路段，进行自动驾驶示范运营。目前，先期研发的技术包括“自适应防碰撞”、“道路识别系统”、“自我纠正系统”、“自适应巡航”等技术
奇瑞	2013年，武汉大学与奇瑞合作开发自动驾驶汽车；改装后的车名叫“Smart V”（价值大约170万元，相当于一辆宝马X6的价格）
北京现代	2012年11月，北京途胜驶入京津高速进行试验，其车顶与车前保险杠处安置雷达设备，并在2013年下半年推出面向普通民众的体验计划

资料来源：杨帆：《自动驾驶汽车的发展现状和展望》

三、对产业的影响

图9-2简要说明了自动驾驶汽车技术对相关产业的影响。

自动驾驶汽车引发的科技革命将对多个产业和行业产生影响，包括整车制造商、零部件供应商、汽车经销商、汽车保险公司、汽车修理厂、停车场运营商、石油企业、医院 、法律、零售业、服务业等，本书就与自动驾驶汽车兴起直接相关的产业和领域——信息技术产业、汽车整车和零部件制造业、汽车销售业、汽车保险业、汽车服务业、建筑设计业一一进行分析。

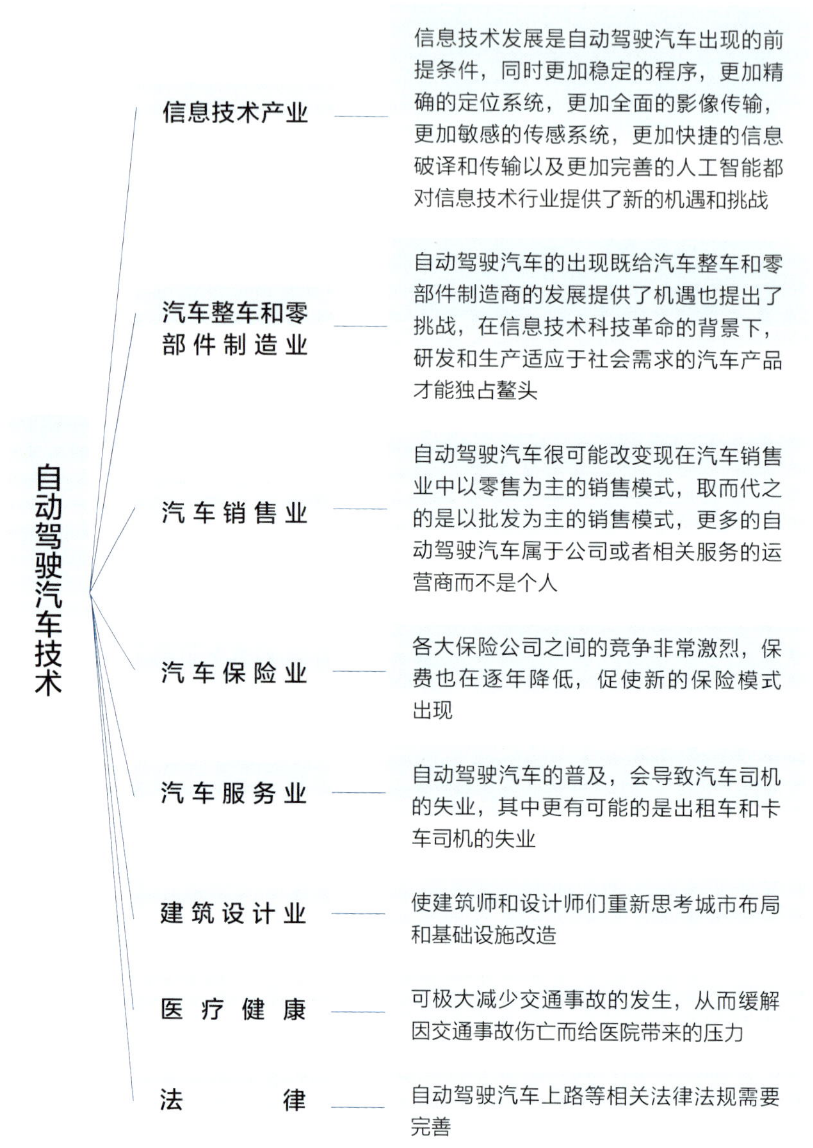

图 9-2 自动驾驶汽车技术对相关产业的影响

（一）自动驾驶汽车对信息技术产业的影响

自动驾驶汽车的出现既是科技发展的需要，也是 IT 领域发展到一定程度的产物。可以说，没有强大的 IT 支持，就不会有自动驾驶汽车的出现。IT 的发展是自动驾驶汽车出现的前提条件，但自动驾驶汽车的发展也将影响 IT 领域的走向。

在 2013 年召开的全球汽车论坛第四届年会上，德尔福首席技术官及全球高级副总裁 Jeffrey J.Owens 指出，IT 产业与汽车行业的结合是大势所趋。目前，应用在每辆汽车上的“小电脑”不少于 50 个，用在汽车行业的电子产品对安全性要求也越来越高。自动驾驶汽车不仅仅要求汽车内的电子产品安全性高，而且要求汽车的程序在任何条件下不能出现“bug”，否则在这种自动驾驶的条件下，会对乘客和其他车辆带来极大的安全隐患。同时，自动驾驶汽车的出现要求 IT 和制造业能够生产出适于人们出行的工作和娱乐软件和设备。尽管谷歌的自动驾驶汽车已经上路测试超过 70 万英里，但是谷歌也承认，在处理合并、变更车道，转弯和天气恶劣等情况时，无人驾驶技术还需要改进。所以，更加有创意的汽车配套软件、更加稳定的程序，更加精确的定位系统，更加全面的影像传输，更加敏感的传感系统，更加快捷的信息破译和传输以及更加完善的人工智能都对 IT 行业提供了新的机遇和挑战，IT 领域只有不断向前的快速发展，才能够使得自动驾驶汽车更早地在现实生活中得到应用，融入家家户户。

（二）自动驾驶汽车对汽车整车和零部件制造业的影响

自动驾驶汽车的出现既给汽车整车和零部件制造商的发展提供了机遇也提出了挑战。毫无疑问，自动驾驶汽车是尖端科技的产物，高智能的自动驾驶技术具有极大的商业价值，只有掌握自动驾驶核心技术的生产厂商才有能力生产自动驾驶汽车。就目前情况来看，表 9-1 中提及的谷歌、雷克萨斯、沃尔沃、宝马、奥迪、奔驰等中高端汽车制造商早已开始了自动驾驶技术的研发，并且很多生产商在美国硅谷都有自己的研发基地，如果其他汽车整车和零部件制造商不能够高瞻远瞩，看清汽车产业未来的发展趋势，就很有可能因为技术落后被市场淘汰。同时，自动驾驶汽车安全系数极高，没有必要安装喇叭、安全气囊及许多被动安全相关的设计和部件，零部件生产商因根据市场的需求改变生产重心。用于汽车的钢材量将会出现一定下降，因为汽车不再需要像现在这样巨大而结实。

所以，对于汽车整车和零部件制造业的启示是，无论大小厂商，都应该与时俱进，在信息技术科技革命的背景下，研发和生产适应于社会需求的汽车产品才能独占鳌头。

（三）自动驾驶汽车对汽车销售业的影响

自动驾驶汽车很可能改变现在汽车销售业中以零售为主的销售模式，取而代之的是以批发为主的销售模式，更多的自动驾驶汽车属于公司或者相关服务的运营商而不是个人。

自动驾驶汽车对汽车销售业的影响来源于自动驾驶汽车对人们出行方式的影响。自动驾驶汽车的普及会极大地改变人们的出行方式，从而影响人类对汽车的消费模式。自动驾驶汽车的普及会使得人们更愿意汽车共享。2014 年 5 月 28 日 Code Conference 科技大会上，谷歌公司推出了没有方向盘和刹车的新型自动驾驶汽车的原型，这种只有乘客座位的自动驾驶汽车就更加适合汽车共享。汽车能随叫随到，不用自己驾驶，同时人们不再需要到达目的地后因为寻找停车位而苦恼，自动驾驶汽车可以通过这种汽车共享模式不间断地接送乘客往返于指定地点。这样一来，有更多的人能够享受到自动驾驶汽车带来的便利性，而且汽车可能不再是每家每户的专属物品。

汽车共享模式的出现，需要有公司或者运营商构建一个汽车网络服务平台，为乘客提供接送服务。其实现在，在国内外的很多大城市，已经有例如易到用车这样的汽车网络服务平台，人们可以通过手机提前或者临时预约用车，只不过在未来，随着自动驾驶汽车的普及，不再需要有司机来驾驶汽车，而且这种一对一的接送服务可以变成更高效的一对多的接送服务。所以，自动驾驶汽车更有可能以批发的方式出售给这些汽车网络服务运营商。

（四）自动驾驶汽车对汽车保险业的影响

自动驾驶汽车对于汽车保险行业的冲击无疑是巨大的。时至今日，汽车保险行业的发展逐渐趋于饱和，各大保险公司之间的竞争非常激烈，保费也在逐年降低。有数据表明，随着自动驾驶等车载信息技术的兴起，汽车保费在2013年平均下降了14.1%，并且有逐年下降的趋势。保险公司初期可能会看到，随着交通事故数量的减少以及赔付数额的下降，净利润会有所上升。然而，由于自动驾驶技术的应用将大大降低交通事故发生的概率，最终交通强制保险的保费有可能会大幅度降低，甚至可能会被取消。

随着汽车新的使用模式出现，汽车保险公司将在新的行业环境中觅得新的商机，新的保险模型将会出现。自动驾驶汽车中的先进车载信息技术可以为保险公司提供丰富的驾车数据，保险公司可以把这些驾车数据作为重要的参考依据针对客户指定的某段旅途保险，综合自动驾驶汽车本身及其出行时间、路线选择、天气条件以及车上乘客情况等关键要素进行实时报价。此外，驾驶责任由于更多取决于汽车本身而非车主的驾驶技术，保险责任模型将会颠覆，汽车制造商而非汽车拥有者更有可能为汽车保险承担责任①。但是，在自动驾驶汽车和人工或者半自动驾驶汽车出现交通事故时，保险责任的认定是一个很大的难题，是司机还是汽车制造商应该承担责任还需要具体的法律法规进行规范。

（五）自动驾驶汽车对汽车服务业的影响

自动驾驶汽车对汽车服务业而言会带来失业。自动驾驶汽车的在操作性、精确性和安全性方面的优势将替代传统的人为驾驶的汽车，它所引发的拼车出行和汽车共享模式是一种更为经济和节能的消费方式。自动驾驶汽车的普及，会导致汽车司机的失业，其中更

① 潘建亮．无人驾驶汽车的社会效益与影响分析[J]．汽车工业研究，2014(5): 22-24.

有可能的是出租车和卡车司机的失业。对于公共交通而言，例如地铁和公共汽车，现在已经只需要很少的司机就可以运送大量的乘客，而且对于这些大型公共交通工具，尽管在未来可以实现自动驾驶，也有必要安排一位驾驶员在自动驾驶系统出现问题时转换为手动驾驶，确保车上大量乘客的安全，所以地铁驾驶员和公共汽车司机在未来也可能是必要的。对于卡车而言，一个由十辆卡车组成的卡车车队可能只需要一个司机，在遇到特殊情况时，例如需要加油或者更改路线时，由该司机进行手动操作，其他正常行驶的过程中就没有必要由司机驾驶。事实上，亚马逊公司预计在 2015 年用无人机进行快递送货，在未来,自动驾驶机汽车和智能机器人完全可以替代现在快递员的工作,这些货运公司的司机需求量也将大大减少，所以有至少一半以上的卡车司机面临失业。而对于出租车司机而言，当自动驾驶的汽车网络服务平台普及时，人们的会通过网络平台呼叫和搭乘自动驾驶汽车去往目的地，因此绝大多数出租车司机都将面临失业的危险。

（六）自动驾驶汽车对建筑设计业的影响

现有的道路基础设施是否能够满足自动驾驶汽车的需要成为自动驾驶汽车能否普及的又一问题。首先，由于区域性的道路信号灯和道路标识不统一，自动驾驶汽车所配备的视觉计算系统和人工智能能否在不同地区读取道路信息十分重要，如果不能，政府需要重新完善和统一这些道路设施，使得自动驾驶汽车能够识别这些信号。其次，由于现在城市道路情况复杂，并且车辆并不是完全按照交通法规行驶，在很多国家都存在着人让车而不是车让人的现象，自动驾驶汽车能否识别这一紊乱的交通体系也是一重大问题。在自动驾驶汽车逐渐普及的过程中，是否需要开辟新的自动驾驶汽车专用通道以满足自动驾驶汽车的需要也是一个重要问题。这些都需要建筑师和设计师们重新思考城市布局和基础设施改造。

此外，在汽车共享的模式下，自动驾驶汽车可以随叫随到，这使得自动驾驶汽车对于停车场的需求大大降低。在美国等汽车保有量极高的发达国家，一些城市的停车场占地面积超过城市面积的三分之一，在北京、上海这样的国际化大城市，路边停车位随处可见，停车位都非常狭窄，在一些社区和街道，有超过一半以上的路面都用于停车，尽管如此，停车位的需求仍然有缺口。自动驾驶汽车的出现和普及，可以大大降低路面停车场的需求，每个城市只需要少数多层停车场作为自动驾驶汽车的枢纽站就可以满足整个城市的停车需求，这些被路面停车位占据的用地可以用于其他更有益于社会发展和城市绿化的通途。没有了路面停车场的城市将会和现在的城市模型大大不同，建筑师和规划师需要有新的理念和思路来构建满足科技发展需要的城市肌理。

（七）自动驾驶汽车对其他领域的影响

自动驾驶汽车除了对上述产业会产生影响之外，也会影响到医疗、法律和能源等领域。对医疗领域来说，由于70%—90%的交通事故都是由人为疏忽产生的，自动驾驶汽车的应用和普及将极大地减少交通事故的发生，从而缓解因交通事故伤亡而给医院带来的压力。医院急诊室每年会因此减少数百万病人，需要住院治疗的病人将减少数十万，这对于推动社会发展是有益的，不过医院营业收入也将因此出现较大比例的萎缩。对法律领域来说，现有的道路交通法规不能够满足自动驾驶汽车的需要，关于支持自动驾驶汽车正常上路行驶的相应法律法规尚未出台，事故责任认定制度也不健全，自动驾驶汽车如果要上路行驶，这些法律法规必须完善。自动驾驶汽车作为高端科技的产物，能够更合理地启动或者减速，以更快的速度行驶，减少能源消耗。同时，在未来，政府很有可能鼓励自动驾驶汽车配备新能源动力，这样一来，自动驾驶汽车不仅安全方便，而且节能环保。

四、中国的差距和机遇

现阶段，我国的自动驾驶汽车具备了在高速公路行驶的能力，但是还不能够在城市道路上自动驾驶。一方面，这和我国的基本国情有关。我国的交通规则、标识等情况比较复杂，城市道路交通流量大，突发情况多，道路安全差，所以自动驾驶汽车无法适应城市交通。另一方面，我国的自动驾驶技术和发达国家依旧存在差距。虽然我国的信息技术能够满足自动驾驶技术的软件需求，但是核心设备，如雷达、传感器等装置不得不依赖进口，大大增加了自动驾驶技术的研发成本，阻碍了自动驾驶技术的研发进展。

中国的快速发展和城市化一方面让越来越多的人能够享受汽车带来的便利性和舒适性，但另一方面也造成了严重的交通拥堵，环境污染和交通事故。前面提到，自动驾驶汽车车载计算机可以更加精确地计算前后左右车之间的距离，可以和周围的汽车保持更小的距离，这样道路上就可以容纳更多的汽车，缓解交通压力。自动驾驶汽车又能够为驾驶员提供更多的自由时间，对于每天在通勤当中花费大量时间的上班族来说是一件好事，他们可以利用上下班的时间在车内读书、看报、娱乐和社交，缓解生活压力。自动驾驶汽车通过最优化的加速和减速，避免不必要的二氧化碳排放，同时，它通过精确的计算在安全的前提下保持最快的车速也可以提高燃料利用率，减少二氧化碳的排放。由此可见，自动驾驶汽车的众多优势，对于解决我国甚至全球城市发展中出现的问题都是有益的。

五、应对策略

自动驾驶汽车在未来的发展趋势会根据地域的不同而有差异。在美国，由于道路交通状况良好，并且城市郊区化严重，很多美国人都需要花费很长的通勤时间从一个城市到另一个城市，在这个过程中，高速路段较多，交通状况简单，再加上美国道路交通基础设施完善，许多州已经具备了自动驾驶汽车上路行驶的条件，谷歌的完全自动驾驶汽车已经在多个州进行上路测试，并且测试结果积极乐观。相比美国而言，欧洲等发达国家尽管在自动驾驶技术上不亚于美国，但是由于欧洲各国国土面积较小，人均道路占有面积要少于美国，城市道路较多，自动驾驶汽车的上路条件不如美国。另外，加之欧洲各国历史悠久，文化相比美国更传统保守，对自动驾驶汽车的接受程度也会晚于美国，所以，欧洲各国自动驾驶汽车的发展趋势相对美国是较为缓慢的。

尽管在麦肯锡全球研究院的报告《12种改变未来的颠覆性技术》中指出，在2025年之前自动驾驶汽车在全球产生的经济效益有80%将集中在发达国家，而只有20%会集中在发展中国家，也就是说，发展中国家对于实行自动驾驶汽车上路还有很长的路要走。但是，这并不意味着我国就应该放缓自动驾驶技术的研究，自动驾驶汽车的优越性对解决交通、环境等社会问题有很大的帮助，所以，我国在未来几年、十几年甚至几十年里更应该加快自动驾驶汽车的研发，推行自动驾驶汽车的使用。我国应该从以下几个方面来推动自动驾驶汽车的发展。

（一）完善法律体系，为自动驾驶汽车建立相应的法律基础

在未来的几年里，技术的变化速度可能会相当惊人，谁也没有办法知道在什么时候自动驾驶技术会完全成熟，也没有人知道什么时候公众能够接受自动驾驶汽车的使用。但是，政府必须做好迎接这些变化的准备，为自动驾驶汽车制定相应的法律法规，对于任何一个产业或者行业，都必须要有法律基础作为铺垫，只有制定了完备的法律法规，自动驾驶汽车才能够更快地发展。自动驾驶汽车制造商不会冒险在没有相应的法律法规的情况下承担自动驾驶汽车的责任。例如，梅赛德斯奔驰新一代S级汽车的智能驾驶系统，即使驾驶员有一只手没有放在方向盘上，智能驾驶系统也会自动解除，这样一来，生产厂商就不用承担因为驾驶员单手驾驶引发交通事故的责任。

（二）加大研发资金投入，加快研发进度

尽管我国自动驾驶汽车在软件方面已经不落后于西方发达国

家，但是目前自动驾驶汽车的硬件依然依靠进口。前面提到，雷达和传感器等装置大多从国外进口，成本高，不利于自动驾驶技术的研发和自动驾驶汽车的推广。我国应该进一步加大研发资金的投入，加快研发进度，使自动驾驶汽车硬件设备不再受制于人，降低设备的生产成本，并且针对传感器、雷达、摄像头、彩色相机、车载终端、通信协议、测试评价以及其他关键技术制定统一标准，以利于在技术成熟时进入市场。

（三）鼓励具备自动驾驶技术的生产厂商安装自动或半自动驾驶设备

在我国，政府政策的制定和政策的引导对于一个产业的发展是非常重要的。目前，北汽等国内知名汽车生产厂商已经具备了一定的自动驾驶技术，如自适应防碰撞、道路识别系统、自我纠正系统、自适应巡航系统，但是北汽销售的大部分车型都不具备这些自动驾驶设备，归结其原因可能是事故责任归属不明确和设备成本较高。针对这一状况，前面提到政府应当完善相应的法律体系，再次政府可以适当进行补贴，鼓励国内汽车生产厂商进行自动驾驶技术的研发和使用。如政府可以出资补贴安装自适应防碰撞设备的车型，对政府而言，一方面可以加大对自动驾驶技术的宣传，另一方面政府可以获益于更少的汽车追尾事故带来的附加经济和社会效益，对汽车生产商而言，他们的产品在相同的价格下会因为具备更多的功能而更有市场竞争力。

（四）加强公众对自动驾驶汽车的认识

目前，我国对发展自动驾驶汽车的重大意义认识严重不足。很多企业仍把汽车智能化简单理解成智能交通信息或者主动安全技术的范畴，没有认识到自动驾驶汽车是一项具有颠覆性意义的技术，更难以想象其潜在的产业经济价值在 2025 年可能高达 1.9 万亿美元。目睹谷歌等 IT 企业高调进军自动驾驶汽车产业，很多人想当然地认为，这是IT企业为了抢占汽车这一移动智能终端的操作系统而进行的吸引世人眼球的作秀。还有很多人认为完全自动驾驶汽车还很遥远，殊不知世界汽车巨头们已经在进行高度自动驾驶技术的量产准备了，自动驾驶汽车也许在2020年就会上路了①。

由于我国公众缺乏对自动驾驶汽车的认识，就更不要谈及公众对自动驾驶汽车的可信度了。但是如果公众不能够逐渐认识自动驾驶汽车的优越性，自动驾驶汽车就可能缺乏市场，没有市场就会极大地打击我国汽车生产厂商对于自动驾驶技术研发的积极性。所以，我国在未来，有必要制定长期的自动驾驶汽车发展战略，加大对自动驾驶技术的宣传，让人们更多地了解自动驾驶汽车的工作原理，对自动驾驶汽车产生信赖感，逐步构建一个有协调机制和完整产业链的自动驾驶汽车市场。

自动驾驶汽车的出现和科技革命的发生是不可阻挡的，历史的经验告诉我们，每次一科技革命都在创造就业机会，也在破坏就业机会。几百年以前，全世界大部分的劳动力都集中在农业生产，随着机器的出现和生产力的提高，只需要很少的人就可以养活全世界人民，许多农民失去了工作，但机器的出现给他们提供了新的机会。亨利·福特创建了汽车行业，比尔·盖茨和乔布斯等人创造了计算机行业，大量我们以前不曾想到的新职业随之出现。于是人们从一个领域转移动另一个领域。我们希望看到这一切的再次发生。但是数据显示，在短期内，新工作的产生速度不如以前那么快了。新的科技革命对也对工作人员的知识和技能水平要求越来越高，谁也没有办法保证我们能够适应未来的工作。但是，这也未必是一件坏事，因为经济进步和技术进步的最终目的不就是为了用更少的工作创造更多的财富吗？如果有一天3D打印机可以让我们随心所欲地创造出我们想要的东西，那并不一定是件坏事——只要我们的经济体制能够适应它，只要我们找到一个办法可以让人们共享利益。人们依

① 孔凡忠，李克强．智能汽车带给我国车企的机遇与挑战[N]．中国汽车报，2014-4-14.

然可以继续去发现人生的意义和价值。[①]

接下来的几年或者十几年我们可能面临着技术突破的难关，但在未来的有一天，我们可能会面临这样一个问题：如何创造一个更加灵活的经济系统，确保它的适应性和变化速度追得上技术系统的变化速度。

① 麦肯锡公司.颠覆性技术与商业趋势. McKinsey Quarterly [J]. 2013(3): 28—31.

第10章

知识型工作自动化发展情况及对产业结构的影响

本章概要

知识型工作自动化包括人工智能、机器学习、自然用户界面(例如：声音识别)等技术。人类在21世纪已步入由机器来承担知识型工作的时代。现在，数据分析、低成本计算能力、机器学习和能够“理解”人类的界面发展正在将自动化技术迅速推送给到全球超过两亿的知识工作者。

人类很早以前就有用机器来模拟人的智能的愿望，但直到电子计算机的发明以后，人工智能的技术才得以突破。人工智能发展至今涉及多个研究领域，研究方向包括符号计算、语言识别、模式识别和计算机视觉、机器翻译与机器学习、智能信息检索、问题求解与专家系统、逻辑推理与逻辑证明、自然语言处理等，逐渐成为更为广泛的智能科学学科。

知识型工作的自动化位列麦肯锡提出的12项颠覆性技术的第二位，在移动互联网之后，物联网和云计算之前，到2025年可达到5.2—6.7万亿美元的经济规模。知识型工作自动化对于办公与客服销售、教育、医疗、科学工程、金融、法律等领域将产生深远影响。例如，办公自动化、教育行业的智能学习、医疗保健的诊断与药物发现、金融领域的投资与会计、法律领域的合同/专利查询发现等等。

知识型工作自动化的发展将会给人们的工作、生活和教育等带来长远深刻的影响。人工智能不仅在改变人的工作的属性，也在改变着人类的日常惯例。随着人类对习惯和能力培养认识的不断提高，随着技术的不断完善，人类将走进习惯与能力培养的新时代。此外，人工智能技术的发展将促进多种科学与网络技术的深度融合，带动多种信息科学领域的发展。从技术发展脉络看，人工智能很多技术处于创新的前沿，未来将影响信息产业的发展方向。

目前，知识型工作自动化在技术层面和领导管理层面尚有瓶颈。为了推动其发展，政府需要：①推动人工智能技术研发创新；②引导和推动人工智能相关产业领域的应用。

一、概念及核心要素

知识型工作自动化是指一系列可以由机器来承担知识型工作，使体力劳动和交易任务逐步广泛实现自动化的技术。数据分析、低成本计算能力、机器学习和能够"理解"人类的界面发展正在将自动化技术迅速推送给到全球超过两亿的知识工作者。

知识型工作自动化即将全面改变知识型工作的组织和执行形式。随着技术的创新使机器能够承担越来越多的知识型工作，许多工作类型将有可能实现完全自动化。我们预计，到2025年知识型工作自动化可达到5.2—6.7万亿美元的经济规模，位列麦肯锡提出的12项颠覆性技术第二。知识型工作自动化有三大核心要素：人工智能、机器学习和自然用户界面。

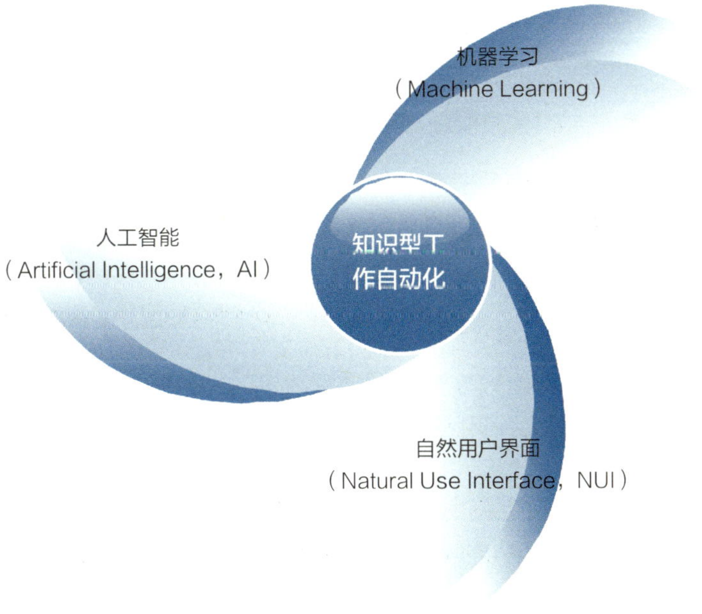

图10-1　知识型工作自动化的核心要素

资料来源：麦肯锡全球研究院

核心技术：人工智能

含义：用人工的方法和技术，模仿、延伸或扩展人的智能，实现机器智能。方法和技术：专家系统、机器学习、模式识别、自然语言理解、自动定理证明、自动程序设计、机器人学、博弈、智能决策支持系统、人工神经网络和分布式人工智能等。涉及学科：计算机科学、心理学、生理学、哲学和语言学等多个领域

核心研究领域：机器学习

含义：设计和分析一些让计算机可以“自动”学习的算法。作用：使计算机能够模仿人的学习行为，自动通过学习来获取知识和技巧。方法和技术：机械学习、示教学习、类比学习、示例学习、解释学习、归纳学习和基于神经网络的学习，近年来，知识发现和数据挖掘是发展最快的机器学习技术。涉及学科：心理学、生物学、神经生理学、逻辑学等

核心模式：自然用户界面

含义：基于传统的人类本能的交互模式，如触觉、视觉、声音、运动等，以及较高的认知功能，如表达、理解和记忆等。是相对命令性界面（Command Line Interface，CLI）和图形用户界面（GUI）而言的一种更自然直观的界面形式。作用：自然用户界面使人机交互变得更加自然直观，推动了知识型工作自动化的实现

图 10-2　知识型工作自动化三大核心要素的概念

资料来源：麦肯锡全球研究院

作为知识型工作自动化核心技术的人工智能技术，其研究内容、途径及领域如图 10-3 所示，其主要应用领域如表 10-1 所示。

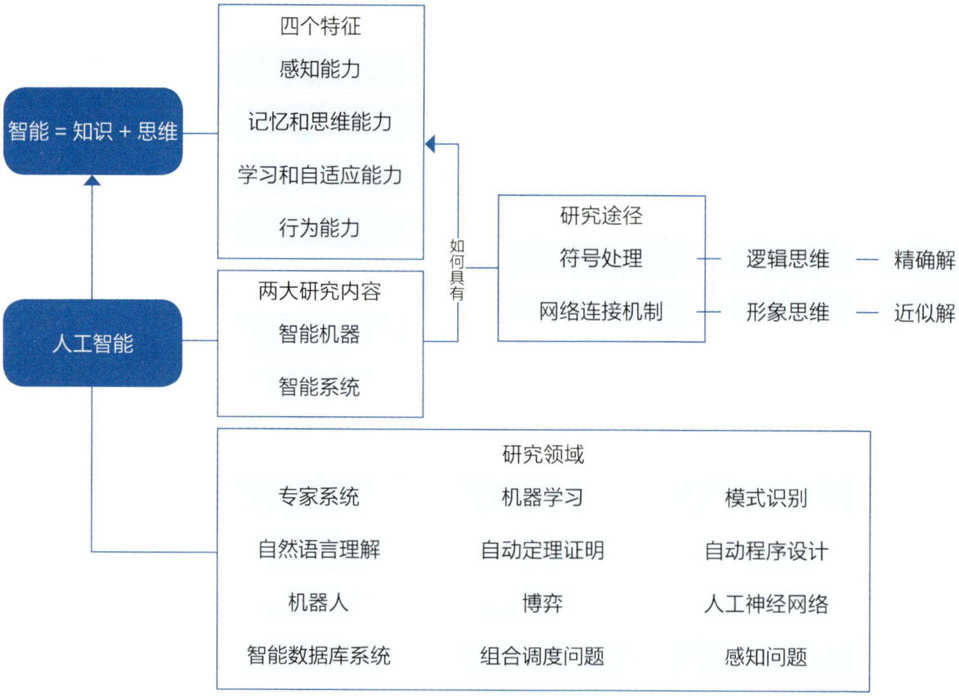

图 10-3　人工智能研究内容、途径及领域

图片来源：尹朝庆：《人工智能方法与应用》

表 10-1 人工智能的主要应用领域

问题求解	人工智能程序能知道如何思考他们解决的问题
逻辑推理与定理证明	逻辑推理是人工智能研究中最持久的领域之一。定理寻找一个证明或反证需要有根据假设进行演绎的能力，在人工智能方法的定理证明研究奠定了非形式工作自动化的理论基础
智能信息检索技术	信息获取和净精华技术已成为当代计算机科学与技术研究中迫切需要研究的课题，将人工智能技术应用于这一领域是人工智能走向广泛实际应用的契机与突破口
专家系统	专家系统是一种具有特定领域内大量知识与经验的程序系统，是目前人工智能中最活跃、最有成效的研究领域
自然语言处理	自然语言的处理是人工智能技术应用与实际领域的典范。计算机系统以主题和对话情景为基础生成和理解自然语言

二、国际国内发展现状

（一）国际技术发展历程和现状

人类很早以前就有用机器来模拟人的智能的愿望，但直到电子计算机的发明以后，人工智能的技术才得以突破。近年来，由于计算机硬件性能的突破，以云计算为代表的计算技术的快速发展，信息处理速度与质量大为提高，能够快速、并行处理海量数据，计算机人工智能技术不断发展。

随着计算机与网络的飞速发展，机器学习迅速地在计算机科学等领域普及。例如，互联网搜索、在线广告、机器翻译、手写识别、垃圾邮件过滤等都是以机器学习为核心技术的。先进的机器学习技术使计算机通过强大的处理能力来识别人类的行为模式，并可以由算法推导出相应的结果。NUI 的应用使得没有任何技术背景的人，也可以在智能技术的帮助下，完成非常复杂的工作。例如，苹果 iPhone 的 Siri 技术和谷歌的 Now 技术，可以通过使用者的信息

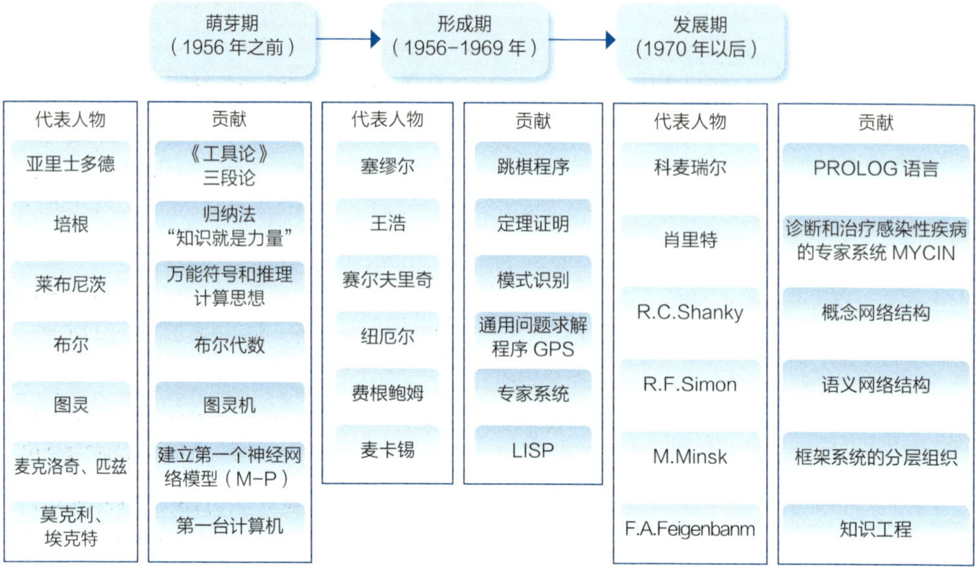

图 10-4　人工智能三个发展阶段

需求收集、判断使用者的目的。这项技术的成熟将意味着智能技术会越来越多地主宰办公室中具有重复性特点的工作。

机器学习将驱动新一轮创新，例如目前的数据挖掘、计算机视觉、自然语言处理、生物特征识别、医学诊断、检测信用卡欺诈、证券市场分析、DNA 序列测序、语音和手写识别、战略游戏等都体现了机器学习的广泛应用。

表 10-2　用户界面的更新历程

用户界面	导航	维度
CLI	键盘	一维，文本串
GUI	鼠标	二维，平面屏
MUI	触感屏幕	二维，滑动手势
NUI	如 Kinect 类	三维，3D 显示器

谷歌眼镜是由谷歌公司于 2012 年 4 月发布的一款眼镜，具有通过声音控制拍照、视频通话、辨明方向、上网冲浪、处理文字信息和电子邮件等功能。

（二）国内技术发展历程和现状

中国在知识型工作自动化方面也有一定的成就。数学家吴文俊的“吴特征列方法”在国际机器证明领域产生巨大的影响，“初等几何和微分几何的定理机械化证明”有广泛重要的应用价值，已被广泛应用于国际上当前流行的符号计算软件方面，82 岁的吴文俊因此获得首届国家最高科学技术奖。2006 年，名为“浪潮天梭”的主机击败了柳大华、卜凤波、徐天红、张强、汪洋五位中国象棋大师组成的大师联盟。博创公司智能家教乐辅通，实现了家教产业的技术升级，使方便、快捷，高效的辅导成为可能，是中国知识型工作自动化的典型代表，将成为全球第一个面向大众市场的知识型工作自动化产业。智能家教技术将推动形成全球第一个面向大众市场的知识型工作自动化产业，标志着我国知识型工作自动化走在了国际领先行列。

（三）知识型工作自动化的市场分析

按估算，到 2025 年，知识型工作的自动化将为全球制造 5.2 万亿至 6.7 万亿美元的经济产值，不计自动化所带来的效率间接提高，相当于额外 1.1 亿至 1.4 亿个全职雇员的产出。

表 10-3　知识型工作自动化 2025 年产值预估

知识型职业领域		2025 年知识型员工职业潜在经济影响（万亿美元）	预估范围
常见业务功能	文书或办事员	1.1—1.3	4.4 万亿知识型员工成本；1.25 亿知识型员工
	客户服务及销售	0.6—0.9	
社会服务部门	教育	0.8—1.0	2.8 万亿知识型员工成本；5500 万知识型员工
	医疗	0.3—0.4	
技术人员	科学和工程	0.6—0.7	2.2 万亿知识型员工成本；3500 万知识型员工

（续）

知识型职业领域		2025 年知识型员工职业潜在经济影响（万亿美元）	预估范围
	信息科技	0.4—0.5	
	管理	0.8—1.1	2.9 万亿知识型员工成本；5000 万知识型员工
专业服务业	财政金融	0.4—0.5	1.5 万亿知识型员工成本；2500 万知识型员工
	法律	0.2—0.3	
潜在的总社会产值		5.2—6.7	

三、对产业的影响

知识型工作自动化对多项领域有着重要的影响。例如，教育行业的智能学习、医疗保健的诊断与药物发现、金融领域的投资与会计、法律领域的合同 / 专利查询发现等。随着市场需求的细分，知识型工作自动化也会形成多个产业群（见图 10-5）。

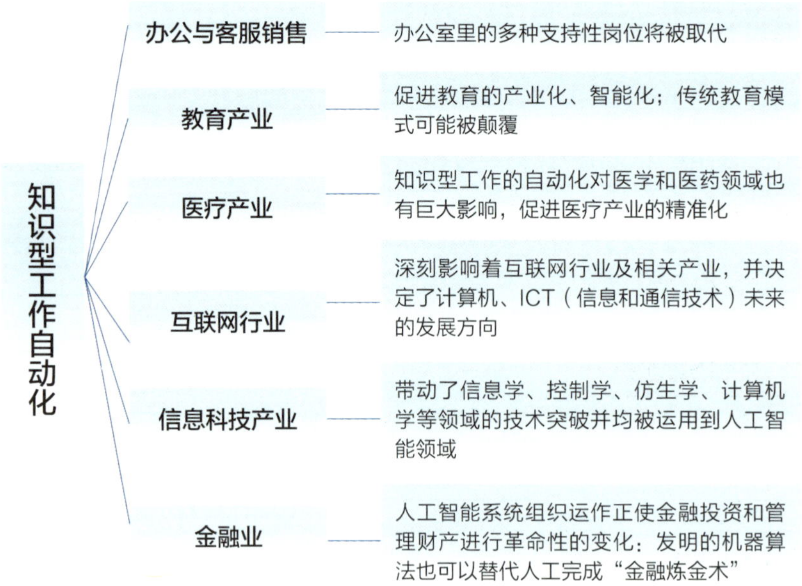

图 10-5　知识型工作自动化对产业的影响

（一）办公与客服销售领域

人工智能可使得各种事务性工作得到自动化，包括个人日程管理、邮件处理、人事管理、资源管理，因为机器学习和自然语言系统的科技进步让获取大量数据变得更加容易，很多分析师和研究员的工作将被取代。随着计算机科学的发展，以网络为中心，以数据、信息所提炼和组织的知识为主要处理内容的办公自动化系统（Office Automation）可更充分地利用资源，提高生产、工作率和质量，辅助决策，取得更好的经济效益。智能数字助手在提高各种办公效率的同时，已经取代办公室里的多种支持性岗位，从而大量减少员工人数。 美国芝加哥训练的计算机不仅能编写新闻报道，其自动撰写系统可以修改语法和语言，使人们根本无法辨别出这是一台计算机撰写出来的文章。这台叫 Quill 的机器每天能够撰写出多达 40 篇报道，取代了写手们的工作，并提高了办公的效率。

将语言识别软件应用在呼叫中心的回答机器中，可在减少接线员人数的同时，更有效地满足客户要求。使用自然语言加工系统，机器可自动上线，使在线和电话顾客服务减少操作。美国的 SmartAction 公司在其电话呼叫中心开发的自动回复软件中采用了机器学习和自然语言识别技术。对呼叫者的需求了解得越多，这套软件就越能够成功处理呼叫者提出的要求，而避免让呼叫中心的接线员介入。网络推广公司日常工作中需要大量的运算、实时监控客户委托的宣传推广活动，从而得知哪些网站的传播具有最大化效应，哪个时间段对哪类人群最具效果。市场营销公司 ROCKET FUEL 已经将这类数据处理工作委托算法和智能工具来完成，并取得了有效的数据处理效果。

（二）教育领域

人工智能技术和计算机技术、综合自然语言理解、图形识别与分析、语音识别使教育领域迎来新的变革，宣告着“智能家教”

新时代的来临。教学专家系统的任务是根据学生的特点（如知识水平、性格等），以最合适的教案和教学方法对学生进行教学和辅导。

专家系统在教育中的应用已经非常广泛与活跃。人工智能技术等在教育领域的应用具有诊断和调试等功能，同时具有良好的人机界面。例如，在计划系统中输入有关的课堂目标和学科内容，系统可制定出一个课堂大纲，写出一份教案，甚至有可能开发一堂样板课。一个诊断系统可能以一堂 CBI（基于计算机的教学，computer-based instruction）课为例，输入学生课堂表现资料，分析为什么课堂的某一部分效果不佳。已经开发和应用的教学专家系统有美国麻省理工学院的 MACSYMA 符号积分与定理证明系统，我国一些大学开发的计算机程序设计语言、物理智能计算机辅助教学系统以及聋哑人语言训练专家系统等。梅里尔（Merrill）的教学设计专家系统（ID Expert）成为支持教学系统开发（ISD）程序领域中最有名的专家计划系统。

目前，专家系统的开发和应用更多的集中于远程教育，为现代远程教育的智能化提供了有力的技术支撑。基于专家系统构造的智能化远程教育系统具备某学科或领域的专门知识，能生成自己的提问和应答，同时能够分析学生的特征，评价和记录学生的学习情况，诊断学生学习过程中的错误并进行补救教学。另外，还可以选择不同的教学方法实现以学生为主体的个别化教学。目前应用于远程教育的专家系统有智能决策专家系统、智能答疑专家系统、网络教学资源专家系统、智能导学系统和智能网络组卷系统等。

乐辅通辅导王是智能家教实现自动化的一个例子。乐辅通辅导王是根据家教活动规律而构造出的具有一定智能的自动家教系统，通过让计算机模拟人类家教的工作，模拟人类解题思维（符合习惯），自动解答学生的问的“活题”，给出符合人类辅导习惯的专业级辅导信息。学生在学习的时候一旦出现问题，及时抛给乐辅通辅导王，可以迅速得到解答，不受任何时间地点的限制。自动家教系统的逐步提示功能可引导学生解决问题、锻炼独立思考能力，解后反思等功能则能锻炼学生的抽象思维能力。

智能家教在帮助学生解决学习问题的同时，注重引导学生培养学习良好的习惯，改善学习方法，引导学生提升自主学习能力，实现了个性化的教育与辅导。智能家教实现了家教产业的技术升级，使方便、快捷、高效的辅导成为可能，随着人类对习惯和能力培养认识的不断提高，随着技术的不断完善，智能家教的普及不仅能推动教育进步也将推动教育公平。

（三）医院和医药

知识型工作的自动化对医学和医药领域也有巨大影响。机器学习可学习所积累的病例资料，从海量数据中获得经验。人工智能技术可系统组织病床计划，提供医学信息；人工神经网络用来做临床诊断决策支持系统；计算机帮助扫描数据图像，解析医学图像，从计算 X 光断层图发现疾病。

计算机能够像医生一样，根据心电图的波形确认某种类型的心脏病。新开发的一个称为带约束的非刚性翻译变换的函数，可以分析两个心电图波形的相似度，并据体重和血压可以预测一个人的心脏病风险。计算机采集患者年龄、血压和检测数据，在数据库里面建立一个模型。累计越多的病例数据，计算机预测风险的可信度也就更高。比如，计算机可对一个 50—55 岁的人的每一个变量的变化建立模型，预测该患者最可能的前景。五年前，计算机可能要花半小时来建立这些模型，现在只要一分钟便能完成门诊的实时诊断。由此，知识型工作的自动化还减少了年青的医生要求专家会诊的机会。

芝加哥大学一位教授说，用 X- 射线断层扫描可能有 12%—30% 的肺癌患者漏诊。20 世纪 80 年代以后，计算机科学家基于特征的机器学习，抽出图像的形态学特征，纹理差异，去识别反常的纹路。现代计算机功运用机器学习系统已达到 97% 的精确度。IBM 阿尔马登研究中心把机器学习用于各种不同的数据，比如生命特征数据、超声波心动图数据、人口统计学数据，来绘制患者若干年的医疗史图像，比较成百上千人的病史，寻找类似病例，以选择诊断和治疗方案。IBM公司的计算机通过阅读超过60万部医疗证据报告、150 万个病例和 200 多万页的临床试验报告和医学专业文章，完成了相关“培训”。它已成为纽约 Memorial Sloan-Kettering 癌症中心医生们进行决策支持的主要应用。

机器学习用于医疗的系统如经过管理部门的批准，将有机会投入广泛使用，造福人类健康。鉴于电子病历的推广，以及新一代基因测序技术所带来的大量基因数据，机器学习对医疗的作用将继续扩大。

（四）科学工程领域

人工智能技术的研究和发展深刻影响着互联网行业及相关产业，并决定了计算机、ICT（信息和通信技术）未来的发展方向。当前，以智能算法、深度学习、云计算为代表的大规模网络应用已经成为 ICT 产业的重要发展方向。各大互联网公司在深度学习领域在不断做积极探索，深度学习是机器学习研究中的一个重点关注领域，其研究侧重于建立、模拟人脑进行分析学习的神经网络。在创新方面，深度学习带来了机器学习的新浪潮，推动“大数据 + 深度模型 + 数据发现挖掘”时代的来临。谷歌、百度在硅谷的研发实验室正在对深度学习、算法升级，机器学习模仿人脑的智能活动，机器像人脑识别图像、理解自然语言，以及解析网络内容之间关系做深度探索。百度语音和图像等相关网络产品应用的快速崛起也正是受益于对机器学习等领域的技术突破。

在融合发展层面，人工智能技术的发展促进多种科学与网络技术的深度融合。人工智能技术在美国，欧洲和日本迅速发展的同时，带动了多种信息科学领域的发展，信息学、控制学、仿生学、计算机学等领域的技术突破均被运用到人工智能的应用。从技术发展脉络发展上，人工智能很多技术处于创新的前沿，未来将影响信息产业的发展方向。

（五）金融领域

新发明的机器算法也可以替代人工完成金融炼金术，人工智能系统组织运作正在使金融投资和管理财产进行革命性的变化。人工神经网络系统已被金融机构运用，银行使用协助顾客服务系统帮助核对账目，发行信用卡和恢复密码等。

2001 年 8 月在模拟金融贸易竞赛中机器人战胜了人。前谷歌工程师丹尼尔纳达勒（DANIEL NADLER）发明的智能计算机沃伦（WARREN）不仅可以从市场终端中自动提取数字、处理信息，也可以提供背景介绍，回答问题甚至做出投资推荐。芝加哥名为“故事科学”的创新公司也发明了一种新的算法，可以通过消化金融数据撰写深度的财经报告。公司创始人兰威尔特（LEN WELTER）将这项技术卖给了金融信息公司 MARKIT，使这家公司能够利用算法自动从终端中搜寻数据、自动撰写信息，并以新闻热线的形式，第一时间发到用户手中。人工智能系统组织代替了以往的财经信息纪录者和分析员，提高了金融产业运作的自动化。

（六）法律领域

人工智能系统同时也推动了法律领域工作的自动化。硅谷一家专业分析预审法律文件的公司，Clearwell Systems，最近通过计算机扫描了超过 50 万个文件，并找出其中与马上进行的审判相关的 0.5% 的文件。由此，以前一个大型律师团队几周的工作量，现在由计算机仅需要三天即可完成。机器在形成报告的基本内容、通过扫描文件及数据自动生成营销和财务材料方面也非常有效。

四、中国的差距和机遇

知识型工作自动化发展的瓶颈主要在于：

（一）技术层面上的瓶颈

一是研究方法不足。人工智能发展到今天，已经取得了长足进步，但人类对人脑结构和工作模式的认识还不全面、不深入，这也就决定了现阶段神经网络模型无法真正实现对人脑的模拟；硅基元素组成的电子器件与碳基元素组成的神经元组织在物理及化学属性上有很大的不同，适合于人脑的工作模式，但并不适应神经网络计算机。

二是机器翻译存在困难。目前机器翻译所面临的主要问题是构成句子的单词和歧义性问题。歧义性问题一直是自然语言理解中的一大难关，要消除歧义性就要对原文的每一个句子及其上下文进行分析理解，寻找导致歧义的词和词组在上下文中的准确意义。即使计算机对原文有了一定的理解，理解的意义如何有效地在计算机里表示出来也存在问题。目前，大多数研究局限在语言这一单独的领域，而没有对人们是如何理解语言这个问题做深入有效的探讨。

三是模式识别存在困惑。虽然使用计算机进行模式识别的研究与开发已取得大量成果，有的已成为产品投入实际应用，但是它的理论和方法与人的感官识别机制是全然不同的。人的识别手段、形象思维能力，还是最先进的。

（二）领导管理层面的瓶颈

领导层面可能过于保守，抵制新技术映射下的管理革命，无法突破人力负荷与效率的瓶颈。而另一方面，过于积极的自动化发展也可能会适得其反。有调查表示，35% 的用高新技术替代员工的企业由于高新技术的效果不佳，又重新雇用工人。

中国在发展知识型工作自动化方面的差距和机遇主要体现在图 10-6。

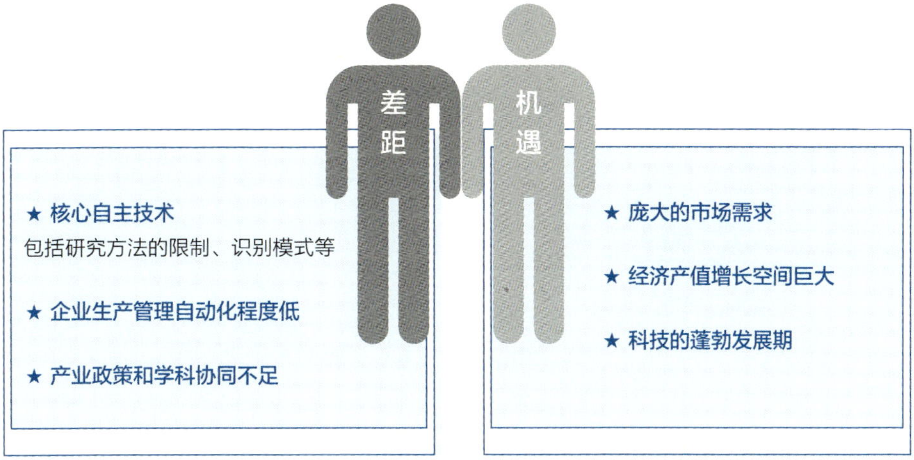

图 10-6 中国的差距和机遇

五、应对策略

我国可以从以下方面着手应对知识型工作自动化技术的发展：

（一）推动人工智能技术研发创新

在人工智能技术发展过程中，我国总体上应该贯彻落实创新驱动发展战略，在立足自主创新的同时，放眼国内国际两个大局技术发展情况。加强对人工智能和人脑科学工业领域应用的深入调研分析，掌握工业机器人、新型计算产品、人工神经网络等的发展和应用现状，坚持应用牵引，整合产学研现有资源，形成一批人工智能关联技术的实验室和技术中心，推动人工智能关联技术在网络、通信等行业快速发展的应用示范。

我国可以建立针对相关科研成果的产业追踪机制，针对国际国内相关企业和科研机构正在进行的相关科研活动进行动态追踪，对其科研成果在各行各业的信息化应用进行预研预判，为制订信息化发展相关政策规划提供线索和根据。同时，加大对人工智能关联技术的资金支持力度，引导人工智能关联技术向通用技术领域的演进和转化。

（二）引导和推动人工智能相关产业领域的应用

加强跟踪高新技术产业技术的发展态势调整产业结构，统筹全局发展，切实推进由技术革新到推进经济发展方式的转变，实现工业经济转型升级，同步大力支持我国人工智能相关研究和产业化工作。

鼓励招聘经理和人力资源人士及时掌握技术更新以及合理地运用人类工人和自动化机器的替代者。未来人工智能技术将进一步推动关联技术和新兴科技、新兴产业的深度融合，推动新一轮的信息技术革命，其人工智能技术将成为我国经济结构转型升级的新支点。①

① 宋恺．大数据、云计算后谁将引领信息技术发展方向？人工智能将成 ICT 技术革命发源地 [N/OL].(2014-04-14)[2014-05-12]http://www.cnii.com.cn/thingsnet/2014-04/14/content_1342645.htm.

第11章

非常规油气资源勘探开采技术发展情况及对产业结构的影响

本章概要

非常规油气资源主要包括：致密油、气（如致密砂岩油气、致密火山岩油气、致密碳酸盐岩油气）；煤层气；页岩油、气；超重（稠）油；油砂；天然气水合物；生物气等。

然而，由于埋藏、储存状态与常规油气资源的差别较大，非常规油气的开发难度大、费用高，使用传统钻井技术开采难度大。经过40年的不断积极发展，以水平钻井和水力压裂技术为代表的先进技术突破了常规开采技术中的传统地质理念，推动了非常规油气资源的勘探开采。包括页岩气等在内的非常规天然气资源储量高，具有低碳、洁净、绿色、低污染的特性。

页岩气成为全球非常规天然气中发展的热点方向，而致密油则成为全球非常规油气中发展的新亮点。中国的非常规油气资源非常丰富，但是与美国相比，中国非常规天然油气开发仍然处于比较初级的状态，主要是体现在技术落后、经济性差。虽然我国已初步掌握了页岩气直井压裂技术，但水平井技术尤其是分段压裂等关键技术尚未得到突破。技术问题是我国页岩气发展面临的主要限制，我国目前主要在系统成套技术和一些单项配套技术设备方面存在差距。

油气田勘探开采技术的突破使天然油气产业飞速增长，并推动了天然油气产业链，促进了包括天然油气生产、天然油气发电、天然油气分布式能源、天然油气汽车产业化，以及天然油气储运行业的发展。随着世界经济对能源需求的持续增长，全球常规油气向非常规油气快速转化成为必然。先进的油气田勘探开采技术的发展在即将带来950—4600亿美元产值的同时，将对全球社会经济有积极影响。技术的不断发展对带动经济发展、改善能源结构和保障能源安全、缓解全球变暖具有重要的意义。我国非常规油气的前景还将取决于开采区的储层特征、技术转移和创新以及商业因素。

由于非常规天然油气在开采过程中涉及多方面的环境问题，我国在积极推动开采勘探技术发展的同时应设定监管框架和行业标准，并采取环境监管、水质监管等应对政策。

一、概念及核心要素

（一）非常规油气资源

非常规油气资源是指储层、流体特征及其成藏机理与一般常规油气系统不同，并且采用常规的勘探和开发方法很难予以发现或有效地加以开采的一类油气系统。主要类型如图 11-1 所示。

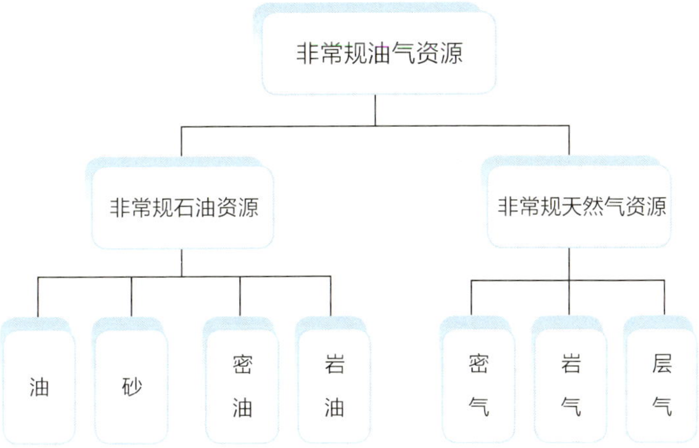

图 11-1　非常规油气资源的分类

资料来源：麦肯锡全球研究院

随着勘探开采技术的进步，油砂、重油、致密气、煤层气等成为全球非常规油气发展的重点领域。其中，页岩气又因已勘探储量约占非常规天然气资源量的 50%，成为全球非常规天然气中发展的热点方向。在非常规石油资源中，致密油则成了新亮点。

（二）勘探开采技术

从油气资源分布的三角图不难看出：位于三角图顶部的高品质油气由于品质优良、开采成本和技术难度较低，是目前各国主要的油气开采品类，也因此被称为常规油气。但由于其占总油气资源的比例较低，经过多年的开采，面临储量下降、难以持续等问题。而非常规油气虽然品质较差，但储备量大，是长期可利用的替代能源。又由于其埋藏、储存状态与常规油气资源的差别较大，使用传统钻井技术进行勘探开采难度很大、费用极高，因此必须采用新的先进技术。

经过 40 年的不断积极发展，以水平钻井和水力压裂技术为代表的先进技术突破了常规开采技术中的传统地质理念，推动了非常规油气资源的勘探开采。新技术的运用，使得全球油气工业发展由陆地向超深水、由中浅层向超深层、由常规向非常规超致密油气延伸。目前，非常规油气勘探开采获得的突破主要源自“三大科技创新”。

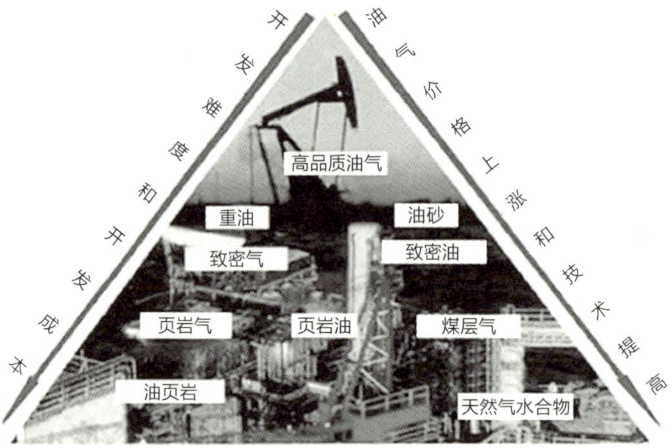

图 11-2　油气资源分布

图片来源：能源情报

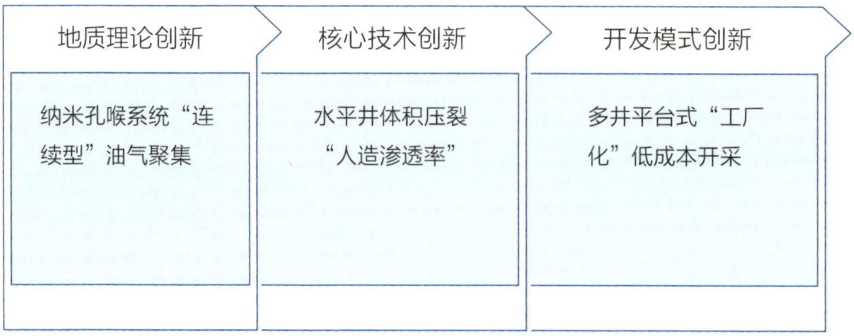

图 11-3　三大科技创新

二、国际国内发展现状

（一）以北美为代表的国际发展现状

目前，美洲为发展煤层气、致密油气、页岩油气等非常规油气的代表。其中又以美国的先进勘探开采技术独步全球。

美国通过长期的技术攻关和大量的勘探开发工作，首先突破了传统资源禁区和成藏理论，先后成功开发了致密油气、煤层气、页岩油气。目前页岩气开采技术，主要包括水平井技术和多层压裂技术、清水压裂技术、重复压裂技术及最新的同步压裂技术，这些技术正不断提高着页岩气井的产量，促进了美国页岩气开发的快速发展。

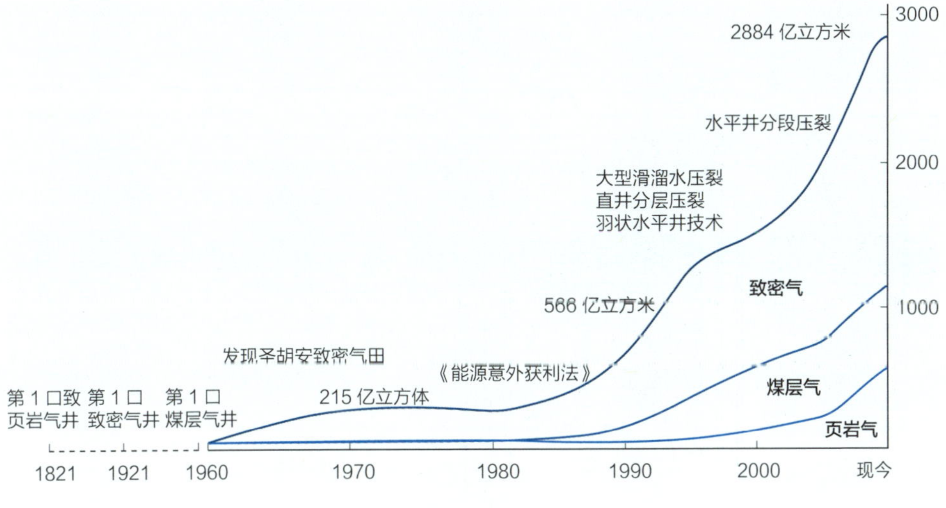

图 11-4　美国非常规天然气发展历程

北美的加拿大是目前世界上唯一实现油砂商业化开采的国家，并且是继美国之后世界上第二个对页岩气进行勘探与商业开发的国家。究其原因，接壤美国的地缘优势使成熟技术可以快速转移到加拿大。

在北美地区之外，欧洲、亚洲等地区已有大约 30 个国家开展了页岩气的勘探开发工作。各国正在通过借鉴美国的经验，获得技术突破，勘探开采在在大幅降低开采成本的同时，进入发展轨道。然而，北美以外的地区页岩气于初级阶段，短期内难以取得大的突破。

（二）国内发展现状

中国的非常规油气资源储备丰富，特别是非常规天然气的储量相当丰富：致密砂岩气、煤层气、页岩气可采资源量约 34 万亿立方米，是常规天然气技术可采资源量的 2 倍。其中，页岩气可能是中国储量最丰富的非常规天然气资源，将成为全球重要的页岩气产业示范区。据规划，全国页岩气年产量 2015 年、2020 年的目标分别为 65 亿、800 亿立方米。但从开发能力上看，与美国相比中国的几种主要的非常规油气资源的勘探开发技术总体仍处于起步阶段（见图 11-5）。主要是体现在勘探开采技术落后、油气的经济效益差。

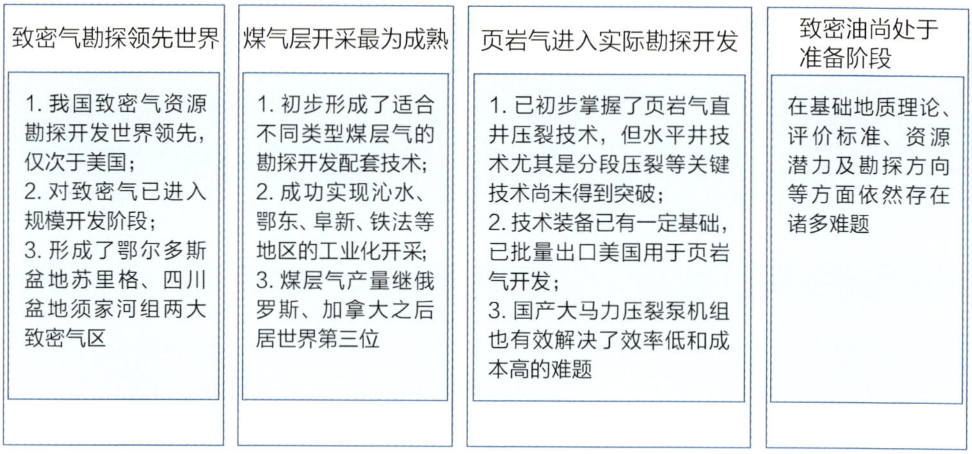

图 11-5　中国主要非常规油气资源的发展现状

资料来源：麦肯锡全球研究院

其中，煤层气开发利用增长迅速（见图 11-6）。据规划，2015 年产量将达到 300 亿立方米。

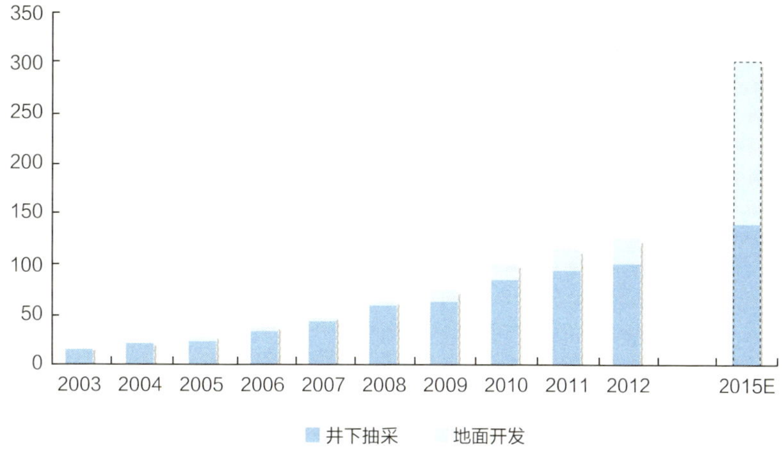

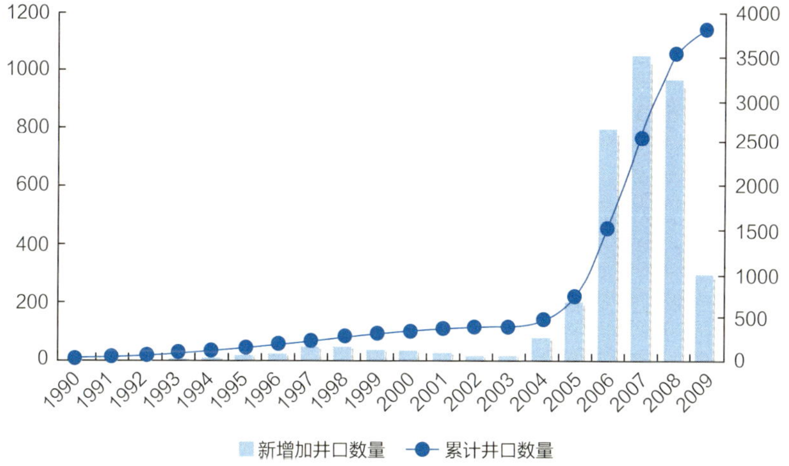

图 11-6 中国煤层气产量变化（亿立方米）及煤层气井口数快速增加（口）

资料来源：根据公开资料整理

三、对产业的影响

油气田勘探开采技术的突破使天然油气产业飞速增长，并推动了天然油气产业链，促进了包括天然油气生产、天然油气发电、天然油气分布式能源、天然油气汽车产业化，以及天然油气储运行业的发展。

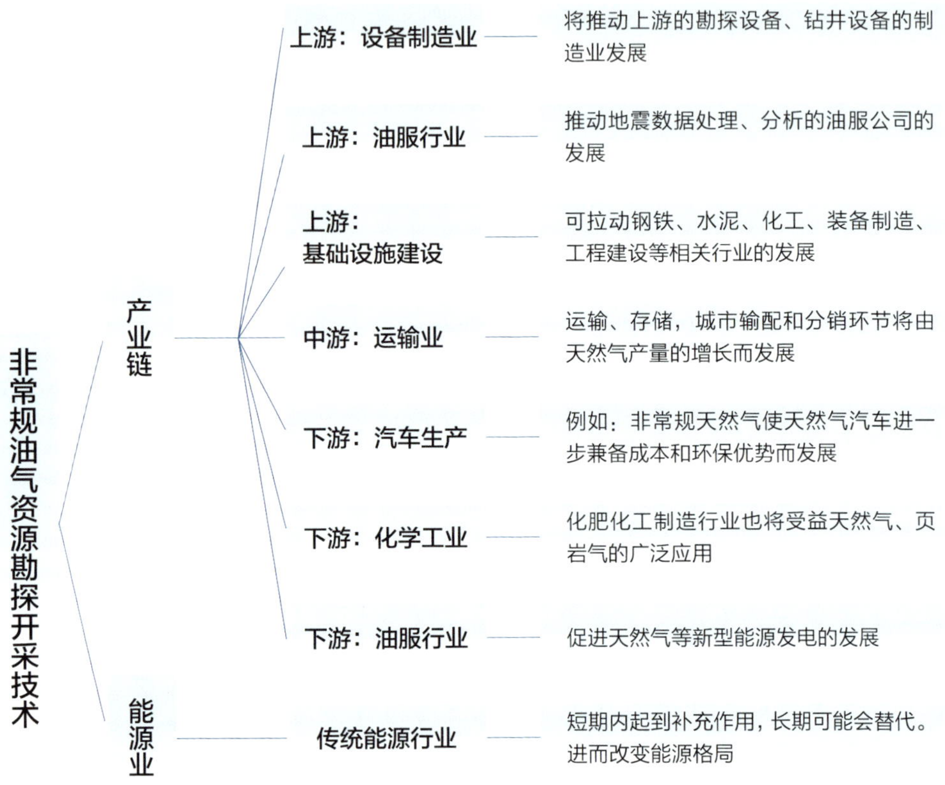

图 11-7　非常规油气资源勘探开采技术对产业的影响

（一）全球天然油气产业飞速增长、产业化兴起

在新技术的推动下，非常规油气产量快速上升，成为全球未来油气产业发展的重点。美国运用先进的技术，页岩气产量飞速增长，2009 年替代俄罗斯成为世界第一天然气生产国，产量达到 6240 亿立方米，成为全球第一大产气国。到 2010 年，美国页岩气产量上升至 1378 亿立方米，占比达到了 23%。2011 年，美国页岩气产量达 1700 亿立方米，致密油产量达 3000 万吨。根据美国能源信息署（EIA）最新发布的统计数据，2013 年第四季度美国致密油产量达到 322 万桶 / 日，使得美国原油总产量增加到 784 万桶 / 日，占全球总产量的比例从 2012 年第四季度的 9% 增加到 10% 以上。加拿大对致密油生产起步较晚，但自 2005 年以来，

致密油的勘探开采受高油价以及水平井和水力压裂技术成功进行商业化应用推动。2011 年，加拿大的致密油产量约为 14 万桶/日，预计到 2020 年有望增至 45 万桶/日。在油砂方面，加拿大拥有世界上约 85% 的油砂资源，成了世界唯一实现了大规模开采的国家。目前，加拿大油砂产油量达到每天 150 万桶。2012 年中国非常规天然气产量共 445.5 亿 m^3，占中国天然气总产量的 41.75%。国内石油致密气的开发主要集中在长庆油田，年产达 100 亿立方米。煤层气开发利用处于起步阶段，并迅速增长，据规划，2015 年产量将达到 300 亿立方米。

（二）天然气产业链

油气勘探开采技术推动非常规天然气产业的大发展，将带来产业链上中下游的共同成长。

1. 上游产业

先进的技术将推动上游的勘探设备、钻井设备及相关技术油服产业的发展。由于非常规天然气与常规天然气地质条件不同，适用的勘探开采技术有所不同，而勘探投入的加大将推动地震数据处理、分析的油服公司的发展。例如，恒泰艾普是我国最大的第三方油气勘探软件和技术服务商，具有完备的产品结构、突出的技术特色、高成长的能力，其业务范围遍及全球。公司建立了覆盖油气勘探开发技术服务全流程的技术体系，特别是在复杂气藏的勘探开发方面拥有多项特色技术。潜能恒信是国内领先的油气勘探开发服务商，为油气公司提供地震数据处理和分析服务。公司拥有三大核心技术，其中自主研发出的 WEFOX 双向聚焦三维叠前偏移成像技术处于国际领先地位。凭借着先进的技术和丰富的经验，公司为客户建议井位的探井成功率超过 80%，远高于行业平均水平，平均每年为国家找到上亿桶的石油储量。近三年来，公司营业收入稳步增长，年复合增速达到 24.1%，而净利润复合增速更高，达到了 40.9%。

2. 中游产业

中游的天然气运输、存储，城市输配和分销环节将由天然气产量的增长而发展。非常规天然气运输主要长输管线运输和LNG运输。长输管线主要由中石油、中石化、中海油垄断运营。部分企业参与省级长输管道运营，城市输配由地方政府管制。伴随着未来煤层气产量的增加，拥有管道资源的中石油、中石化、中海油、陕天然气以及部分管道设备商也将受益于煤层气产业的发展。

3. 下游产业

下游的电动汽车生产、化肥化工制造等行业也将受益于天然气产业的发展。天然气汽车技术经历了较长的发展历程，技术日趋成熟，存在较大发展空间，非常规天然气的开发将使天然气汽车进一步兼备成本与环保优势。

在美国、加拿大等地，页岩气、煤层气、油砂等非常规能源正成为常规能源的重要补充，页岩气已被广泛应用于燃气化工、汽车燃料等方面。北美地区天然气大机组发电将增长，而天然气以热电联运形式构成的分布式能源将在主要OECD国家快速发展。另一方面，天然气公交车和货车等商用车可能将领先于汽车市场而快速发展起来，使得交通领域部分实现天然气替代石油。

页岩气为美国石化提供廉价原料，对世界石化工业将产生影响。页岩气开采技术将显著提高未来几十年化石燃料的供应，石化生产等能源密集型行业将直接受益。近些年，美国乙烯裂解原料的结构发生了很大变化。目前，乙烷占乙烯原料结构的64%，超过52%的平均水平；石脑油仅占13%，低于22%的平均水平。美国国内原油和天然气价格的变化动态调整着乙烯原料结构的变化。

四、中国面临的机遇与挑战

中国发展非常规油气资源勘探开采的主要差距和机遇如图 11-8 所示。

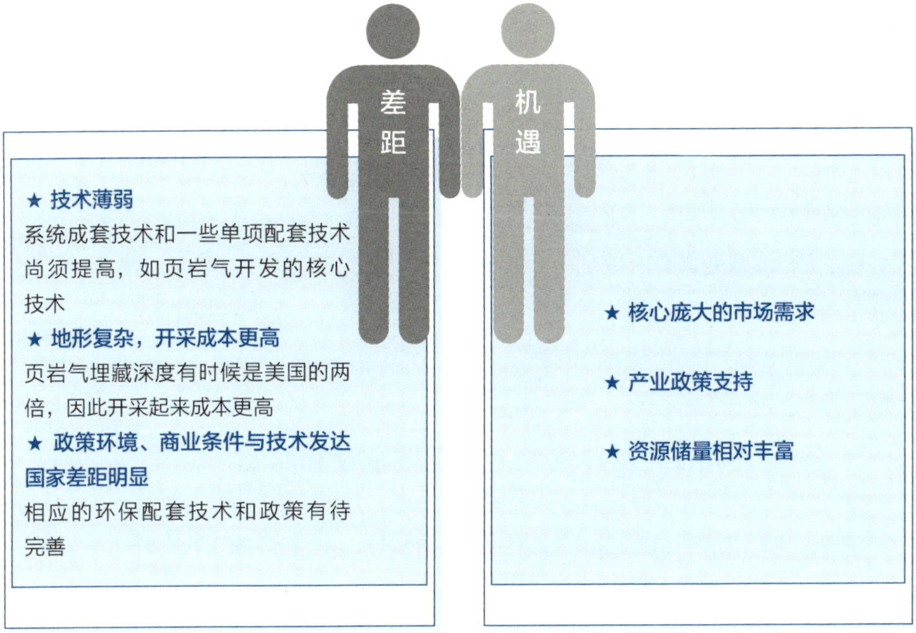

图 11-8 中国的差距和机遇

虽然油气田勘探开采技术带来的能源安全、经济增长和环境的潜在利益，但是勘探开采技术存在瓶颈和挑战。

（一）环境问题

页岩气开发对自然与社会环境的负面影响主要包括：①开发过程直接污染地下水；②由于管道的不密封性、压裂液等造成污染；③对水资源消耗过大；④存储与运输过程中甲烷的泄漏将加剧温室效应；⑤开发过程将可能诱发地震；⑥占用土地、产生噪声等将影响居民的日常生活。由于美国页岩气丰富区大多远离沿海等经济发达以及人口居住集中地，地广人稀，水资源充沛，美国页岩气开发对环境的影响相对小。而亚洲与欧洲国家大多都不具备美国的有利条件。

水力压裂法意味着要耗费巨量的水资源，在美国，开采一口井大概需要 200 万—400 万加仑的水（7500 多吨）。目前，开采页岩气使用的液压水力压裂法是通过向地下压入大量添加了化学物质的水，使燃气所在的地层产生缝隙，以便抽取燃气。

这些被注入化学物质的水将抽回到地面，放入临时的蓄水池中，处理后重复利用，或是排放到地下和河流中。而这些化学物质很有可能对周边的水源造成污染。2011 年 12 月，美国环保局在怀俄明州帕维尼恩州做调查，首次发表了页岩开发和地下水含有的化学物质可能存在因果关系的报告书。环保局不排除页岩开发水泄漏造成汽油、柴油、甲苯、乙苯等化学物质污染的可能性。而甲烷溢出所温室效应强度是二氧化碳的 20 倍。

（二）各国地质结构差异较大，我国技术存在瓶颈

美国页岩气具有埋藏深度适中、单层厚度与整体厚度大、基质渗透率高、成熟度适中、有机碳含量大和页岩脆性好等特点；而这些特点亚洲与欧洲国家并不具备，决定了美国技术不能在其他地区直接应用。中国的地势远比美国复杂多样，页岩气埋藏深度有时候是美国的两倍，因此开采起来成本更高。水力压裂法需要大量水，但我国水资源有限。同时，中国也缺乏开采必需的技术。

（三）页岩气开采的经济性

北美地区发展页岩气不仅开采成本低，而且经过多年积累发展起了较为成熟和完善的储存、液化和传输基础设施网络；而其他地区相关基础设施不足，发展页岩气在短期内需要大量投入，在当前天然气价格明显下跌的情况下资金投入将收到抑制。我国由于资金和技术的原因，前两轮页岩气招标的中标者大多还没有开始其钻井工作。资金和技术仍然是进入页岩气行业的重要障碍。

五、应对策略

我国发展非常规油气资源开发应考虑以下几个方面：

（一）进一步推动加强煤层气资源产业发展

由于我国煤层气资源丰富，目前勘探开采技术与国金先进水平接轨，政府应完善煤层气政策，予以引导、扶持、规范、调控以及监督，促进我国煤层气产业快速发展。

（二）鼓励推动中国自主非常规油气资源技术发展

中国政府应鼓励推动中国自主的致密油气、页岩油气勘探开采技术，在节约成本、降低对外国公司的依赖的同时，推动非常规油气的产量，实现能源自主。由于中国公司科研经费有限，政府可采取税收优惠政策鼓励本国公司突破技术瓶颈。同时，政府应鼓励我国公司与拥有先进页岩气技术的外国公司合作，促进中国公司学习先进技术并获得管理经验。

（三）实施管道建设，完善非常规天然气的运输

在天然气产量增长的同时，为确保配套设施能力，政府应推进管网发展与储气能力建设。我国应实现技术自主开发适用于中国地质条件的，具有轻量化、车载化、易移运、低污染、低成本、智能化的油气装备。

（四）实施页岩气开发、环境保护措施

在页岩气开发各个环节采取有针对性的措施，可有效减少或杜绝可能产生的各种环境问题。页岩气发展需要破解资源环境制约。

技术层面上，研究水力压裂的替代技术，防止页岩气开采对水资源的过度消耗，并运用更先进的技术刻画地质结构，保护水资源安全。同时，采用更严格的技术规范和标准控制甲烷及其他气体污染物的排放。政策层面上，一方面要完善环境影响的评价机制；另一方面也要加强环境法律法规的建设。政府和企业要将页岩气资源的勘探开发与区域水资源规划和环境影响评价相结合，综合评估开发的可行性。

我国可借鉴美国等发达国家页岩气开发环评管理经验教训，结合现有油气井开发环保法律法规、标准规范、环评导则与技术方法，以水力压裂、废水回注等造成的环境影响研究成果为重点，加快制定与环评管理要求配套的页岩气开发环评技术导则，废水和废气排放标准，专门针对水力压裂、地下灌注和固体废物处置的技术规范以及建设项目竣工环保验收技术规范等环境管理规范性文件。同时，政府和企业需促进环境监测与信息公开，确保将污染物控制在生态环境可接受的范围内，并及时公开监测信息，消除大众对环境的担忧。

第12章

新能源汽车技术发展情况及对产业结构的影响

本章概要

新能源汽车是指采用非常规车用燃料作为动力来源的汽车。例如最近风靡一时的特斯拉汽车(Tesla)就是新能源汽车的一种。新能源汽车燃料清洁、排放少、效率高、可以能量回收、制造相对简便，代表着下一代交通工具的趋势，会越来越受到人们的欢迎。

1839年，苏格兰的罗伯特—安德森给四轮马车装上了电池和电动机，将其成功改造为世界上第一辆靠电力驱动的车辆。由于石油的发现和内燃机技术的成熟，电动汽车沉寂了一段时间。1990年代以来，随着石油资源的日益减少、大气环境的污染加重，让人们重新关注电动汽车。而电池 技术的进步，让电动汽车代替传统燃料汽车成为可能。

我国规划2015年产销50万辆新能源汽车，2020年产销200万辆新能源汽车。在实现过程中可以带动一批上下游产业的发展。新能源汽车对汽车零配件产业、电池行业、稀土材料行业、电力行业、传统能源行业、城市基础设施网络建设都会产生深远的影响。

新能源汽车在世界范围内真正开始发展的时间并不长，国内众多新能源汽车相关企业已经开始涉足相关技术研发和产品生产，并取得了不小的成绩，技术水平与国际先进水平的差距正在缩小。因此，大力发展新能源汽车有助于我国汽车产业的弯道超车，显著提高我国汽车产业的国际竞争力。

但新能源汽车的推广还存在着亟待解决的种种问题，为了加速发展，政府可以采取以下措施：①鼓励我国传统汽车厂加快转型；②为充电设施等基础设施建设提供政策和支持；③抑制新能源汽车发展中的地方保护主义。

一、概念及核心要素

新能源汽车是指采用非常规车用燃料作为动力来源（或使用常规车用燃料、采用新型车载动力装置）、综合车辆的动力控制和驱动方面的先进技术，形成的技术原理先进，具有新技术、新结构的汽车。

广义的新能源汽车可以分为两大类，用内燃机的汽车和用电动机的汽车（本书以下称为电动汽车）。

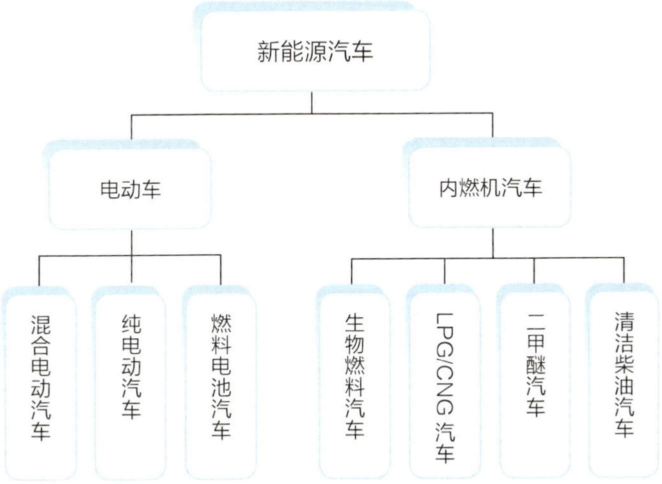

图 12-1 新能源汽车的分类

新能源汽车中的内燃机汽车已经技术成熟而且得到广泛的应用，例如各地使用较为广泛的LPG/CNG公交车，河南、山西等省份在汽油中加入了一定比例（如10%左右）的甲醇或二甲醚等。而电动车是未来的发展方向，是本文的讨论重点。

表 12-1 电动汽车的分类

特征项 \ 电动汽车分类	混合动力汽车（油电混合）	纯电动汽车	燃料电池汽车
驱动方式	内燃机 / 电机驱动	电机驱动	电机驱动
能量系统	内燃机 + 蓄电池	蓄电池	燃料电池

（续）

电动汽车分类 特征项	混合动力汽车（油电混合）	纯电动汽车	燃料电池汽车
能量来源与补给	加油站或充电设备	充电设备	氢气
排放量	排放较低	零排放	近似零排放
商业化进程	商业化较成熟	小规模量产	研发阶段
主要优点	续航里程长	排放低	效率高，续航长
主要缺点	电池效率	充电站不足，电池安全性有待提高	成本高，技术未突破

资料来源：根据公开资料整理

二、国际国内发展现状

（一）新能源汽车的发展

1839 年，苏格兰的罗伯特—安德森给四轮马车装上了电池和电动机，将其成功改造为世界上第一辆靠电力驱动的车辆。100 多年来，电动汽车曾经有三个主要的发展黄金时期（见图 12-2）。

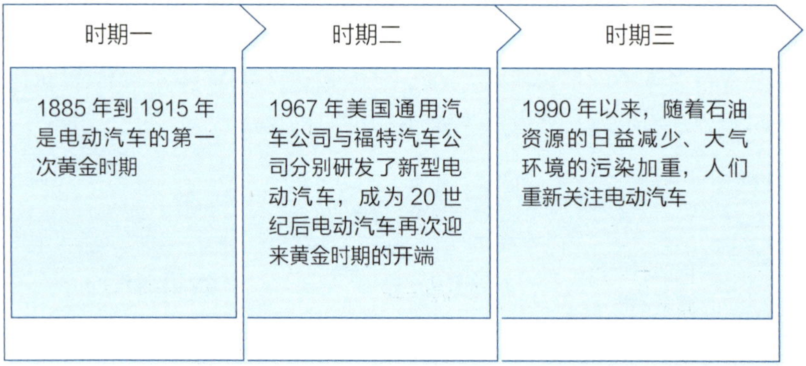

图 12-2　电动汽车发展的三个黄金时期

中国新能源汽车产业始于21世纪初。2001年，新能源汽车研究项目被列入国家“十五”期间的“863”重大科技课题，并规划了以汽油车为起点，向氢燃料电池汽车目标挺进的战略。自2009年以来，新能源商用车——主要是液化石油气客车、液化天然气客车、混合动力客车等销量大增。

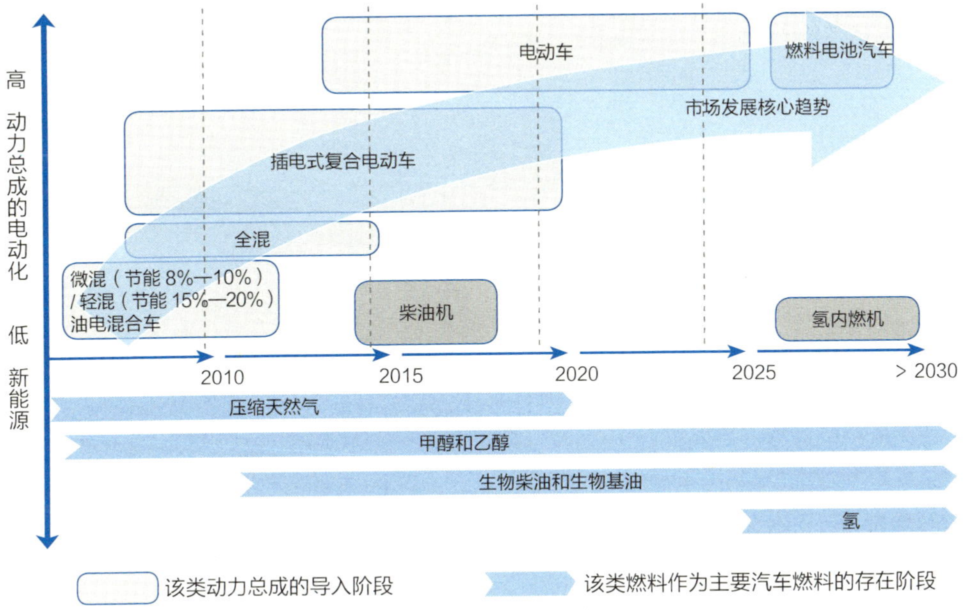

图12-3 新能源汽车产业未来发展

2010年起，我国继续加大对新能源汽车的扶持力度，2010年6月1日起，国家在上海、长春、深圳、杭州、合肥等五个城市启动私人购买新能源汽车补贴试点工作。2010年7月，国家将十城千辆节能与新能源汽车示范推广试点城市由20个增至25个，新能源汽车正进入全面政策扶持阶段。

在自主品牌上内燃机汽车发展不理想，在新能源汽车有基础、有市场的情况下，绕开日系的混合动力大力发展插电式混动及纯电动汽车，是综合考虑了未来中国汽车工业发展前途的结果，符合国内的实际情况。我国目前正迎来第三次电动车高潮：锂离子电池打破能量密度门槛。电动车与燃油车比较，其主要优点如图12-4所示。

优点一

效率因素
受制于卡诺效率极限，实际内燃机平均效率在20%以下。而永磁电机功率则可以持续保持在90%以上，即使加上电池放电效率损失及中间环节损失，总体效率也可以做到85%以上

优点二

能量回收因素
电动车天生具备能量回收能力，在标准循环测试中，相对于牵引能量，大概有55%的能量消耗在制动能量上，而根据FTP75测试标准，大约有90%的制动能量理论上是可以被回收的

优点三

能量载体重量因素
由于电机重量相对于“内燃机+变速箱”组合大为减轻，所以电池的重量可以在容忍范围内增大

图 12-4　电动汽车较燃油车的主要优点

（二）新能源汽车的应用

我国快速增长的传统汽车市场带来了巨大的原油需求，1990年至2012年，我国原油消费量由1.13亿吨增加至4.84亿吨，年复合增速6.84%，增速显著高于全球平均水平。与此同时，对外依存度在不断提高，2009年，我国原油对外依存度突破国际公认的警戒线50%。而新能源汽车的发展，可以大大节省石油的销售，新能源技术不仅仅应用在轿车上，还可以应用在公交系统、货运系统。以后物流车，环卫车，越野车都可以使用新能源技术。我国运输行业是所有行业中消耗石油最多的行业，如果有一部分的运输车辆使用新能源汽车，会大大减少石油的消耗。

（三）新能源汽车的市场分析

我国正处于工业化、城市化的中期阶段，每千人汽车拥有量目前仅约100辆，与世界平均水平160辆、欧美500—800辆的水平还有很大的差距，汽车消费市场还有很大的发展空间，因此也给新能源汽车发展带来了契机。我国规划2015年产销50万辆新能源汽车，2020年产销200万辆新能源汽车，有望成为全球新能源汽车发展最快的地区。

表 12-2 2013 年世界各国每千人的汽车保有量

国家	每千人汽车拥有量
中国	101
美国	812
澳大利亚	730
德国	634
加拿大	620
西班牙	608
法国	575
日本	569

同时，我们也应扶持发展低速电动车，低速电动车主要用铅酸电池或锂电池，时速不高于 80 公里 / 小时，适合短途出行。如山东省的低速电动车产业已经年产销 35 万辆，对于广大收入不高的农村地区，发展便宜又环保的低速电动车是符合我国实际国情的，政府不应该因为低速电动车科技含量不高就一棒子打死，发

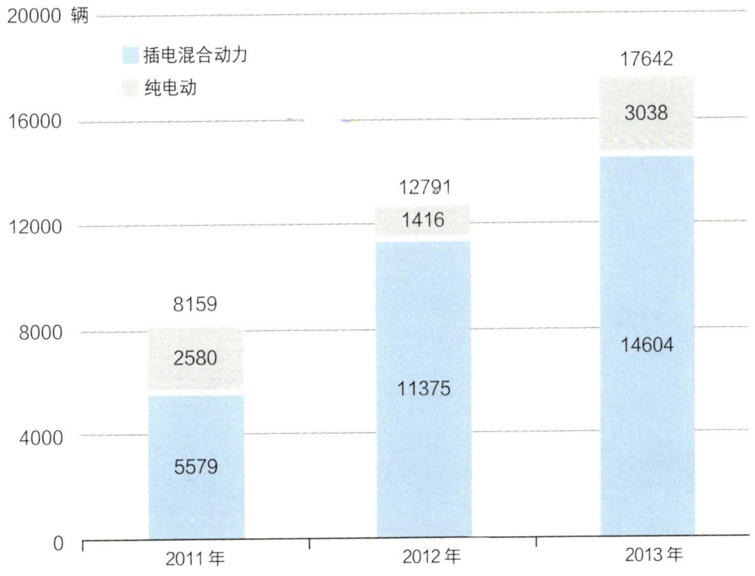

图 12-5 我国新能源汽车销量

资料来源：盖世汽车网

展好了也会促进新能源汽车的发展。

对于插电式混合动力汽车，有些地方政府由于其主要使用汽油，偶尔用电，就不纳入新能源汽车目录而不允许市民购买，这也是短视的做法。随着充电设施网络的完善，购买插电式混合动力的车主也会更多使用插电模式，这样也促进了新能源汽车的普及。

三、对产业的影响

在现代社会，汽车作为重要的交通工具之一，不仅提供了极大便利，汽车制造业及其上下游产业链的形成也对各个国家的经济产生了重大的刺激性影响。

新能源汽车与当前的汽油燃料汽车的巨大差别在于新能源的替代、新的汽车动力配件的应用，以及对一系列新的基础设施的需求。其对产业的影响如图 12-6 所示。

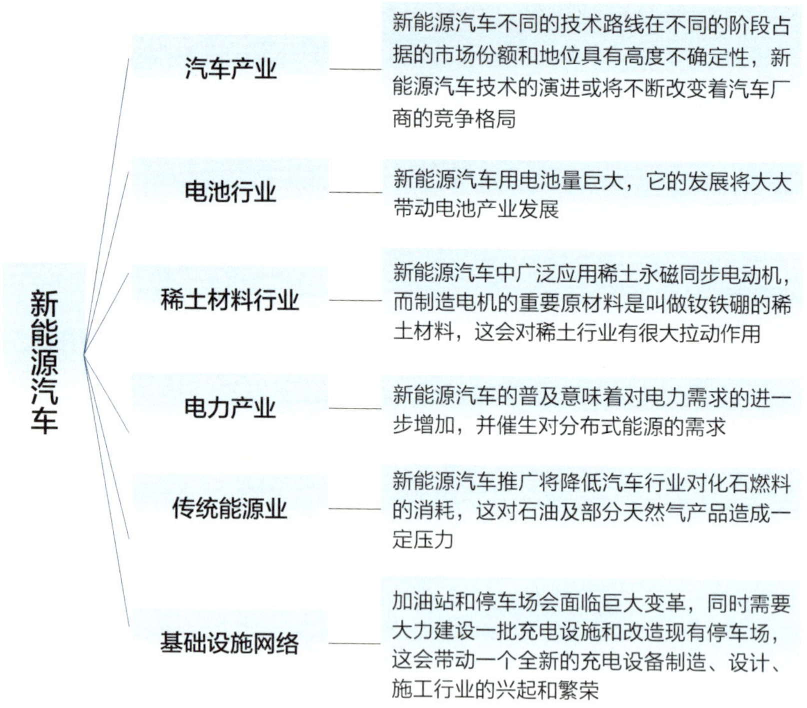

图 12-6 新能源汽车对产业的影响

（一）新能源汽车技术的演进决定汽车厂商的竞争格局

如前所述，纯电动汽车、混合动力、（油电混合）汽车、插电式混合动力汽车和燃料电池汽车是新能源汽车演化的主要技术路线，但是不同的技术路线在不同的阶段占据的市场份额和地位具有高度不确定性。对于汽车厂商而言，不同技术路线下的每一个型号汽车的研发成本都是巨大的。如果销量过少，汽车制造商将可能面临巨大亏损，消耗宝贵的资金，同时也会给竞争对手提供超越的机会。

当前阶段，不同汽车厂商采取不同的技术开发侧重点。丰田、本田分别以混合动力车 Prius、Insight 为起点，并逐渐发展了一系列插电式混合动力车；通用汽车重点发展的插电式混合动力车，Volt 是美国最热卖的同类车型；日产汽车、特斯拉则倾力推出了多款纯电动汽车。从国别来看，日本汽车厂商涉足的技术种类最多、类型最全，其次为美国厂商。

相比之下，福特及欧洲诸多厂商在新能源汽车上的布局较慢，其在全球的新能源市场份额严重不足。但是从历史上，在某一时刻引领行业的新能源汽车技术未必会成为后续的主流标准，例如 20 世纪 90 年代中期通用汽车公司曾经推出创新的 EV1，过高的成本和里程限制使其无法获得成功，而当前的一些新能源汽车也面临类似问题。

表 12-3 美国市场各品牌的新能源汽车销量（万辆）

厂商	2013 年	2012 年
丰田	37.5	31.3
GM	12.2	5.1
本田	3.7	3.1
特斯拉	3.2	NA
日产	1.7	0.5
其他	3.8	3.0
合计	62.2	43.0

资料来源：摩根大通

（二）新能源汽车技术对电池产业发展的带动

新能源汽车用电池量巨大，一辆电动汽车使用的电池容量可比4000台笔记本电脑的电池。从电池行业的技术水平和发展来看，正极、负极材料的技术门槛偏低，我国企业已经在该领域占据了全球市场的很大份额；而电解液、隔膜为技术含量最高的环节，我国企业之前在这方面的技术储备较少，外国企业尤其是日本企业很有优势。

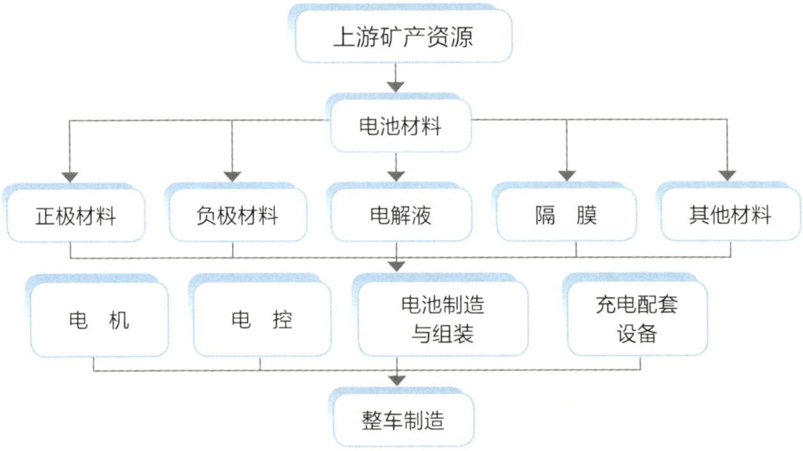

图 12-7　新能源汽车涉及的电池产业链

资料来源：根据公开资料整理

表 12-4　新能源汽车涉及的电池产业链

部件	毛利率（%）
正极	30
负极	20
电解液	40
隔膜	70

资料来源：比亚迪

不过，我国目前正在扶持一批有先进技术的电池全产业链企业与国际优秀企业竞争。以电解液价格为例，一种核心原料为六氟磷酸锂，2012 年以来六氟磷酸锂的国产量大幅提升，成为国内电池厂商的优先购买对象，对进口产品产生了较大替代性。

（三）新能源汽车的电动机对稀土材料有很大的需求

新能源汽车中广泛应用稀土永磁同步电动机，其原因在于，稀土永磁同步电动机的启动力矩和过载能力均比三相异步电动机高出一个功率等级，稀土永磁同步电动机的最大启动力矩与额定力矩之比可达 3.6 倍，而一般异步电动机仅有 1.6 倍。

制作稀土永磁同步电动机的重要原材料是一种叫做钕铁硼的稀土材料，其中含有轻稀土元素钕和重稀土元素镝。

混合动力汽车每台需要使用铷铁硼 3—4 公斤，纯电动汽车每台需要使用铷铁硼 5—15 公斤，预计 2020 年全球新能源汽车销售量为 900 万辆。科尔尼咨询公司预测，全球 2020 年由新能源汽车带来的钕铁硼需求为 4—5 万吨 / 年。车用钕铁硼价格按照 60 万元人民币 / 吨计算，2020 年全球由新能源汽车带来的钕铁硼市场规模可接近 300 亿元。

我国作为全球最主要的稀土生产国和加工国，自身的稀土产业链，包括上游开采提炼以及钕铁硼产品加工制作的企业将大大受益，但由此而带来的稀土需求的增加会对我国稀土资源带来影响，而且稀土开采对环境破坏较大，需要引起足够重视。

（四）新能源汽车技术对发电行业的影响

我国传统上以火电为主要发电来源。如下图所示，在 2001 年我国高达 81.2% 的发电装机容量为火电。

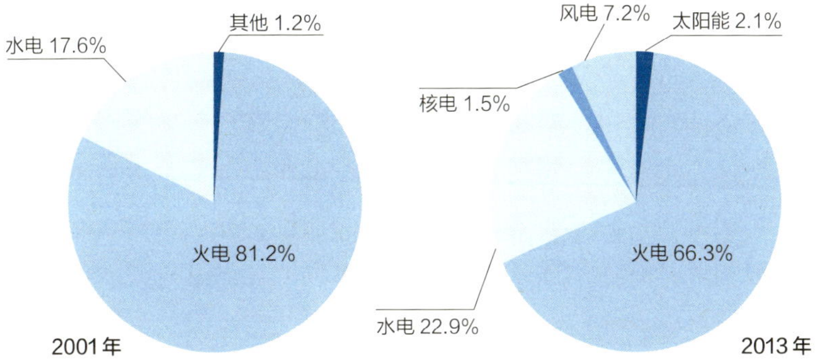

图 12-8 我国发电装机容量的构成

资料来源：国家发改委

新能源汽车的普及意味着对电力需求的进一步增加。而为了保护环境、减少二氧化碳及其他有害气体的排放，我国势必要大力发展多种来源的可再生能源发电，这样新能源汽车的推广普及才能最终减少对环境的污染破坏。

近年来我国核电、风电和太阳能装机容量迅猛增加，到2013年底火电的累计发电装机容量已经大幅度降低至66.3%。未来新能源汽车也将会进一步对这些新能源发电产业发挥巨大的驱动作用。

（五）新能源汽车技术对石油等化石燃料产业的影响

新能源汽车的推广将降低汽车行业对化石燃料的消耗量，这对石油及部分天然气产品的需求造成一定压力。此外，由于一些国家（特别是北美）对非常规油气的开发导致油气增产，未来油气价格的上升空间也有可能被进一步压缩。

在石油、天然气面临需求受限的境况下，同为传统化石能源的煤炭因为污染大、运输成本高等因素，会在某些领域（发电、取暖、化工等）面临更大的被替代性压力。因此，煤炭行业的长期发展面临较大的挑战。

（六）新能源汽车技术对当前基础设施网络的影响

当前较为普及的加油站、停车场是伴随着汽车产业在过去100年内逐渐发展、完善起来的。随着新能源汽车特别是电动汽车的逐渐普及，加油站和停车场也面临着巨大变革。

对于电动车而言，加油站和停车场的界限在模糊：很多加油站将配备快速充电设施，对技术规格相匹配的电动/插电混合动力汽车进行快速充电；停车场则将普遍加装一般性的充电设施，是夜间及闲暇时刻进行充电的场所。因此停车场和加油站基础设施的大规模升级不可避免。

另外，如前所述，对于氢燃料电池汽车来说，氢的储存和运输也将对现有加油站系统提出全新的要求和挑战。

四、中国的差距和机遇

在世界各国中，汽车产销第二大的美国市场新能源汽车销量最高，2013年其新能源汽车（定义与我国类似，含插电式混合动力和纯电动汽车）销量共实现9.6万辆。其中，时下当红的特斯拉，在美销量就有1.87万辆，大大超我国2013年新能源汽车的销售总量。

表12-5 2013年中国新能源汽车销量与其他国家的对比

国家	中国	德国	美国
新能源汽车累计保有量	11000	7000	180000
占本国汽车保有量比重	0.011%	0.016%	0.093%

资料来源：国家统计局、盖世汽车网

根据国际能源组织统计报告，2013年中国电动车的累计保有量是11000辆，德国是7000辆，美国是18万辆。若将一个国家电动汽车拥有量和汽车保有量对比，中国是0.01%左右，德国是0.016%，全球平均是0.02%。以上数据说明中国电动汽车行业发展成熟度处于“最前期的初级阶段”。

我国发展新能源汽车的机遇主要体现在两个方面：①2010年起，我国继续加大对新能源汽车的扶持力度，2010年节能与新能源汽车示范推广试点城市的增加，都给新能源汽车的发展带来了极大的机遇。如财政部等多部委联合发布《关于开展私人购买新能源汽车补贴试点的通知》及国家之前出台的《节能与新能源汽车产业发展规划（2012—2020年）》对电动汽车的方方面面提出了政策建议和要求等；②新能源汽车在世界范围内真正开始发展的时间并不算长，国内众多新能源汽车相关企业已经开始涉足相关技术研发和产品生产，并取得了不小的成绩，技术水平与国际先进水平的差距正在缩小。因此，大力发展新能源汽车有助于我国汽车产业的弯道超车，显著提高我国汽车产业的国际竞争力。但从当前的情况看，还需要一些细化的措施来解决一些实际问题。

五、应对策略

（一）鼓励我国传统汽车厂加快转型

从不同国家的新能源汽车产业化方面来看，我国的上汽集团2010年到2012年之间投入新能源开发资金是60亿元人民币，而同期，德国大众投入了70亿欧元。究其原因，还是我国汽车厂商没有迫切感受到发展新能源汽车的压力，认为传统汽油车才是重点，对新能源汽车积极性不高，雷声大雨点小，而应对此问题的方法就是制定更严格的排放标准。

美国法律规定，在美国销售的2016款车型二氧化碳排放量必须低于155g/km。欧盟以二氧化碳排放标准作为征税的依据，确定从目前140g/km作为征税的起步点，2020年要降低到95g/km，对碳超标的新出产轿车，将按超标比例递增的原则实行惩罚措施。日本的目标是到2015年达到155g/km，2020年达到115g/km。

2009年8月，我国环保部曾提出对轻型汽车二氧化碳排放标准的意见：整备质量在1430kg至1540kg（含）之间的机动车，手动挡车型的二氧化碳排放量必须控制在219g/km之内，自动挡车型控制在233g/km之内。我国明显低于美国和欧盟的标准，而且没有给出降低排放的时间表，从而没有给车厂任何压力改进技术。

我国政府的担忧在某种程度上可以理解，即制定过于严格的排放标准也会对国内自主品牌厂商带来较大冲击。毕竟本来我国厂商的发动机水平就不如外国企业，如果制定更严格的标准有可能迫使本土厂商失去传统汽车市场，而新能源汽车市场还未发育成熟，会造成青黄不接的后果。

但新能源汽车已经成为国际趋势，需要在充分调研的基础上，由中央政府出面制定合理的汽车排放量减排时间表，倒逼我国汽车厂商更加积极地发展新能源汽车。

（二）政府为充电设施等基础设施建设提供政策和支持

新能源汽车的发展离不开充电基础设施的普及。但是基础设施类投资往往规模大，回收期长，且新能源汽车本来就属于发展初期，风险较大，再加上电网系统的国家垄断属性，目前私人资本投资意愿较小。

因此，新能源车消费市场短期内最大的忧虑是，公共充电站建设速度仍然太慢，使用便利性缺失。截至2013年底，我国充换电站建设的主要企业——国家电网已建成的快速充换电站只有400座，交流充电桩1.9万台。而政府的目标是2015年建成4000座快速充换电站。

此外，基础设施和汽车本身还存在“鸡生蛋”还是“蛋生鸡”的问题：由于我国新能源汽车保有量少，已经建成的很多充电桩还在闲置，例如深圳重点建设小区莲花二村停车场共安装60个充电桩，目前几乎没有使用。这直接影响了资本对后续充电设施投资的热情，而发展较慢的充电设施又成为新能源汽车推广的掣肘。

解决问题比较现实的办法依然是政府先投入，具体办法就是对充电设施进行补贴，包括拿地优惠，以减少社会资本的压力。2014年7月国务院出台的《关于加快新能源汽车推广应用的指导意见》也强调开放准入门槛，进一步放宽市场准入，鼓励和支持社会资本进入新能源汽车充电设施的建设运营、整车租赁、电池租赁回收等服务领域。

从近期一些城市的政策落实来看，力度已经很大。比如深圳充换电站建设补贴是按照该充换电站的充电设备投资设定的，金额为充电设备投入的30%，充电设备投资纳入补贴的封顶额为100万元，也就是最高补贴30万元。业内人士认为，如果中央再进行相等额度的补贴，除了拿地成本，企业对充电设备的投入已经不大，这对吸引社会资本很有利，一旦规模形成，就会进入良性循环。

（三）抑制新能源汽车发展中的地方保护主义

各地在执行国家的新能源产业政策时，往往以各种借口、方式偏重于当地生产的汽车，特别是在政府公车、商用客车等的采购上面。另外，2013 年来各地也相继出台了不同版本的“新能源汽车推广目录”以及地方性的补贴标准，都倾向于补贴各自地域生产的汽车，并将本地车企暂不准备生产的车型排除在外，形成了相对隐形的地方保护政策，特别是北京和上海出台的各自版本的新能源汽车地方目录。

在北京出台的《北京市示范应用新能源小客车管理办法》中，明确规定北京只对纯电动车进行补贴和免摇号上牌照，进而将荣威、江淮、比亚迪等外地车企生产的插电式混合动力轿车挡在门外。同样，上海 2012 年 11 月开始实施的《电动乘用车运行安全与维护保障技术规范》也通过设置相关技术标准把不少非本地车企排除在外。

针对这种情况，2014 年 7 月，国务院办公厅正式下发《关于加快新能源汽车推广应用的指导意见》，坚决破除地方保护，要求统一新能源汽车的技术标准和推广目录，并规定各地区要严格执行全国统一的新能源汽车和充电设施的国家标准和行业标准，不得自行制定、出台地方性的新能源汽车和充电设施标准、不得对新能源汽车进行重复检测检验、要求汽车生产企业在本地设厂、要求整车企业采购本地生产的电池等零部件等违规措施，阻碍外地生产的新能源汽车进入本地市场。

在各种产业政策的推广和实施中，地方政府往往起到巨大作用，受到地方政绩的驱动，各地也往往存在着各种程度的地方保护主义。中央上述意见的后续实施效果还有待继续观察。

第13章

新一代储能技术发展情况及对产业结构的影响

本章概要

储能技术是把电能转换成一种形式储存起来，在需要时再转换成电能的一种技术。储能技术主要有物理储能、化学储能和电磁储能三大类。其中，以电池为主要表现形式的化学储能，因不受自然条件限制等原因，成为解决新能源时间分布不均匀问题的重要选择。

从应用分类上看，储能技术在风电场、光伏电站及分布式发电和微电网领域应用最广泛，而包括新能源汽车、分布式能源的应用是新增长点。到2025年，用电池来充当应急电源提供应急电力全球每年将会有250—1000亿美元的经济贡献。而用电池为无电网地区居民提供电力，预计全球每年可以贡献500亿美元的经济增长。

储能技术的发展将对如下产业产生较大促进作用：① 太阳能、风能等新能源行业；② 电动和混合动力汽车；③ 分布式能源；④ 移动式无人智能系统。发展储能技术，不仅对电池市场和下游产业产生积极影响，作为清洁能源更保护了环境。

在大规模电池储能装置技术方面，我国与国外发达国家还有一定的差距，主要表现在：一是设备容量规模还较小；二是设备的寿命短、利用效率低。不过在某些特定领域，我国近年来进展较大。在储能应用方面，我国同样在追赶中，主要体现在国外已经有数十套储能电站投入运行，而国内电池储能的应用规模还很小。

发展新一代储能技术的政策与建议：① 充分认识到储能技术对社会经济生活的影响；② 加强国有科研机构与企业间的联系，积极推进创新；③ 政府可以协调、组织产业链的企业联盟；④ 制定财政税收扶持政策，加大补贴力度和政府采购。

一、概念及核心要素

储能技术是把电能转换成一种形式储存起来，在需要时再转换成电能的一种技术。储能技术主要有物理储能、化学储能和电磁储能三大类。新一代储能技术没有严格的定义，通常指化学储能中的新一代电池，电磁储能，物理储能中的除了抽水储能的其他形式等。

物理储能的主要形式包括：储蓄机械能的抽水储能和飞轮储能、热电储能、压缩空气储能等；化学储能的主要形式包括各种电池技术：镍镉电池、铅酸电池、氧化还原液流电池、钠硫电池、锂离子电池；电磁储能的主要形式包括：超导电磁储能、超级电容器储能等。

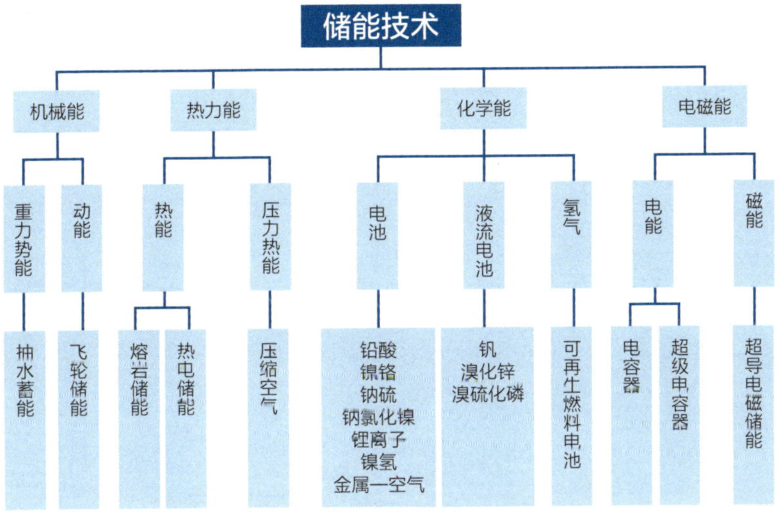

图13-1 主要储能技术的分类

表13-1 主要的储能方式及其应用

储能类型		典型额定功率	额定能量	特点	应用场合
机械储能	抽水蓄能	100—2000MW	4—10hr	用于大规模，技术成熟；响应慢，需要特殊地形条件	日或周负荷调解，频率控制和系统备用
	压缩空气	10—300MW	1—20hr	适于大规模；响应慢，需要特殊地形条件	调峰，系统备用
	飞轮	5kW—1.5MW	15s—15min	比功率较大； 成本高，噪声大	调峰、频率控制、UPS和电能质量

（续）

储能类型		典型额定功率	额定能量	特点	应用场合
电磁储能	超导	10kW—1MW	2s—5min	响应快，比功率高；成本高、维护困难	电能质量控制、输配电稳定，UPS
	电容储能	1—100kW	1s—1min	响应快，比功率高；比能量太低	输电系统稳定，电能质量控制
	超级电容	10 kW—1MW	1—30s	响应快，比功率高；成本高，储能量低	与 FACTS 结合
电化学储能	铅酸电池	1kW—50MW	1min—3hr	技术成熟，成本较小；寿命短，环保问题	电能质量、频率控制、电站备用、黑启动、可再生储能
	液流电池	5 kW—100MW	1—20hr	寿命长，可深放，适于组合，效率高，环保性好；储能密度低	电能质量、备用电源、调峰填谷、能量管理、可再生储能
	钠硫电池	100kW—100MW	数小时	比能量与比动率较高；高温条件、运行安全问题有待改进	电能质量、备用电源、调峰填谷、能量管理、可再生储能
	锂电池	kW—MW	分钟—小时	比能量高；成组寿命、安全问题有待改进	电能质量、备用电池、UPS

资料来源：张振有等：《我国抽水蓄能作用及发展展望》；中信证券研究部整理

表 13-2　化学储能技术的特点介绍

电池种类	能量密度	主要优点	主要缺点
钠硫电池	300—760Wh/kg	可大电流、高功率放电； 充放电次数较高； 高的温度稳定性	需要的运行温度过高：达 300—350℃，往往需要附加供热设备，限制了其广泛应用，亦可能导致附带的安全事故；制造成本偏高；正负极物质有腐蚀性
锌溴液流电池	100—200Wh/kg	充放电次数可达 30000 次； 生产成本较低	溴有毒，对环境有害； 电解液有腐蚀性
铅碳电池	100—200Wh/kg	充放电次数超过 2000 次；	铅对环境有污染
锂离子电池	100—170Wh/kg	可大电流、高功率放电； 成分无毒，最环保	充放电次数较少，目前仅为 500—800 次；制造成本偏高

二、国际国内发展现状

近年来，储能技术及产业发展迅速。据统计，全球储能项目在电力系统的装机总量已经从 2008 年的不足 100MW，发展到 2013 年 10 月的 726.7MW（不包含抽水蓄能、压缩空气储能及储热），年复合增长率（CAGR）达到 193%。但是，从地域分布上看，美国与日本仍然是最主要的储能示范应用国家，分别占全球装机容量份额的 40% 和 39%。

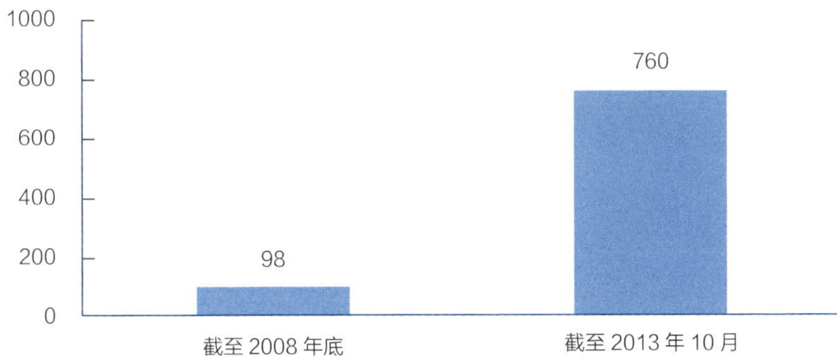

图 13-2 全球储能项目在电力系统的装机总量

资料来源：中关村储能产业技术联盟

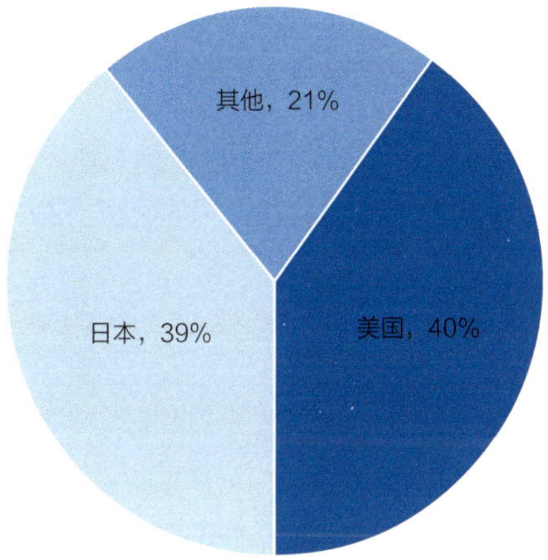

图 13-3 全球储能装机的地域分布

资料来源：中国储能网统计数据

（一）新一代储能技术的发展

物理储能技术的发明和应用最早，抽水蓄能水电站即为其代表，也是当前应用最广的物理储能技术，欧美在1960年开始大规模建设，现在已经很有规模，而我国正在大规模建设抽水储能电站。技术上有很大进步的是化学储能技术，近年来兴起的一系列新技术大大提高了电池的能量容量，使得更大规模的储能得以实现。

在大规模电池储能装置技术方面，我国与国外发达国家还有一定的差距，主要表现在：一是设备容量规模还较小；二是设备的寿命短、利用效率低。不过在某些特定领域，我国近年来进展较大。在储能应用方面，我国同样在追赶中，主要体现在国外已经有数十套储能电站投入运行，而国内在这方面步伐较为缓慢，电池储能的应用规模还很小。

（二）新一代储能技术的应用

从应用分类上看，储能技术在风电场、光伏电站及分布式发电和微电网领域应用最广泛，而包括新能源汽车、分布式能源的应用是新增长点。

现代电网的特点是可再生能源并网量不断提升，而且随着传统能源的枯竭，可再生能源并网规模不断提升将是大势所趋。现代电

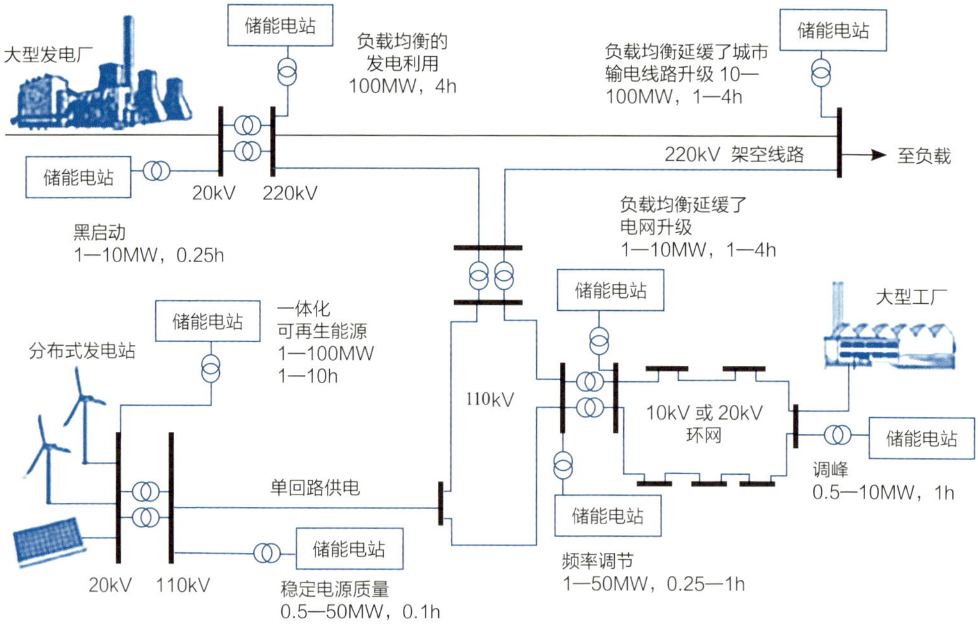

图 13-4　储能电站或电池在电力系统中的应用示意图

资料来源：东兴证券研究所

力系统需要面对很多比传统电网更严峻或是全新的问题，包括：电网削峰填谷、可再生能源并网、提高电能质量、旋转备用、黑启动、冷启动、系统备份等。

总体来看，储能设备在发电站、输电网、配电网和用户端这四个电力系统的主要环节中均具有广泛的应用空间。具体应用领域有：电站（削峰填谷、可再生能源并网、备用电源、电站黑启动），输配电网（电压调节、频率调节），用户端（削峰填谷、备用电源、分布式能源）。

到 2025 年，随着新能源汽车的普及，新能源汽车将是新电池技术最大的应用载体。在未来的十年，同质量的锂铁电池的所搭载的电量有望翻倍。到 2025 年，电动汽车有望和汽油引擎汽车总成本相当（购买成本和使用期的油料成本）。而同时由于电池性能的提高和制造效率的提高，电动汽车用电池的平均价格有望从 2011 年的 560 美元 /（kW·h）降到 2025 年的 165 美元 /（kW·h）。

用于电动车电池的材料也在发生着变化，从以前的镍钴电池，到磷酸铁锂的锂聚合物电池，目前又在普遍推广稳定更好的镍钴锰酸锂三元电池。电池的续航里程也从 50 公里逐渐增加到 300 公里，如美国的特斯拉。

和储能技术相关的应用还有充电站的储能电池。我国规划 2015 年产销 50 万辆电动汽车，2020 年产销 200 万辆汽车。未来电动汽车的普及会拉动动力电池的应用。而充换电站的普及会拉动储能电池的应用。锂离子电池大规模储能系统具备一定的先发优势。

电池可以为无电网覆盖地区的居民带来电力。此项应用可以体现在两个方面，一是提高现有电网的可靠性，二是为最穷最偏远的地方带去电力。到 2025 年，用电池来充当应急电源提供应急电力全球每年将会有 250—1000 亿美元的经济贡献。届时经常停电的地方不会再备一个笨重的汽油发电机用来提供备用电源了，而是一块电池可以支撑相当长的时间，足够等到下一次来电。

用电池为无电网地区居民提供电力，预计全球每年可以贡献

500 亿美元经济价值。根据世界银行的估算，基于 55% 的居民采用此技术，用电价格在 0.20—0.60 美元 /（kW·h），已在可以接受的价格范围内。目前，国内的铅炭电池、锌溴电池和锂电池已分别进入新能源微网储能及风光储能示范项目。

由于大量移动式无线智能设备的广泛使用，未来的电池呈现出轻型化、多样化、便携式、一次性的应用发展方向，就像目前日常使用的矿泉水、方便面一样成为超市的货架产品。

（三）新一代储能技术的市场分析

新一代储能技术市场的特点是 100MW 以上大规模的储能技术以抽水蓄能为主，而电池储能技术会大发展，我国储能设施建设会迎来高潮。

抽水储能电站日、美、西欧在 1960—1970 年是建设高峰，截至 2010 年美国装机容量 22GW，欧盟装机 41GW，日本装机 25GW。而在化学电池储能来看，钠硫电池的装机比重最大，占 46%；锂离子电池则是应用领域最广的储能技术。据统计，目前全球已经建成并投入使用的钠硫电池电站达 316MW，占全球化学储能总装机的一半；而日本在电力系统中和负荷侧钠硫电池储能系统的总容量已超过 200MW，其中近三分之二用作负荷调峰，其在全球钠硫电池领域处于绝对领先地位。

近年来，日本、美国以及欧洲等发达国家继续加大对电池储能技术的投入。在钠硫电池领域，日本 NGK INSULATORS 从阿联酋阿布扎比水电局获得 300 MW 钠硫电池系统和中央监控系统的订单。东芝于 2010 年宣布接到冲绳电力 2010 年秋季将在宫古岛开始的“离岛微型电网系统实证试验”相关设备的订单，将构建以蓄电池平衡功率变动剧烈的可再生能源负荷的新一代电力系统。

欧美方面，2006 年底加拿大 VRB Power Systems 公司开始为爱尔兰建设当时国际上最大的额定输出功率 2MW，储能容量 12 MW 的液流储能电池系统。美国利用日本住友电气工业公司和 VRB

Power Systems 公司的技术，也分别建立了 2MW 和 6MW 的液流储能电池示范运行系统。2010 年，德国 EVONIK 工业股份公司宣布将联合戴姆勒汽车公司等研发机构共同开发适用于风能和太阳能发电的大容量、低成本储存的锂离子电池电站，先期计划在德国西部建造一个功率为 1 MW 的储能装置。

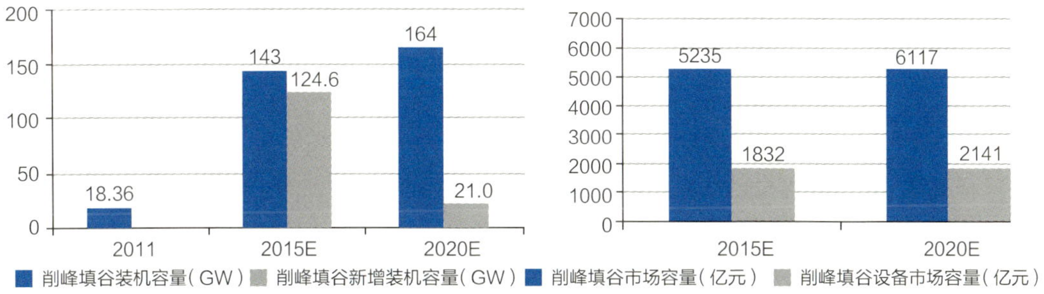

图 13-5 削峰填谷储能电站装机容量（左）和削峰填谷电站市场容量（右）

资料来源、东兴证券研究所

在储能技术用于电网削峰填谷市场容量方面，未来将是多种储能技术并存的状态，至 2015 年和 2020 年抽水储能电站市场容量分别约为 8232 亿元和 9576 亿元，其中设备占比约为 35%，至 2015 年和 2020 年抽水储能设备市场容量分别为 2881 亿元和 3351 亿元。从技术成熟度角度来看，在大电网削峰填谷方面，“十二五”期间仍将主要以抽水储能电站为主，压缩空气电站建设有可能在“十三五”期间开始建设，且占比不会太大，预计“十三五”期间压缩空气电站在削峰填谷储能电站中占比为 5%—10%。

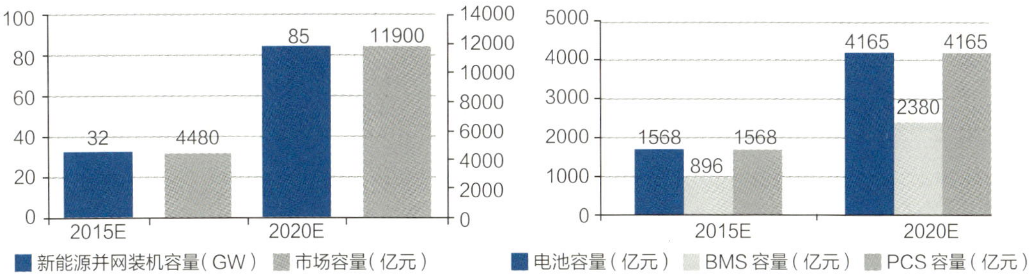

图 13-6 新能源并网储能电站装机容量（左）和新能源并网储能电站市场容（右）

资料来源：中国储能网、东兴证券研究所

在储能技术用于可再生能源并网方面，2011 年我国风电和光伏总装机容量分别为 45.05GW 和 2.14GW，预计到 2015 年和 2020 年风电累计装机容量将达到 100GW、250GW，光伏总装机容量将分别达到 10GW、50GW。目前我国的风电和光伏电站基本上均未配套并网储能电站。另外，国内光伏装机容量未来有大规模地面并网电站、离网光伏电站和屋顶电站三大方面，其中前两者需要配套相应的储能设备。

三、对产业的影响

图 13-7 显示了新一代储能技术对产业的具体影响。

在 2014 年 5 月底举行的第四届北京国际储能大会上，国家应对气候变化战略研究和国际合作中心主任李俊峰认为："真正影响未来能源大格局的就是储能技术，一旦储能技术能够突破了，其他的都好解决。"而目前发展如火如荼的新能源、智能电网、电动汽车，这未来三大新兴产业的发展瓶颈都指向了同一项技术——储能技术，更说明了储能技术在未来产业发展中的核心地位。

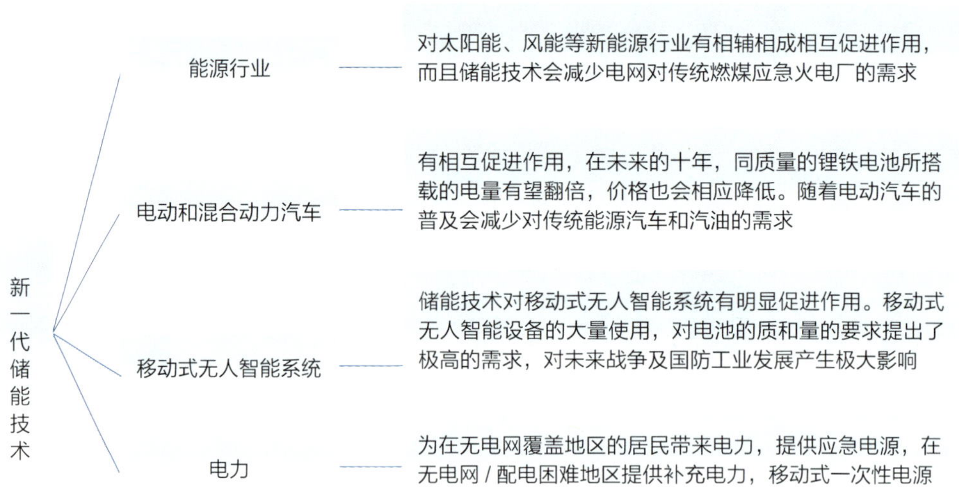

图 13-7　新一代储能技术对产业的影响

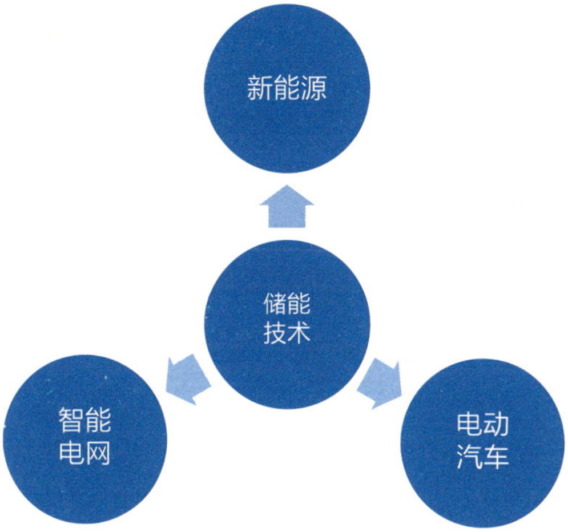

图 13-8 储能技术影响三大新兴产业

（一）现代电网显著特点催生储能电站市场需求，对太阳能、风能等新能源行业有互相促进作用，会减少传统燃煤火电厂的需求

现代电网的特点是可再生能源并网量不断提升，而且随着传统能源的枯竭，可再生能源并网规模不断提升将是大势所趋。现代电力系统需要面对很多比传统电网更严峻或是全新的问题，包括：电网削峰填谷、可再生能源并网、提高电能质量、旋转备用、黑启动、冷启动、系统备份等。总体来看，储能设备在发电站、输电网、配电网和用户端这四个电力系统的主要环节中均具有广泛的应用空间。具体应用领域有：①发电站：削峰填谷、可再生能源并网、备用电源、电站黑启动；②输配电网：电压调节、频率调节；③用户端：削峰填谷、备用电源、分布式能源。

我们这里主要介绍两个方面：峰谷用电量的调配；频率的平稳同一化。

1. 峰谷用电量的调配

储能技术对于电网削峰填谷的经济价值每年有 450—700 亿美

元。电力系统是一个稳态平衡的系统，发电站发电功率的总和需要与用户端用电功率总和相等，如果两者之间不一致，会造成整个电力系统的不稳定或故障。在一天中用电负荷最高峰和最低谷的差值被称为峰谷差。随着我国经济发展，日电负荷波动最大的第三产业用电和居民用电在总负荷中占比不断提升，所以我国用电负荷峰谷差呈现逐步增大的趋势。用电高峰期随时间和季节的不同而不同，往往在午后和晚上用电量最高。2000 年以来，多数电网高峰负荷增长幅度在 10% 左右，低谷增长维持在 5% 左右，峰谷负荷差在不断增大。目前，我国负荷峰谷差能够达到发电出力的 30%—40%，有数据显示夏季空调制冷负荷接近华中、川渝电力负荷的 1/3，华东达 28.7%，京津唐达 28.9%。

因此储能行业会伴生着电网的发展大力发展在装备制造产业中形成一个新的行业。在削峰填谷市场容量方面，未来将是多种储能技术并存的状态，至 2015 年和 2020 年抽水储能电站市场容量分别约为 8232 亿元和 9576 亿元，其中设备占比约为 35%，至 2015 年和 2020 年抽水储能设备市场容量分别为 2881 亿元和 3351 亿

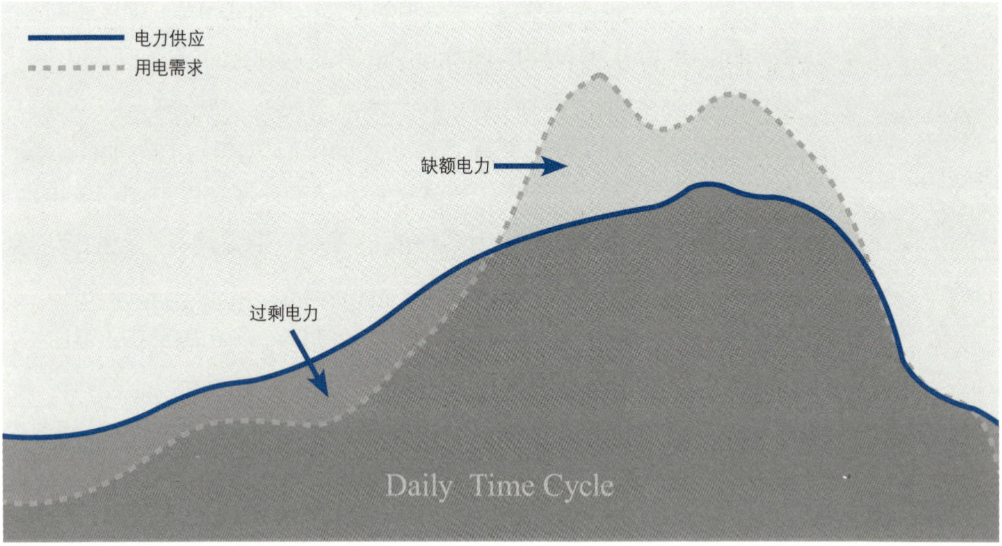

图 13-9　由于电力供需不匹配而需要削峰填谷的示意

资料来源：东兴证券研究所

元。从技术成熟度角度来看，在大电网削峰填谷方面，“十二五”期间仍将主要以抽水储能电站为主，压缩空气电站建设有可能在“十三五”期间开始建设，且占比不会太大，预计“十三五”期间压缩空气电站在削峰填谷储能电站中占比为5%—10%。

2. 频率的平稳同一化

输配电网络需要稳定的电压和频率（如用户端220V，50—60Hz），但当负载太大时，会导致频率变慢和电压不稳。相反，当负载不足时，频率还会增大。总体来看，电力系统运行中发用平衡是最为重要的一点。从平衡的角度出发来审视发电端和用电端，对于用电端其用电量的多少是随机不可控的，维持电力系统平衡只能通过调整发电端的发电量来实现。传统电力系统中发电端主要为火电站、水电站和核电站，发电量基本可以通过机组输出功率调整来实现人为控制。在水力或火力发电时，发电频率是大致稳定的，但同时还会预留出1%—4%的发电功率用于平稳频率。但为了预留这些发电功率，会牺牲一些发电的产能利用率。而储能技术如抽水蓄能或电池可以很好解决这个问题，代替预留的发电功率，可以让这1%—4%预留的发电功率用于发电，提高发电量。

另外，现代电力系统的一个显著特点是风电、光伏为代表的可

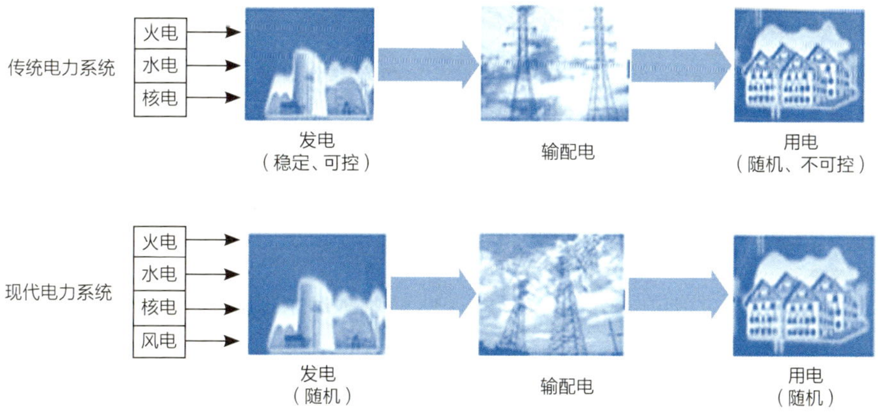

图13-10 传统电力系统与以加入风电、太阳能的现代电力系统的对比

资料来源：东兴证券研究所

再生能源并网量越来越高。风能和太阳能发电受季节、气象和地域条件的影响，具有明显的不连续、不稳定性，发出的电力波动较大，可调节性差。这给传统电网带来了不少的麻烦。而电力储能技术恰恰就是在很大程度上解决了风力发电和太阳能发电的随机性、间歇性和波动性等问题，可以实现其发电的平滑输出，并能有效调节因发电引起的电网相关参数波动，使大规模风力发电和太阳能发电能方便可靠地并入常规电网。

目前，并网可再生能源主要以风电和光伏为主，光伏电站主要在白天工作，与每天用电高峰吻合度较高，但短期出力波动在所难免。对于风电，由于风电发电主要集中在夜间的用电低谷，白天用电高峰风电通常发电量较小，这也被称为风电的“反调峰”特征，对电网冲击非常大，这也是西北地区频繁出现弃风现象的主要原因。根据测算，可再生能源并网量超过总装机容量的 10%，是传统电网接纳可再生能源并网的极限。储能电站能够起到平滑可再生能源并网的作用，是提高可再生能源容纳度的一把利器。

（二）对电动和混合动力汽车的相互促进作用，可能会减少对传统能源汽车和汽油的需求

2012 年 5 月 4 日，科技部在印发的《智能电网重大科技产业化工程“十二五”专项规划》（以下简称《规划》）中提出未来电动汽车必将成为承载社会运输、交通功能的主要工具之一，电动车也将成为未来电网需求侧的重要组成部分之一。《规划》中提出的兼具换电站和储能站功能的电动汽车换电站颇具亮点，通过电流的双向流动，换电站能够起到储能电站的作用，可谓一举两得。

我国规划 2015 年产销 50 万辆电动汽车，2020 年产销 200 万辆汽车。未来电动汽车的普及会拉动动力电池的应用。而充换电站的普及会拉动储能电池的应用。锂离子电池大规模储能系统具备一定的先发优势。对于锂离子电池，在《规划》中提及并强调电池状态监控及均衡技术的发展，BMS〔电池管理系统（Battery

Management System）〕作为承担这一功能主要零部件，也将成为锂电池大规模储能系统发展的关键。预计至 2015 年和 2020 年，储能电池市场容量将分别达到 1300 亿元和 3400 亿元，BMS 市场容量将达到 750 亿元和 2000 亿元。

随着电动汽车的普及，人们会对传统能源汽车和传统能源如汽油、柴油的需求减少。因此，虽然这些行业目前看不到衰败的迹象，毕竟新能源汽车要取代传统汽车还尚需时日，普及也需要十几年的时间，但可能会对这些传统行业造成冲击。不过传统行业也在积极转型，如汽车行业也在积极进入新能源汽车行业，各大车企都在研发新能源车型，而石油行业也在进入充电行业，如建设充电站等。

（三）对分布式能源的促进作用

电池可以为无电网覆盖地区的居民带来电力。该项应用可以体现在两个方面，一是提高现有电网的可靠性，二是为最穷最偏远的地方带去电力。

1. 提供应急电源

到 2025 年，用电池来充当应急电源提供应急电力将会有每年 250—1000 亿美元的经济贡献。届时经常停电的地方不会再备一个笨重的汽油发电机用来提供备用电源了，而是一块电池可以支撑相当长的时间，足够等到下一次来电。

而电力提供的形式也会随之改变，以后可能会像卖煤气罐一样的售卖电池的商铺，而电池用完后可以回收利用。

2. 在无电网／配电困难地区提供补充电力

用电池为无电网地区居民提供电力，预计每年可以贡献 500 亿美元经济价值。根据世界银行的估算，基于 55% 的居民采用此技术，用电价格在 0.20—0.60 美元／（kW·h），已在可以接受的价格范围内。目前，国内的铅炭电池、锌溴电池和锂电池已分别进入新能源微网储能及风光储能示范项目。

国内大规模扩建的 3G/4G 基站是近期对电池（特别是锂电池）的巨大需求刺激。据 GBII 预测，3G/4G 基站占比将从 2012 年的 38.2% 提升至 2015 年的 54.5%。基站分为户外基站和户内基站。传统户外基站由于其规模较大，对体积要求不高，铅酸电池的高性价比以及高温安全性有一定优势；而 3G、4G 对传输速度要求高，城市楼宇间小型基站作为补网必须铺建，由于其功率较低、体积小，因此将主要使用锂电池作为后备电池。特别是技术已经较为成熟、安全性能好、充放电次数较多的磷酸铁锂电池已被作为 3G/4G 基站的主流储能电池。

深圳市沃特玛电池预测，通信储能方面，全国三大运营商大概有 170 万个基站要用电池，这还不包括末端供电的小型设备等，其中仅中国移动就有近 90 万个基站。这些基站主要用的是铅酸电池，目前锂电池仅占通信基站后备电源 10% 的市场份额。通信储能将给锂电行业带来一个广阔的市场。

3. 移动式一次性电源

由于大量移动式无线智能设备的广泛使用，未来的电池呈现出轻型化、多样化、便携式、一次性的应用发展方向，就像目前日常使用的矿泉水、方便面一样成为超市的货架产品。瓶装水是将供水网延伸到野外、日常生活的无限空间之中；而未来的一次性电池将电网的电能无限地延伸到日常生活的方方面面，如自热食品的加热源，自洁干洗衣服的电能，随体温升降而调节温度的衣服空调系统的能源，提升人体体力的自助动力系统的电源等也来自于微型电池。

（四）对移动式无人智能系统的促进作用

信息化技术的迅猛发展，人工成本的不断上升，人们对高空、深海、人体的探索以及日常生活便捷的无极限追求，移动式无人智能设备的大量使用，对电池的质和量的要求提出了极高的需求，对未来战争及国防工业发展产生极大影响。如小型无人机，依靠汽油已经无法制造得更小，但目前电池只能维持较短时间的飞行，如以后有高能量密度的电池与汽油机媲美，电池会更广泛地应用于这些无人操控设备，这会是又一更大的蓝海。

四、中国的差距和机遇

在大规模电池储能装置技术方面，我国与国外发达国家还有一定的差距，主要表现在：一是设备容量规模还较小；二是设备的寿命短、利用效率低。不过在某些特定领域，我国近年来进展较大。例如，中国科学院上海硅酸盐所在钠硫电池工程化具备较强的科研实力。2007 年，上海硅酸盐研究所通过与上海市电力公司合作，成功研制出具有自主知识产权的钠硫储能单体电池，使我国成为继日本之后世界上第二个掌握大容量钠硫单体电池核心技术的国家，现已建成年产 2MW 容量的钠硫单体电池生产示范线。

在储能应用方面，我国同样在追赶中，主要体现在国外已经有数十套储能电站投入运行，而国内在这方面步伐较为缓慢，电池储能的应用规模还很小。截至 2013 年底，上海市电力公司已经建设包括漕溪站、前卫站、白银站三个储能示范电站，电力调度中心可以直接通过电网储能管理系统对分布于各地的储能站实施统一调度与远程监控。此外，2013 年比亚迪在深圳龙岗建立了一座 1 MW 容量的储能电站。

国家电网所属的新源控股有限公司与张家口市张北县正在开发建设全国第一个大型的风电、光电储能综合示范项目，该项目总规模为风电 500 MW，光电 100 MW，储能 70 MW。若未来按计划实施，张北风光储项目是世界上规模最大的风光储三位一体示范工程，目前已经完成了一期工程方案设计，正在进行一期建设工作。

我国规划 2015 年产销 50 万辆电动汽车，2020 年产销 200 万辆电动汽车，未来电动汽车的普及，会拉动动力电池的应用，而充换电站的普及，会拉动储能电池的应用，这为储能技术的发展和应用提供了机遇。预计至 2015 年和 2020 年，储能电池市场容量将分别达到 1300 亿元和 3400 亿元，电池管理系统（BMS）市场容量将达到 750 亿元和 2000 亿元。但目前由于人们对电动汽车接受程度较低，产销量的目标很难达到，需要政府相关部门想方设法来推动。

五、应对策略

从当前的情况看，我国政府需要采取一些具体的措施来解决储能技术发展中的问题。

（一）充分认识到储能技术对社会经济生活的影响

鉴于储能技术的发展将深刻改变从消费电子、电动汽车及电网配套等诸多关系到国家民生的行业，必须深刻意识到储能技术的重要性，将其提高到事关国家经济发展的战略地位，并从国家层面加强发展规划、加强产业发展宏观指导。

（二）加强国有科研机构与企业间的联系，积极推进创新

目前我国很少有企业专注于储能技术方面的研发和推广。但是在国有科研机构和大学中，基于其广泛的应用和诱人的前景，储能技术是重要课题之一。建议政府出台政策，鼓励科研机构与企业间在储能领域的合作，鼓励科研机构引入民营、国资和外资，兴办创新性企业。加强技术的知识产权保护和促进技术的合作与转让。让技术不仅仅停留在实验室里，而是走出去服务于社会。

同时牢牢占领技术的制高点，积极扶持企业创新，申请关键技术专利，而不是让专利掌握在外国企业手中，从而被别人“卡了脖子”。对于认准的技术方向，国家要舍得花资金投入研发和采购，从而加速关键领域的发展。

（三）政府可以协调、组织产业链的企业联盟

电池储能技术在产业链中是中间新产品，大部分储能产品并不直接面向终端客户和消费者。而且在储能技术发展的初期，极少有企业能够依靠自身实力独立建立整个产业链。为了加快发展储能产业链，有效联合上下游产业链的力量，特别是有效调动运营我国电网基础设施的大型国企的资源和积极性，政府可以牵头组成“研发产贸集合体”，就将研发、生产、市场、投资等市场主体整合在一起，形成命运共同体，共同开发、运营电池储能新产品，共享其利益，共同承担其技术发展的风险。

（四）制定财政税收扶持政策，加大补贴力度和政府采购

某些储能技术目前还存在价格高、产品质量不稳定、技术前景不明朗、民众接受度不高等现象，如分布式能源和电池的应用、新能源汽车等。国家应该建立稳定的财政收入投入机制，通过建设战略性新兴产业扶持专项基金等渠道扶持储能产业，开展示范工程。重点支持有前景的，但企业或地方政府无法用自身财力负担的项目。

研究合适、科学的财政扶持补贴政策。研究合适的补贴对象，如补贴终端用户、生产商还是上游原材料提供商。研究不同的补贴形式，如直接资金补贴，还是税收减免，还是政府购买的形式补贴。

同时积极创新商业模式，如重大项目可以采取PPP模式（即Public-Private-Partnership的字母缩写）。该模式是指政府与私人组织之间，为了合作建设城市基础设施项目，而进行的一种合作形式。如一些投资大的储能项目，可以吸纳市场资金建设，企业运营若干年后，再转让给政府管理。

相信通过政府的引导和企业的努力，储能行业会成为下一个重要的新兴行业，在国民经济中起到举足轻重的作用。

第14章

可再生能源技术发展情况及对产业结构的影响

本章概要

可再生能源被称为非常规能源，主要包括太阳能、生物质能、水能、风能、地热能、波浪能、洋流能和潮汐能，以及海洋表面与深层之间的热循环等；此外，还有氢能、沼气、酒精、甲醇等。

可再生能源是有利于人与自然和谐发展的能源资源，已成为能源体系的主要组成部分。当前，开发利用可再生能源已成为世界各国保障能源安全、加强环境保护、应对气候变化的重要措施。

我国具有丰富的新能源和可再生能源资源。目前在中国，可以形成产业的可再生能源主要包括太阳能、风能、水能、生物质能、地热能等。

可再生能源产业已经被确定为我国重点战略性新兴产业之一，近年来技术的进步和企业数量的增多促进国内市场的不断成熟，拉动产业的日益发展。发展可再生能源，将给整个社会经济带来巨大的能源效应、环境效应和社会效应。

但由于尚处在发展初期，同传统能源的建设相比，可再生能源产业需要的投资同样规模巨大，但是利润率水平往往偏低，一些能够带来长久收益、促进可持续发展的新能源项目暂时不具备参与市场竞争的能力，须得到国家一定的政策扶植。因此许多国家都采取了优惠政策鼓励可再生能源的发展。制定有利于新能源和可再生能源的政策是国家扶持可再生能源发展最有力的支持。

发展可再生能源，可从四个方向着手：① 提高对可再生能源发展的认识，加强规划和领导；② 需要政府多种优惠政策推动可再生能源发展；③ 加强可再生能源技术的科研；④ 促进可再生能源产业化发展；⑤ 坚持自主创新，积极开展国际合作。

一、概念及核心要素

可再生能源是天然形成，并且在环境中重复产生的能源。相对广泛利用的煤炭、石油、天然气、水能、核电等化石常规能源，可再生能源被称为非常规能源，主要包括太阳能、生物质能、水能、风能、地热能、波浪能、洋流能和潮汐能，以及海洋表面与深层之间的热循环等；此外，还有氢能、沼气、酒精、甲醇等。由于其资源分布广、开发潜力大、环境影响小、可永续利用的特点，可再生能源在为人类提供源源不断的能源的同时，避免了自然资源的耗尽、气候的变化恶化，以及全球化石能源竞争的担忧。

太阳能

光伏发电是利用半导体界面的光生伏特效应而将光能直接转变为电能的一种技术。太阳能光伏发电的最基本元件是太阳能电池（片），也是太阳能发电的关键元件和技术。主要有单晶硅、多晶硅和薄膜电池等，其中单晶和多晶电池用量最大，同时，光热利用按温度可分为中低温和高温利用

风能

与其他可再生能源技术相比，风电最为成熟，且拥有更好的成本效益和资源来源，在过去十多年里风电呈现了爆发性增长。风电机组也变得更适应低风速环境下的能源利用，使得一些风力资源一般的地区也能够建设大规模风电场，推动了风力在更广泛区域的快速发展

生物质能

生物质是指利用大气、水、土地等通过光合作用而产生的各种有机体，即一切有生命的可以生长的有机物质通称为生物质。它包括植物、动物和微生物。广义上讲，生物质包括所有的植物、微生物以及以植物、微生物为食物的动物及其生产的废弃物

海洋能

波浪能是指海洋表面波浪所具有的动能和势能。波浪能是由风把能量传递给海洋而产生的，它实质上是吸收了风能而形成的。波浪能发电是通过波浪能装置将波浪能首先转换为机械能（液压能），然后再转换成电能

图 14-1 可再生能源技术的分类

二、国际国内发展现状

（一）可再生能源的发展

太阳能发电技术的发展尤其迅速。过去20年中，太阳能光伏电池的发电成本从8美元/W降至目前最低水平的0.10—0.15美元/W，在发达国家已经与天然气发电成本接近。在太阳光热利用方面，由于技术日趋成熟，应用规模越来越大，仅美国太阳能热水器年销售额就逾10亿美元。

过去风电曾被认为成本过高，近年来随着风电设备的不断发展完善，风电单位装机的成本开支从2000美元/kW降至800美元/kW左右（包括风电设备、项目施工等的综合成本开支）。

（二）可再生能源的应用

可再生能源的应用已经从我们熟知的水能、太阳能、风能扩展到光热能、生物质能、地热能和潮汐能等等。光热能除了我们熟知的太阳能热水器外还可以用于发电（或称集中太阳能发电，Concentrated solar power，缩写：CSP），它的原理在于，它用巨大的透镜或者反光镜将太阳光汇聚到一个很小的范围，用光转化成热能来推动蒸汽机轮来发电。

从实际应用看，目前除太阳能热水器和温室大棚的利用比较普及和成熟外，光热发电应用极少，英国、德国、法国、日本、美国等国家早在20世纪50年代就利用厌氧消化技术处理城市和工厂污水，既治理了污染，又获得了能源。稻壳、蔗渣等农林废弃物，直接发电或通过热解气化供热发电的装置在北美、西欧、日本和巴西等许多地区和国家屡见不鲜，在美国即有近400万/kW的装机。

利用液化技术将生物质转换成液体燃料（乙醇）部分替代石油已经在巴西和美国得到推广。两国依靠资源与技术优势，已成为世界上最大的两个生物乙醇燃料生产国，合计产量超过全球总产量的

70%；而德国的生物柴油生产能力在2010年达到600万吨，居世界第一，美国居第二位。

运用地热能最简单和最合乎成本效益的方法，就是直接取用这些热源，并抽取其能量。在我国的地热资源开发中，经过多年的技术积累，地热发电效益显著提升。除地热发电外，直接利用地热水进行建筑供暖、发展温室农业和温泉旅游等利用途径也得到较快发展。全国已经基本形成以西藏羊八井为代表的地热发电、以天津和西安为代表的地热供暖、以东南沿海为代表的疗养与旅游的开发利用格局。

潮汐能的利用方式主要是发电。潮汐发电是利用海湾、河口等有利地形，建筑水堤，形成水库，以便于大量蓄积海水，并在坝中或坝旁建造水力发电厂房，通过水轮发电机组进行发电。只有出现大潮，能量集中时，并且在地理条件适于建造潮汐电站的地方，从潮汐中提取能量才有可能。虽然这样的场所并不是到处都有，但世界各国都已选定了相当数量的适宜开发潮汐电站的站址。

（三）可再生能源的市场分析

太阳能发电技术的发展尤其迅速。过去20年中，太阳能光伏电池的发电成本从8美元/W降至目前最低水平的0.10—0.15美元/W，在发电发达国家已经与天然气发电成本接近。在太阳光热利用方面，由于技术日趋成熟，应用规模越来越大，仅美国太阳能热水器年销售额就逾10亿美元。

美国国土辽阔，适合发展太阳能的西部、南部地区地域广大，近年来新增装机容量快速增长。在加州一些地方，太阳能光伏发电成本已经低于当前的居民用电成本。在日本，由于2011年福岛核事故，日本政府暂停了国内大部分核电站的运营，导致对进口天然气和发电用油需求的剧增。为了应对国内能源问题，日本政府大力扶植、补贴太阳能产业。在欧洲，2011年欧债危机后德国、意大利等削减了对太阳能产业的补贴规模，未来几年新增太阳能装机有所减少。

表 14-1 各国每年新增太阳能发电装机容量情况

（单位：MW）

国家	2011	2012	2013	2014E	2015E
美国	1600	3315	5060	8000	12000
日本	1290	2086	7100	8000	8800
德国	7485	7604	3502	2801	2841
法国	1500	1079	1085	1350	1620
意大利	8971	3340	1571	750	810
欧洲其他国家	2007	3190	3127	3245	3847
全球累计	26599	29941	34950	42175	52200

资料来源：德意志银行

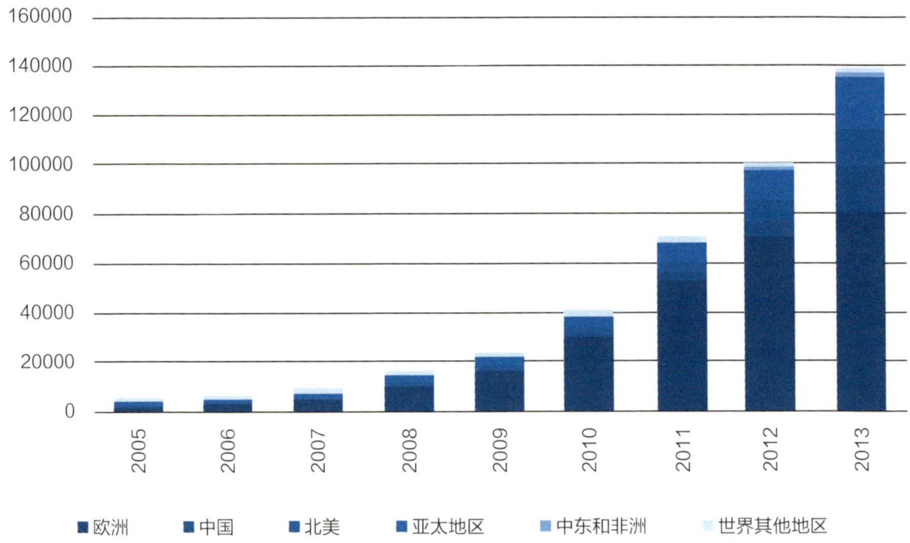

图 14-2 全球各地区累计光伏装机容量

资料来源：EPIA、东兴证券研究所

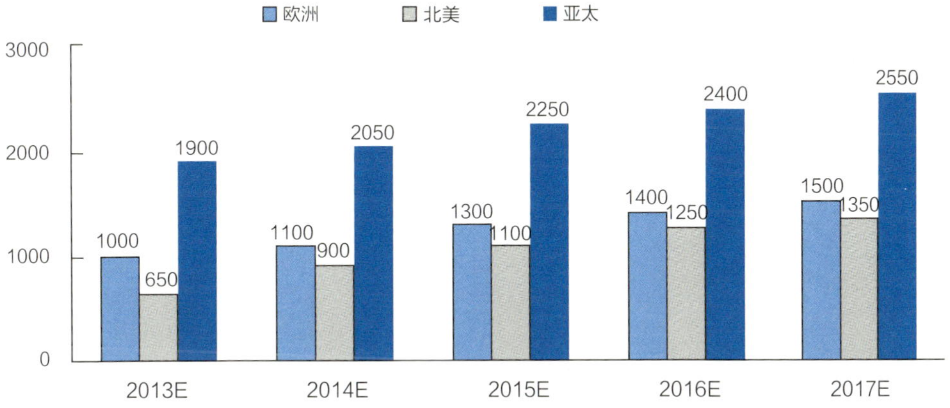

图 14-3 全球几大区域的每年新增风电装机容量（单位：万千瓦）

资料来源：Global Wind Energy Council

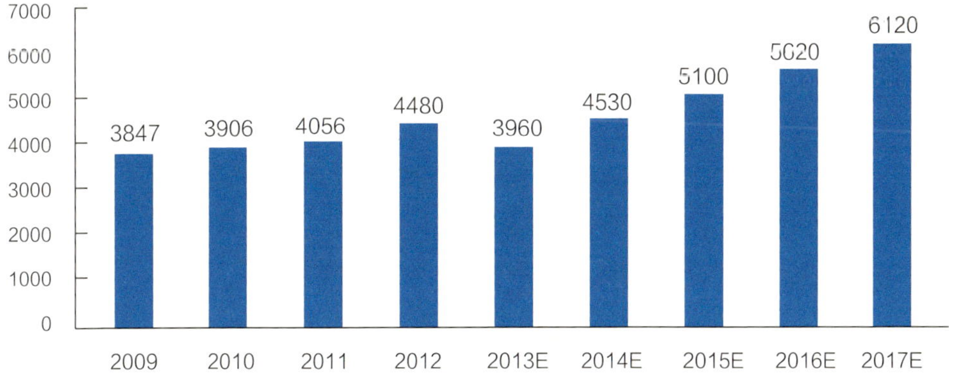

图 14-4 全球每年的新增风电装机容量（单位：万千瓦）

资料来源：Global Wind Energy Council

我国现在已经是成为世界风机制造大国，可以制造 1—3MW 的大型风电机组，且设备类型包括永磁直驱电机和双馈式异步电机。据估计 2012 年的风电设备业产值已经超过 1000 亿人民币。

表 14-2 全球领先风电厂商的市场份额

公司	2012 年全球市场份额（%）	国别
Vestas	12.9	丹麦
金风科技	9.4	中国
GE Wind	8.8	美国
Gamesa	8.2	西班牙
Enercon	7.9	德国
Suzlon	7.7	印度
华锐	7.3	中国
联合动力	7.1	中国
西门子	6.3	德国
明阳风电	3.9	中国

资料来源：招银国际

生物质能发电也从无到有发展迅速。据麦肯锡预计，到 2025 年，世界上生物质能发电量占总发电量比例会从现在的 2% 上升到 2025 年的 4%。但如果结合一些转基因技术的成果，这有很大的提升空间，例如研究人员正在试图利用光合作用使一种转基因的蓝藻，把大气中的二氧化碳直接转化成燃料。

三、对产业的影响

图 14-5 简要说明了可再生能源对产业的影响。

可再生能源产业已经被确定为我国重点战略性新兴产业之一，近年来技术的进步和企业数量的增多促进国内市场的不断成熟，拉动产业的日益发展。目前在中国，可以形成产业的可再生能源主要包括太阳能、风能、水能、生物质能、地热能等。

其中，民营企业成为产业发展主体（尤其是风电、太阳能），产业园区成为产业发展的重要载体，地方政府成为产业发展的重要力量。在政府、企业和园区协同作用下，可再生能源产业已经成为中国部分地方经济发展的突出贡献力量。我国利用科技攻关计划、高技术研究计划、产业化发展专项和重大装备专项等支持了太阳能热利用、光伏发电和风力发电设备及其零部件的制造，加快了可再生能源装备的国产化和本地化发展，形成了世界上最大的太阳能热水器产业；在光伏发电产品翻造方面形成了多家大型企业；在风力发电装备制造方面也形成了大批整机制造及零部件制造企业，为我国可再生能源装备制造业的大规模发展奠定了基础。

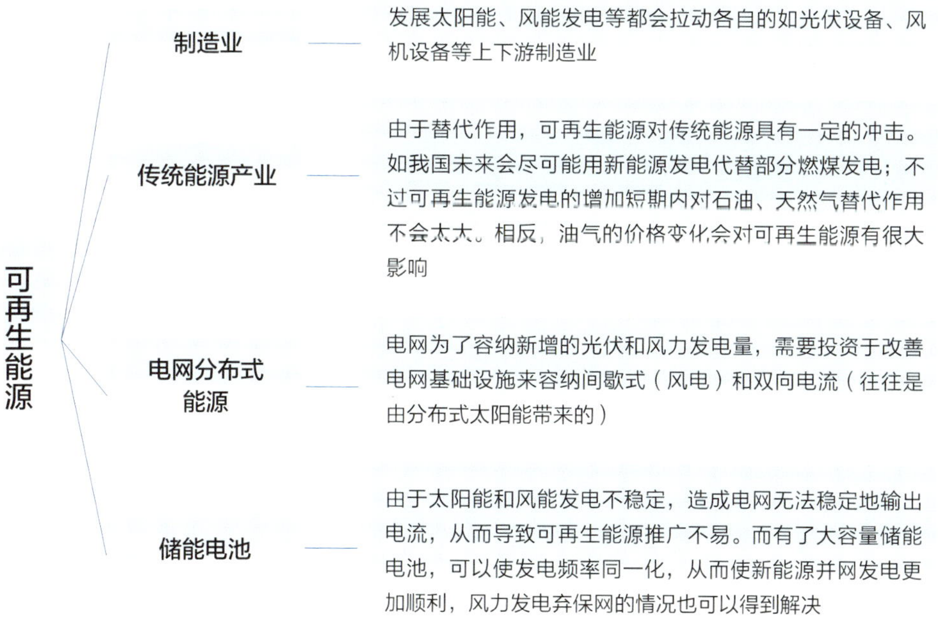

图 14-5 可再生能源对产业的影响

（一）发展风能发电对风机设备制造业的影响

风电最早发展在欧洲，欧洲的风电设备厂商起步也最早，目前仍然掌握了世界最先进的风电机组技术。自 2002 年开始，随着我国风电装机规模的大幅度上升，国家发展和改革委启动了风电特许权招标项目，开发多个 10 万千瓦规模的风力发电特许权项目，不仅促使了风力发电成本的下降，还逐步提高了风电装备的国产化比例，加快了国内风电设备制造商的发展，例如金风科技、华锐风电等国内领先厂商。

（二）发展太阳能对光伏设备制造业的影响

在过去的 20 年中，太阳能板的效率提高了 15%，而在实验室，效率甚至提高了 44%。而太阳能板的价格从 1990 年的 8 美元 /W 降到了 2012 年的 0.8 美元 /W。考虑综合补贴后的成本（Levelized cost of electricity，LCOE），从 2000 年 的 400 美元 /MW 降到 2013 年最低的 120 美元 /MW，而且降价趋势还会持续到 2025 年。这样可以促进世界总太阳能装机容量从 2012 年的近 3000 万千瓦上升到 2025 年的 1.5 亿千瓦，预计相当于届时世界总电能的 5%。这意味着我国光伏设备制造业更快发展仍然有广阔的发展空间。

当前中国已经成为世界太阳能电池的最大生产国。2009 年中国太阳能电池产量已经达到了 430 万千瓦，占全球份额已达到 40%。虽然 2009 年新增太阳能装机量达到 15 万千瓦，国内需求量仅占当年产量的 4%；到了 2012 年，全国太阳能电池产量 2300 万千瓦，占全球的 55%，国内需求仅占产量的约 20%。正是因为大量的光伏产品依靠出口，使得我国的太阳能电池产业过度依赖海外市场，所以特别容易受诸如欧债危机、美国对我国太阳能产品的惩罚性关税等事件的影响。2013 年尚德太阳能破产即是标志性事件。

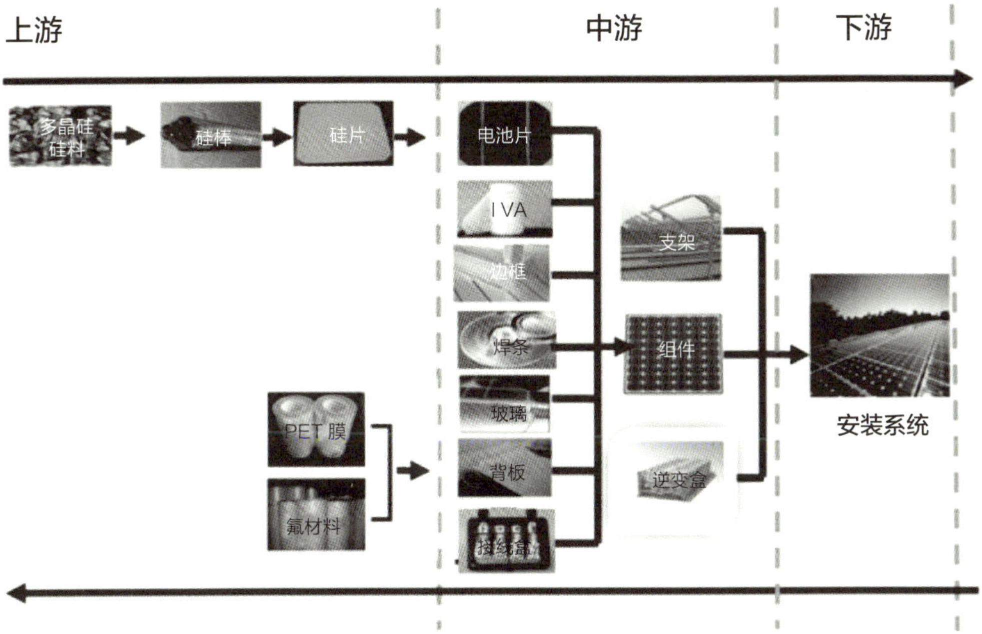

图 14-6 光伏产业链上下游划分

资料来源：中来光伏

展望未来，随着我国国内太阳能电站的快速布局，国内需求有望占到国内太阳能电池产量的 40%，进一步改善当前严重依赖海外市场的局面。

（二）发展可再生能源对我国传统煤炭、石油等产业的影响

可再生能源是对传统化石燃料能源的替代作用，对传统能源具有一定的冲击。但是由于新能源主要用于发电，而我国目前发电装机容量的结构是以煤电为主，水电为辅。鉴于燃煤产生的大量硫化物及温室气体，未来我国势必将尽可能用新能源发电代替部分燃煤发电，这样煤炭需求将有趋稳和减少的态势。

不过可再生能源发电的增加短期内对石油、天然气不会有替代左右。相反，油气的价格变化会对可再生能源有很大影响，比如比

较低廉的天然气和页岩气得到广泛的应用，可能会降低传统能源的价格，从而某种程度上延缓可再生能源的推广使用。

（四）发展可再生能源对电网分布式能源的影响

电网为了容纳新增的光伏和风力发电量，需要投资于改善电网基础设施来容纳间歇式（风电）和双向电流（往往是由分布式太阳能带来的）。这些投资巨大，但如果电网把清洁能源的投资当作一个整体来看待就很经济划算。比如太阳能和风电是间歇式能源，而水电是持续性能源。在好多地方，太阳能发电量最大的时候是中午，正好也是用空调等用电量最大的时候，正好可以匹配发电量和用电量。如果以后分布式能源进一步普及，家家户户屋顶都有了太阳能电池板，或者发电的地方离用电户不太远，这样的分布式能源就可以延缓对大规模输电网的投资，减少远距离输电线路的损耗，而且即使一个电网枢纽坏掉，也不会出现全城停电的状况，增加了电网的可靠性。

（五）发展可再生能源对储能电池的影响

大多数机械设备，需要稳定的电压和频率（如 220V ,50—60Hz），但当负载太大时，会导致频率变慢和电压不稳。同时，当负载不足时，频率还会增大，比如当太阳能发电时，有云遮挡太阳会导致瞬时发电功率不足，频率不稳。而在水力或火力发电时，发电频率是大致稳定的，但同时还会预留出 1%—4% 的发电功率用于平稳频率；而为了预留这些发电功率，会牺牲一些发电的产能利用率。

而大容量的储能电池可以很好解决发电功率浪费这个问题，利用这 1%—4% 预留的发电功率用于发电，提高发电量。之前由于太阳能和风能发电不稳定，造成电网无法稳定的输出电流，从而导致可再生能源推广不易。而有了大容量储能电池，可以使发电频率同一化。

四、中国面临的机遇与挑战

图 14-7 简要说明了我国新能源和可再生能源资源的利用情况。

太阳能

太阳能的利用技术进入新的发展阶段。2010 年之前由于太阳能发电的高成本，我国在该领域远远落后于欧洲国家，2011 年随着光伏发电技术的成熟、晶硅价格大幅度下降以及国家补贴扶持政策的落地，我国太阳能发电装机出现井喷

风能

风能开发利用继续发展。近年来中国已成为全球最大的风电装机市场，2013 年初以来，中国能源局增加了风电项目核准的速度，《能源战略行动计划 2014—2020》提出，到 2020 年实现风电平价上网

生物质能

生物质能利用技术又有新的发展。全国一半以上的农户普及高效率节能柴灶；户用沼气走上了稳定发展阶段；沼气综合利用与生态农业和农村持续发展紧密结合；近年来还开展了把秸秆等农林废弃物转换为优质气体、液化燃料等新技术的研究和开发，并已建成一些示范工程

其他

其他可再生能源的开发利用，也有了一定的发展。我国地热资源现已利用的相当于 400 万吨标准煤。在我国海洋能开发利用方面，目前已建有潮汐发电站总装机容量 5930 千瓦，年发电量 1021 万度；波浪发电试验电站也在建设之中

图 14-7 我国新能源和可再生能源的利用情况

总体来看，我国具有丰富的新能源和可再生能源资源。由于我国能源结构调整压力大，对可再生能源的强烈需求引导了产业快速发展，有的产业如光伏发电设备制造的产量已经走到了世界的前列，但一些关键问题一直没有得到解决，如技术水平不如西方发达国家，像风机的设计和关键部件还需要进口。另外，我国光伏设备和风电设备制造业主要依靠出口拉动，国外经济一旦不景气，国内依靠出口的新能源企业便死掉一大片，国家可以采取政府购买的形式或鼓励发电企业购买国内的新能源发电设备等，扶持一批能成为世界级的企业。从而抓住国内新能源大发展的机遇期，把新能源产业做到世界领先。

不同于传统产业，中国可再生能源产业几乎与全球同时起步。发展阶段，我国新能源产业的政策环境，以及技术、市场环境都发生了重大变化，并在国内外市场强势拉动下，凭借国内资源和制造成本优势，在短期内迅速成为全球可再生能源产业大国。

五、应对策略

可再生能源是一项具有深远意义的事业。但由于尚处在发展初期，同传统能源的建设相比，可再生能源产业需要的投资同样规模巨大，但是利润率水平往往偏低，一些能够带来长久收益、促进可持续发展的新能源项目暂时不具备参与市场竞争的能力，须国家给予一定的政策扶植。因此许多国家都采取了优惠政策鼓励可再生能源的发展。制定有利于新能源和可再生能源的政策是国家扶持可再生能源发展最有力的支持。

（一）提高对可再生能源发展的认识，加强规划和领导

各级政府和有关主管部门要提高对可再生能源重要战略地位和作用的认识，把推进其开发利用作为一项基本的能源政策，切实加强领导。把可再生能源建设纳入到国民经济建设总体规划之中，列入政府的财政预算。国家发改委、工信部、环保部等要加强协调与合作，制定统一的、切实可行的可再生能源的发展规划，指导和协调各个部门、地区的有关发展计划，并积极建立科学研究和产业化一条龙的开发体制。

（二）需要政府多种优惠政策推动可再生能源发展

国家发改委、工信部、环保部和财政部等应共同协商，根据我国可再生能源发展纲要和规划目标，技术类型和特点，应用前景和获利能力，分门别类地研究和制定相应的财政、投资、信贷、税收

和价格等方面的优惠政策。

1. 政府直接财政补助

增加财政资助力度，从全局的长远的利益出发增加对可再生能源的科研、技术产品的研制、开发的财政资助和投资力度，保证必需的资金投入，及时到位，加速产品工艺技术的突破和系统开发的过程。

2. 税收优惠

作为高新技术行业，当前很多新能源企业已享受到15%的优惠所得税税率。必要时亦可提高增值税、营业税等的优惠和减免。

3. 信贷扶持

加大信贷规模，提供低息贷款。要比常规能源发展有更具体的优惠的投资政策，加大产业化建设和服务体系的信贷规模，提供长期的低利率贷款。

4. 对价格的行政干预

在若干情况下，政府的行政干预是有必要的。例如为了促进风力发电，我国政府出台了风电上网的优惠价格，给予其大大高于火电和水电的价格，有力地刺激了近年风电行业的大发展。这些政策的制定必将加速可再生能源的产品进入市场，提高竞争力，最终依靠自身的发展潜力，确立并占有其应有的市场份额。

（三）加强可再生能源技术的科研

作为新兴产业，可再生能源行业的发展很大程度上取决于一个国家相关的科学技术水平。经过多年的发展，我国已经建立了一套产学研结合的体制，很多大学、科研院所也都与可再生能源企业建立了合作关系，这对我国风能、太阳能、生物质能等领域的发展起了巨大的促进作用。但是也应当看到，我国可再生能源行业在一些关键领域（例如光伏薄膜发电、海上风电、大容量电池储能技术等）的技术依然落后于世界领先水平，因此政府相关部门需继续鼓励、支持企业的科技研发，力争实现在关键技术领域的跨越性突破。

（四）促进可再生能源产业化发展

中央及各地区、各部门要重视科研成果的转化，把技术上基本成熟的产品尽快定型，鼓励企业打破部门、地区界限，实行横向联合，组织专业化生产。国家在投资、价格和税收等方面要有计划、有步骤地支持一批新能源骨干企业的发展，建立有规模生产能力的产业体系，使之不断提高产品质量，降低生产成本，扩大销路。建立国家级的质量监测系统。抓好产品生产的标准化、系列化和通用化。随着可再生能源产业的发展，必须尽快建立和发展相应的技术服务体系。应鼓励有条件有能力的个体和集体开办可再生能源技术服务公司，承包可再生能源设备的销售、安装、调试、维修等技术服务工作，加强对各类技术服务公司技术指导的职业培训，不断提高他们的服务能力和质量。

（五）坚持自主创新，积极开展国际合作

可再生能源开发利用是当今国际上的一大热点，要抓住当前大好时机，继续坚持自主开发与引进消化吸收相结合的技术路线，积极开展对外交流与合作。克服一切从头做起的思想，有目的、有选择地引进先进的技术工艺和主要设备，在高起点上发展我国可再生能源技术，进一步拓宽合作领域，加强与国际组织和机构的联系与合作，提倡双边的、多边的合作研究及合作生产。加强人、技术和信息交流。采取切实步骤，为吸收国际机构和社会团体、企业家和个人来华投资，独资或合资开办各种可再生能源实体创造条件。

第15章

基因组技术发展情况及对产业结构的影响

本章概要

新一代基因组技术与基因材料测序、修改技术相结合，具备先进的大数据分析能力，并可将基因“修补”、“矫正”、“整合”而造福于人类。

与20世纪90年代“人类基因组计划”相比，采用新一代基因组技术，基因测序和解码的整个过程只需花费几千美元和几小时就能完成，而“人类基因组计划”需要用13年的时间，花费27亿美元才能完成个人的基因组测序。快速的基因测序和高级的计算能力实现了测试系统化。

科学家们应用基因科学在能力和可获取性方面取得的进步，不断推动了基因的测序、解码和重组，改变生物的基因结构和特性，正对医药、农业、生物燃料等领域产生深入的影响。基因组技术已被广泛应用到生物学和生物医学研究，推动了转化医学的发展，在临床应用、人类疾病预警、药物研发和健康保障中获得了各种成果。基因技术在生物农业中的运用为现代育种、微生物农药、优秀畜禽品种资源的保护与利用、良种的快速繁育、疾病的预防和诊断治疗开发提供了更加广阔的途径。在新型生物质产业方面，基因组技术推动了可再生、可循环的农业有机物质生产，以及生物基产品、燃料与能源，由此形成新型生物制产业，颠覆相关的传统产业。

新一代基因测序技术有助于人们以更低廉的价格，更全面、更深入地分析基因组、转录组及蛋白质之间交互作用组的各项数据，广泛的应用为测序技术的集中化商业应用奠定基础，技术的不断发展的为基因检测的市场创造机遇。从应用范围来看，基因测序技术可服务于商品检验、法医鉴定、新要看IFA、生物农业乃至能源、环境、食品、健康、IT等领域。其中，医学方面的应用空间最大。

虽然新一代基因组技术将有机会推动产业结构调整以及新产业链的发展，实现资源优化利用，创造0.7—1.6万亿美元的经济效益，其应用与发展也可能引起一系列的社会、伦理及环境问题。面临我国日趋严峻的人口老龄化、食品安全保障、能源资源短缺、生态环境恶化等挑战，我国需发展基因组技术，加快新型药物、作物新品种、绿色种植技术、生物燃料和生物发电、生物环保技术、生物基产品等开发培育和推广应用。同时，根据社会伦理以及环境隐患等问题提出相应政策。

一、概念及核心要素

新一代基因组技术是包括新一代基因测序技术、大数据分析技术以及基因重组与合成的转基因技术的综合性技术。新一代基因组技术与基因材料测序、修改技术相结合，具备先进的大数据分析能力，并可将基因“修补”、“矫正”、“整合”而造福于人类。与20世纪90年代“人类基因组计划”相比，采用新一代基因组技术，基因测序和解码的整个过程只需花费几千美元和几小时就能完成，而“人类基因组计划”需要用13年的时间，花费27亿美元才能完成个人的基因组测序。快速的基因测序和高级的计算能力实现了测试系统化。科学家们应用基因科学在能力和可获取性方面取得的进步，不断推动了基因的测序、解码和重组，改变生物的基因结构和特性，正对医药、农业、生物燃料等领域产生深入的影响。

二、国际国内发展现状

（一）基因组技术的发展

1980年，英国生物化学家 Frederick Sanger 与美国生物化学家 Walter Gilbert 建立了第一代基因测序技术并获得诺贝尔化学奖，开启了基因组技术研究的大门。

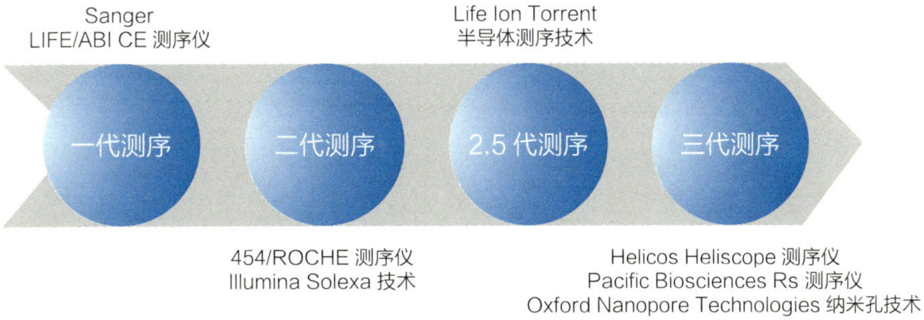

图 15-1 全球基因测序技术三阶段

1975 年的第一代基因测序技术的主要优点在于其读长（可一次读出结果的 DNA 片段长度）高达 1000 碱基对，准确性可达到 99.999%。第二代 DNA 测序技术是大规模平行测序。在保持了高准确性的同时，大大降低了测序成本，并大幅度提高了效率。第一代测序技术测完一个人类基因组需要 3 年时间，而使用第二代测序技术仅需一周。但在序列读长方面比起第一代测序技术则要短很多。第 2.5 代测序技术的核心突破在通量上。第三代测序是单分子基因测序，与前两代测序的核心区别在于减少操作步骤，降低成本以及传统法过程中的出错率。

技术的新突破树立了行业发展的里程碑，推进基因组测序大面积进入学术研究、药物研发、临床诊断以及个性化医疗领域。自 21 世纪以来，大规模平行测序平台（massively parallel DNA sequencing platform）已经发展为主流的测序技术。2005 年，第二代测序仪开始进入实验室，2011 年诞生的基于半导体技术的个人化基因测序仪，打破了传统的基于荧光和照相技术的基因测序占据市场的局面，将基因测序变得简单、快速和经济。2013 年，美国太平洋生物科学公司 (Pacific Biosciences) 推出的新型基因组测序仪平均读长达 5000 bp，最长读长超过 20000 bp，能够在 15 分钟内完成个人基因测序工作，费用不到 1000 美元。然而，不同时代测序技术并不互相排斥，由于四代测序技术都有其优势和局限，特定目的的基因分析应配合使用技术之间功能的互补性。

中国基因测序技术整体仍落后于发达国家。美国和欧盟发达国家技术领先，一直以来，中国开发的分析仪器主要局限于实验室，高通量测序仪等高端设备主要依赖进口。然而，从 20 世纪 80 年代至今，国内基因组技术发展迅速，由大学和研究所进入临床实验，并逐步将新一代基因组技术推广应用，不断突破技术发展。1998 年，国家人类基因组南方研究中心正式成立，成为中国在人类基因组研究开发领域的重要基地。1999 年成立的华大基因组中心，在我国基因组学发展过程中也同样做出了重大贡献。目前，华大基因等龙头已掌握世界领先水平的技术，复旦大学、中科院、清华大学、联合基因有限公司、军事医学科学院等单位已在基因芯片技术方面取得了较大突破，紫鑫药业等公司生产的基因测序仪也已达到第二代测序技术，并成功解决其测序片段长度短的缺陷。在2014年迎来自主研发努力的成果——新一代国产基因测序仪，进一步降低了基因测序的成本费用。

（二）基因组技术的应用

基因测序技术在推动分子生物学发展方面起着至关重要的作用，而快速获得生命体遗传信息意味着测序技术的每一次变革都对基因组研究、疾病医疗研究、药物研发、育种等领域产生巨大的推动作用。从应用范围来看，基因测序技术不仅应用于医学、生物学、古基因学、地质学、环境科学等科研领域，并且广泛应用于商品检疫、法医鉴定、新药开发、生物农业乃至能源、环境、食品、健康、IT等领域。

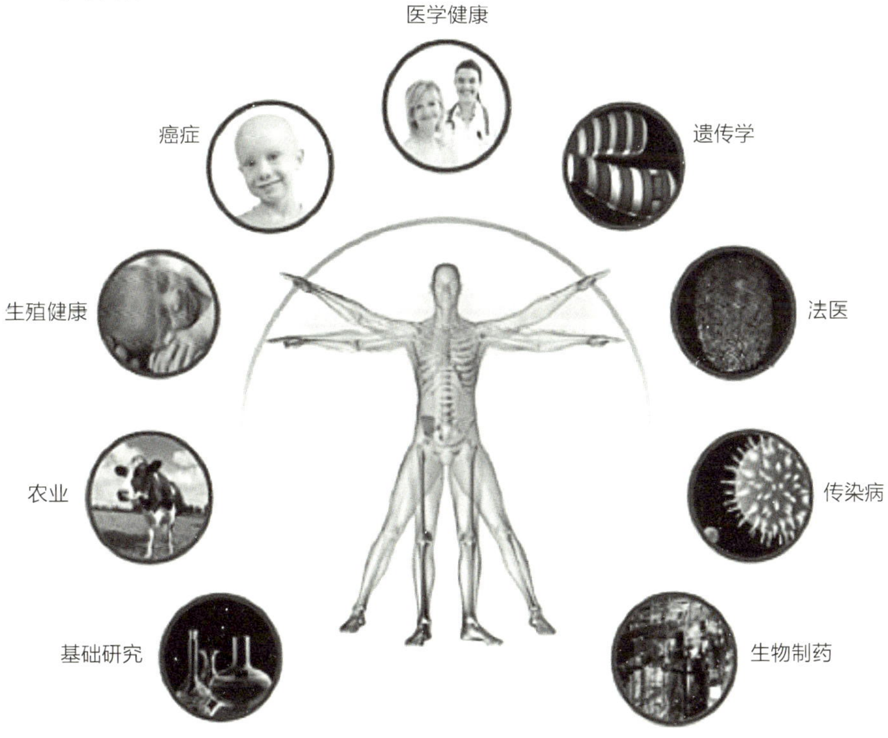

图15-2 基因组技术的主要应用

图片来源：Illumina伊卢米纳公司

在 2025 年，基因组技术预计将为全球带来 0.7—1.6 万亿美元的年产值。长远来看，医疗应用为最快增长点。从美国的发展情况看，预计繁殖和遗传病的市场空间将达到 20 亿美元，而美国以外的市场合计可以达到 50 亿美元。此外，基因测序技术还可以应用到试管婴儿和器官移植，潜在市场非常巨大，关于人类健康与基因关系的研究有赖于大数据等新技术的应用和支持，而每一个病种或者每一个基因研究的突破都将打开一片新的市场空间，当大量生物信息大数据被解读，基因测序市场将与疾病预防相结合，开启新的技术时代。

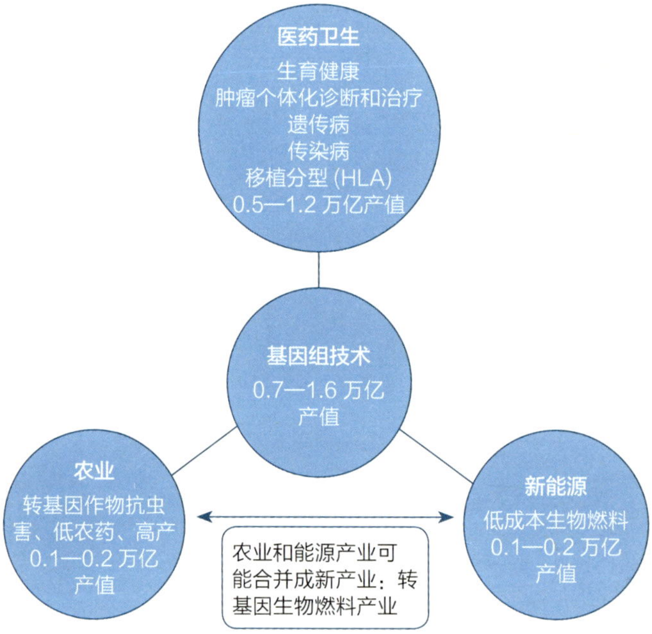

图 15-3　2025 年基因组技术应用于各项领域预计年产值

自新一代测序技术诞生以来，基因测序产业迅猛发展，全球基因测序市场总量从 2007 年的 794.1 万美元增长至 2013 年的 45 亿美元，预计未来几年全球市场仍将继续保持快速增长，2018 年达到 117 亿美元。只肿瘤治疗这一目标的市场空间就高达 110 亿美元，而主要目标市场至少在 230 亿美元以上。

全球基因测序市场的增长点从基因测序仪转到基因测序服

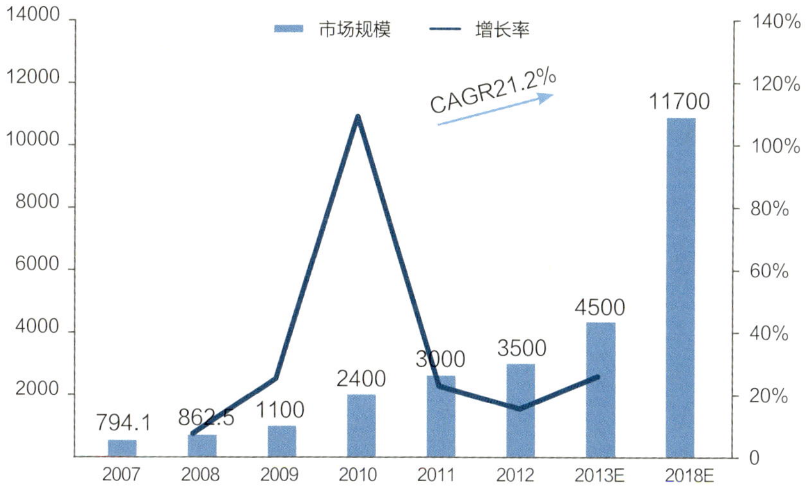

图 15-4 全球基因测序市场规模预测（单位：百万美元）

数据来源：BCC Research、国泰君安证券研究

务。国际市场上美国占据主导地位，由于我国技术发展仍然相对滞后，近年来将主要增长点还在于基因测序仪和配套设备的研发和销售。TechNavio 分析机构统计的 2012 年全球基因测序设备和服务市场数据显示，美国占 64.4%，欧洲、中东、非洲（EMEA）占 23.42%，亚太地区占 12.18%。亚太地区尤其是中国和印度的增速最快，以占基因测序 70% 的新一代测序市场为例，2012 年至 2017 年中国和印度的复合年均增速均介于 20%—25%，为全球各国基因测序增长最快的市场。

图 15-5 新一代测序市场 2012—2017 年复合年均增速

三、对产业的影响

基因组技术已被广泛应用到生物学和生物医学研究领域。并将为生物医药、生物农业、生物制造、生物能源等领域带来革命性的变革，进而深刻影响生物产业的发展。

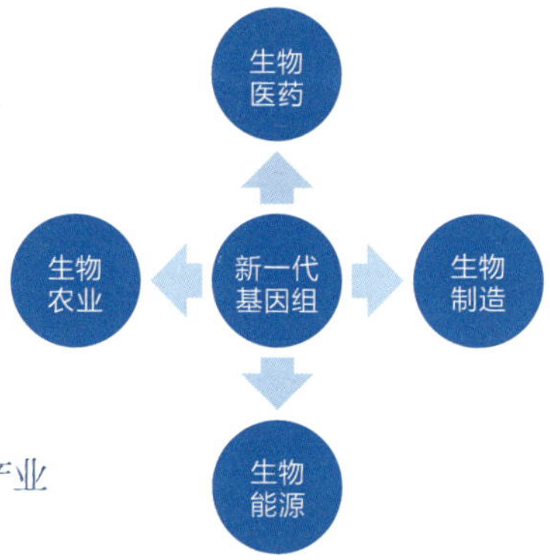

图 15-6 新一代基因组技术影响的产业

资料来源：根据公开资料整理

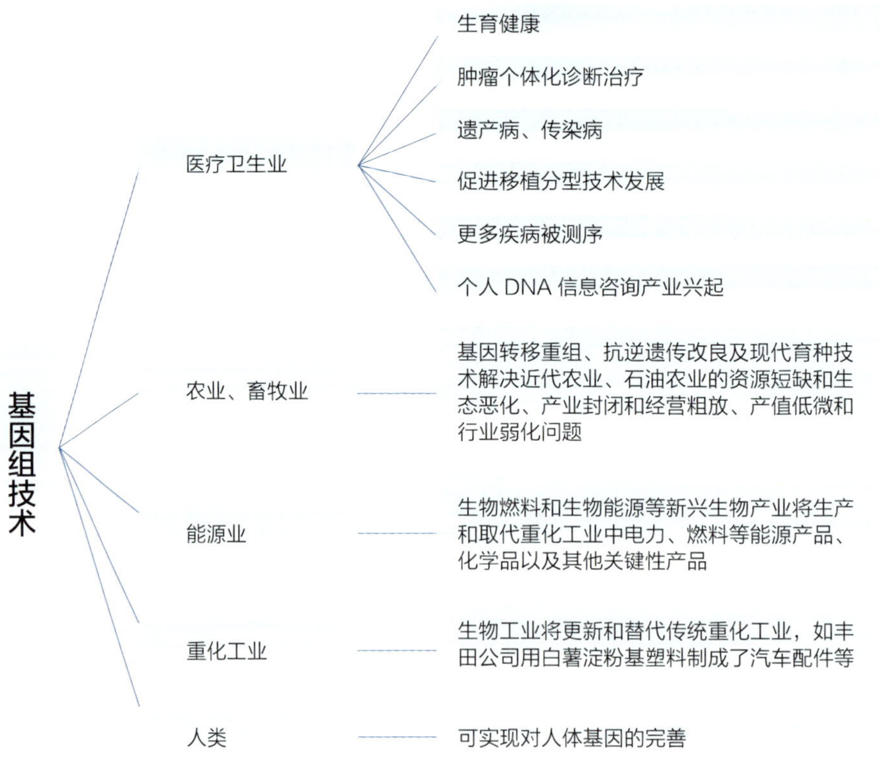

图 15-7 基因组技术对产业的影响

图 15-7 简要说明了基因组技术对产业的影响，以下是其对产业的具体影响。

（一）临床应用广泛，医疗卫生领域快速发展

新一代基因组技术推动了转化医学的发展，将基础研究获得的成果转化为临床应用、人群疾病预警、药物研发和健康保障。随着技术的突破和成本的降低，新一代测序技术高通量、高灵敏度、不需要了解遗传背景（无偏假设）的优点为临床领域的实践提供了有效、便捷、廉价的服务手段和模式，并将临床应用领域逐步拓宽。基因测序主要影响了医学临床上的五个领域：生育健康、肿瘤个体化诊断和治疗、遗传病、传染病、移植分型 (HLA)。

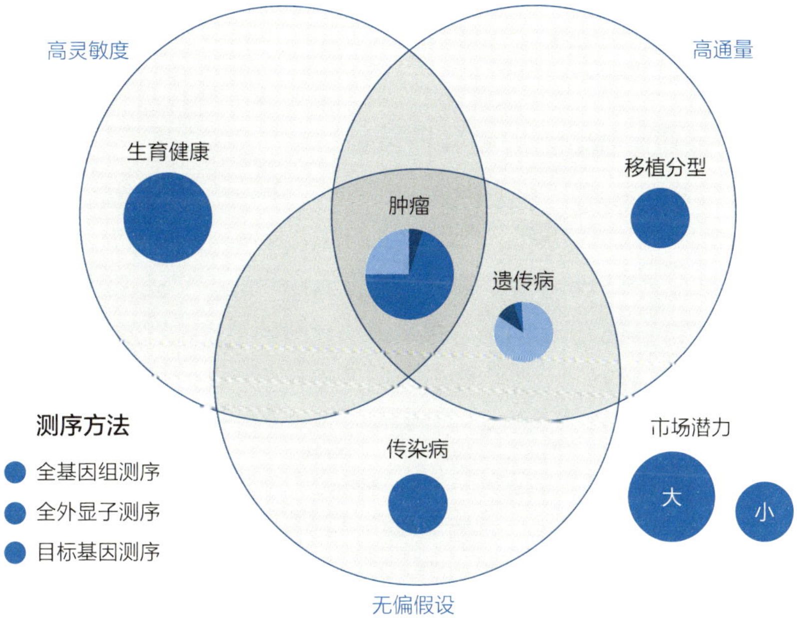

图 15-8　基因测序的临床应用范围及方法

资料来源：根据公开资料整理

个人基因测序可检测患某种病的发生概率、易感性和抗药性，从而提示患者如何预防。对于患者的疾病，医生可以对症下药并根据个人情况而适用不同剂量以增强疗效并最小化副作用。从癌症来

看，基因测序是治疗的第一步，进而研究导致癌症的致病基因和驱动突变，然后攻克癌症。

基因检测还可以确定父母是否有遗传疾病或者基因缺陷，并可对婴儿状况进行检测。基因测序仪已走出研究所和实验室，走进了医院乃至家庭。目前，白血病、肺癌、乳腺癌、胰腺癌等均已被测序，未来更多疾病也将被测序。国内，基因检测试剂已被逐渐应用于各大医院。基因测序的商用发展迅速，基因检测市场化的产物包括直接面向用户（direct to consumer）的个人 DNA 信息咨询产业。用户利用互联网和快递寄送得到检测试剂盒，采集的唾液将被寄送回公司，并从中提取用户的基因，检测结果可直接从网上查询获取。

自 2007 年开始，一些基因组技术公司已开展商业化的全基因组测序，提供亲缘分析或亲子鉴定服务以及疾病风险评估。由此，用户根据某些已知基因位点的检测结果，在日后的生活中对饮食，生活方式以及相关的方面进行预防和干预。

（二）推动生物农业、畜牧业发展

新一代基因组技术推动生物农业的巨大发展，将解决近代农业、石油农业的资源短缺和生态恶化、产业封闭和经营粗放、产值低微和行业弱化问题，从而有利于根本解决我国的“三农”问题。新一代基因组技术将基于分子生物学理论的现代生物工程技术（基因、蛋白质、细胞、酶、发酵五大工程技术）、信息技术、自动控制、精细化工、空间技术等其他现代工程技术，对近代农业的基础资源和天然禀赋进行物种基因转移重组和抗逆遗传改良。同时，新技术将对石油农业的产业性质和功能、产业链接和关联、产品性能和品质、农艺流程和管理进行分子生物化层次和信息智能化、自动控制化水平的更新和替代、转换和升级。

新一代基因组技术促进了分子标记、转基因、细胞工程等现代育种技术领域的发展，开发了育种新材料，构建了新型抗逆、抗病虫害或抗草甘膦转基因农作物，取得了超级稻、优质专用小麦、高产优质玉米、转基因抗虫棉等一批新成果。在微生物农药研究领域，我国科学家利用生物技术对细菌进行遗传改良，已开发出具有自主知识产权生物农药产品，并被输出到国际市场。

新一代基因组技术为优秀畜禽品种资源的保护与利用、良种的快速繁育、动物营养与饲料资源的开发利用、疾病的预防和诊断治疗开发提供了更加广阔的途径，促进了优质高效现代畜牧业的发展。应用转基因技术可将具有抗病性、高生产力等的基因引入动物体内，从而获得高产、优质、抗病的转基因畜禽新品种，达到充分提高资源利用率，降低生产成本的目的。

（三）新兴生物质产业颠覆传统产业

新一代基因组技术的飞速发展推动了可再生、可循环的农业有机物质生产、生物基产品、生物燃料和生物能源，由此形成新兴生物质产业，颠覆相关的传统产业。新兴生物产业还将生产和取代重化工业中电力、燃料等能源产品、化学品以及他关键性产品。专家比喻，通过新一代基因组技术，用重化工业方式获取的“黑金”可以被新兴生物质产业生产的“绿金”所代替。例如，美国和巴西利用玉米和甘蔗生产燃料乙醇，计划在2020年使生物质能源和生物质基产品较2000年增长20倍，达到能源总消费量的25%。此项基因组技术的应用将使每年碳排放量减少1亿吨，同时增加农民收入200亿美元。欧洲国家也以油菜生产生物柴油、以林业废弃物固化成型燃烧以及沼气发电，欧盟委员会提出到2020年，运输燃料的20%将用燃料乙醇等生物燃料替代。英荷皇家壳牌石油公司估计21世纪的前50年，生物质将提供世界化学品和燃料的30%。我国每年有7亿多吨作物秸秆、25余亿吨畜禽粪便及大量有机废弃物和2亿多万吨林地废弃物等农林废弃物，可年产出相当于目前全国年商品能源消费量70%的8亿吨标煤能量，并可同时减排数亿吨二氧化碳和消除作物秸秆就地焚烧、林地废弃物燃烧及畜禽粪便对大气、水体的污染，还可用全降解生物基塑料替代覆盖1000多万公顷农田、导致土壤肥力衰退的不可降解的石油基塑料，保护耕地肥力和根治白色污染。不宜垦为农田的1亿多公顷边际性土地种植能源植物，可年产出或替代相当于目前全国石油年消费量的 1 倍的 6 亿吨燃油，可以新增相当于现农业年总产值的约 3 万亿元生物工业产值，并大量吸纳农村富余劳动力和大幅度提高农民收入，全面推进农村现代化、城市化。

（四）推动产业结构调整、新产业链的发展

一是生物工业将更新和替代传统重化工业。生物轻工业包括生物家具、食品、纺织及服装工业、生物材料工程产业、生物建材工业、生物信息产业、生物海洋技术工业、生物石化工业、生物医药工业、动植物基因工程产业、胚胎生物工程产业、畜禽水产用生物制品产业、海水养殖多倍体技术应用产业、天然生物活性物质产业、发酵技术工程产业、生态环境技术工程产业等，将更新和替代重化工业中很大一部分行业和产业的内容。比如，丰田公司用白薯淀粉基塑料制成了汽车配件，富干通公司用玉米淀粉基塑料替代了计算机的塑料外壳。

二是新一代基因组技术推动产业结构调整、新产业链的发展，实现资源优化利用。种植业将从粮、经、饲“三元”向粮、经、饲与能源、医药、生态“六元”产品和产业结构调整，养殖业将从衣、食、用“三元”向衣、食、用与能源、医药、生态“六元”产品和产业结构调整。生物农业与新兴生物质产业的链接意味着对传统农业、石油农业，以及重化工业性质和内容的更新替代。这将充分扩展、利用和节约宝贵的水土资源、能源和光合作用可利用水平资源，低成本高收益地取得经济、生态、社会综合效益。

（五）对人体基因进行完善

新一代基因组测序技术将实现通过对人体基因的完善，制造更聪明、更完美、更长寿的人类。例如，基因生殖技术是通过基因组技术、生殖技术手段去阻断、剔除可能的遗传性疾病而获得后代，或者按照自己的意愿去改变或增强新生后代的某种性状。

四、中国的差距与面临的挑战

虽然基因组技术应用的范围越来越广泛，但在基因组技术开发方面，中国仍落后于发达国家，中国发展基因组技术更多的是面临着差距和挑战（见图15-9）。

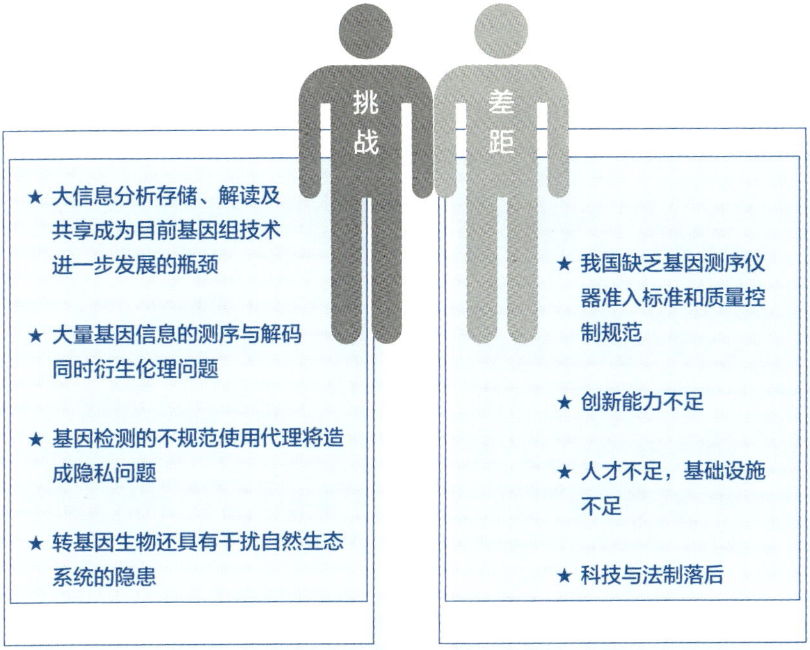

图15-9 中国基因组技术的差距和面临的挑战

一是国家缺乏基因测序仪器准入标准和质量控制规范，而众多小企业快速兴起，导致市场混乱。

二是大信息分析存储、解读及共享成为目前基因组技术进一步发展的瓶颈。新一代测序技术该给临床医学大量遗传信息的同时，企业在相关产品和服务的安全性有效性和临床应用技术方面存在风险，但是这一领域的行政审批监管仍然滞后。例如，美国强调了对遗传风险和药物反应评估的准确性，因为假阳性和假阴性将可能导致严重的健康后果。不同的基因检测公司所得出的结果可能会有差异，其检测结果和各公司所积累参照的数据库高度相关。这种差异的存在，在评估个体用户的健康风险，甚至指导其健康管理时可能会造成不良后果。由于基因测序所生成的原始数据并不能反映任何有价值的信息，必须通过专业人员进行分析和解读，因此如何利用计算机科学和信息技术揭示大量而复杂的生物数据所赋有的规律对于整个基因测序行业尤为重要。然而，由于数据量的庞大、数据的复杂性，现今的生物信息分析涉及的数据存储、解读及共享是整个基因测序行业目前面临的最大难题。

三是大量基因信息的测序与解码同时衍生伦理问题。从基因治疗到基因生殖，甚至克隆人的技术发展，从根本上打破人的生命的自然生成，被视为“违背自然法则”。基因组技术应用于人类可能使整个人类的自然构成与自然进化过程受到人为技术的强行干预和侵扰，造成不可预计的后果。例如，基因生殖技术带来的“积极优生”则存在很大的问题，会产生严重的伦理后果，带来对自然秩序和社会秩序的双重冲击。为了使后代更强壮或更聪明而实行基因遗传上的操纵，可能违背生命规律的某种平衡，在改变或增强新生后代的某种性状之时，使之内在的生理、心理构造失去平衡，从而影响到后代独特的个性与自主选择的权利。此外，“改善”、“完善”人体为目的的基因生殖技术手段将形成人类之间的不平等。

四是基因检测使用代理的不规范将造成私隐问题。储存有大量基因信息的个人隐私，可能被泄露。利用 DNA 合成技术增加生物恐怖分子制造新的生物袭击物质的机会。大量基因信息的解码产生的影响和效益所有权的问题也是全球社会经济平衡发展的关键。

五是转基因生物还具有干扰自然生态系统的隐患，包括失去自然界生物多类状态。

五、应对策略

面对当前的差距和挑战，我国发展新一代基因组技术可以从以下几个方面着手：

（一）鼓励发展新一代基因组技术

实现创新自主研发、突破基础生物信息学瓶颈。例如，发挥国家级高新技术园区和高技术产业化基地的骨干作用，建立不同研究计划之间的协调机构并简化和集中资助渠道，加强国立科研机构与地方、企业的联合，推动研究进步和产业更新与转型。

在产品与服务应用上，国家卫生主管部门、国家卫生部门临床检验中心以及国家食品药品监督管理局应提倡用户选择国内仪器。国内仪器价格不仅只有国外的三分之一左右，其性能也接近国外仪器。节省大量外汇的同时，能促进国产仪器的技术进步，民族产业的发展，打破国外厂商的垄断局面。

由于部分疾病在不同地域、种族间具有明显特征差异，基于欧美人种的研究成果不适于直接应用于亚洲人。我国依赖临床数据库的不断积累，并通过生物信息解读展开充分发掘。通过解读特异于中国人的遗传密码，建立有国家和民族特色的遗传药理学理论体系，以开启我国个体化药物治疗时代。

（二）提出完善我国人体基因资源保护立法的对策

限制人体基因资源的滥用，保障我国人体基因资源。比如，建立国家和机构的生物伦理委员会。人体基因资源专门法保护则应包括两方面内容，即人体基因资源的权属关系及基因资源提供者的权益保障和人体基因资源的管理。其他部门法，如刑法、民法、专利法、诉讼法也应根据人体基因资源法律保护的需要做出相应的调整，从而使整个人体基因资源法律保护体系更加完备。面临国际竞争对手，我国在基因专利中的实用性审查标准要结合我国在基因组技术领域的实际情况而定，既要考虑最大限度地保护我国基因资源，又要促进我国基因技术的良性发展。

（三）完善基因组技术市场秩序

强调监管制度。对于已成熟的临床应用，政府应当规范技术、价格，强调质量监管、伦理隐私保护。

从目前看，相关的制度规定不完善成为国内基因测序技术发展的最大不确定性。基因测序技术在中国尚未取得临床体外诊断应用许可，尚处于试点期。2014 年 2 月 9 日，国家药监总局和卫生计生委叫停了基因测序的临床应用，但紧接着 3 月 6 日，卫生计生委又迅速开放了临床应用试点，政府态度出现明显改变，有利于行业的健康发展。国外亦不乏对基因测序技术加强监管的案例，美国采用了有效兼顾监管和鼓励创新的“实验室开发诊断试剂监管模式”（LDT），即在实验室内部研发、验证和使用，以诊断为目的进行体外诊断实验，取得临床实验室改进修正案（CLIA）标准相关认证后，检测结果即可用于指导临床诊疗，预计中国未来也可能参照这种模式。

第16章

颠覆性技术对产业的影响——以产业为脉络

本章所涉及的产业概览

- 产业
  - 第一产业
    - 农业
  - 第二产业
    - 建筑业
    - 制造业
    - 能源业
  - 第三产业
    - 金融业
    - 信息产业
    - 交通运输业
    - 零售业
    - 健康医疗业
    - 文化产业
    - 教育
    - 旅游业
    - 家庭与个人服务
    - 政务办公
  - 其他方面
    - 环境、基础设施等

一、颠覆性技术对第一产业的影响

在互联网、物联网尤其是云计算技术的推动下，海量数据已渗透到农业的各个环节和方面，这些颠覆性技术的突破推动农业、农村、农民迈向全面的信息化时代，使农民及时发现农业生产活动中的各种问题，而生物技术在农业领域的应用，又为这些问题的解决开辟了全新的思路。与此同时，集传感技术、人工智能技术、通信

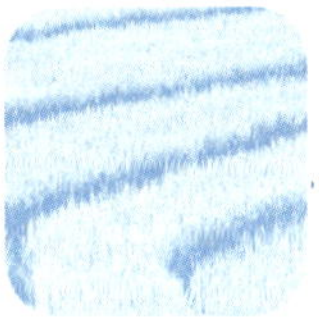

精确化生产

信息化平台使农业数据更加精确、全面和即时。物联网的应用可实现农作物和生长环境的相互匹配；大数据的挖掘可为农产品做智能标签，使农作物管理细化到单株作物；大数据经云计算处理，对生产、加工、物流等各种数据分析，亦可实现整个生产的精准化监测和科学化管理，帮助管理者做决策

安全绿色型农产品

新一代基因组技术可对物种基因进行转移重组和抗逆遗传改良，这一方面缓解了农业资源紧缺、生物多样化退化的紧张局势，另一方面大大提高了农产品抗虫害能力，使农产品更加安全、绿色；而物联网技术可通过监控数据，追溯农产品产地、流通来源，用另一种方式来实现农产品的绿色无公害

智能化农业

通过远程操控，物联网可以使很多生产过程实现自动化、智能化；通过将各种精密技术集成一身，农业机器人作业可以大大提高农业劳动的质量和效率，同样可以实现生产过程的自动化和智能化

信息化农村

通过农村内外部数据整合，实现户、村、农产品之间的信息配套及农民、农村、农业三层面的数据共享，解决信息技术和产品种类少、数量少的状况，实现整个农村的信息化

智慧型农民

大数据感应系统可让农民准确掌握农作物生长状况，实现精确的生产性指导；农村智能大数据分析系统可让农民对市场、政策、生产活动进行准确并有效的预期；云计算技术可让农民按需部署或定制所需的农业信息、农业知识普惠服务；等等。这一系列技术的应用易于懂技术、不盲从的智慧型农民形成

图 16-1 颠覆性技术对农业的影响

技术等多种精密技术于一体的先进制造技术也在为信息化农业的建设贡献着力量，它使信息技术在农业领域中的应用更加具体化和集成化。这些未来颠覆性技术在提高农业生产力、改变农业生产模式、实现农业精准化等方面都显示出了明显的优势。

二、颠覆性技术对第二产业的影响

（一）颠覆性技术对建筑业的影响

颠覆性技术中对建筑设计业影响最大的当属 3D 打印技术，它解决了传统建筑业的很多难题，到达传统建筑业无法企及的高点。未来建筑行业以及城市的样貌，都可能因为 3D 打印技术而变革。3D 打印给建筑业带来的革新主要体现在“四高两低”（见图 16-2）。

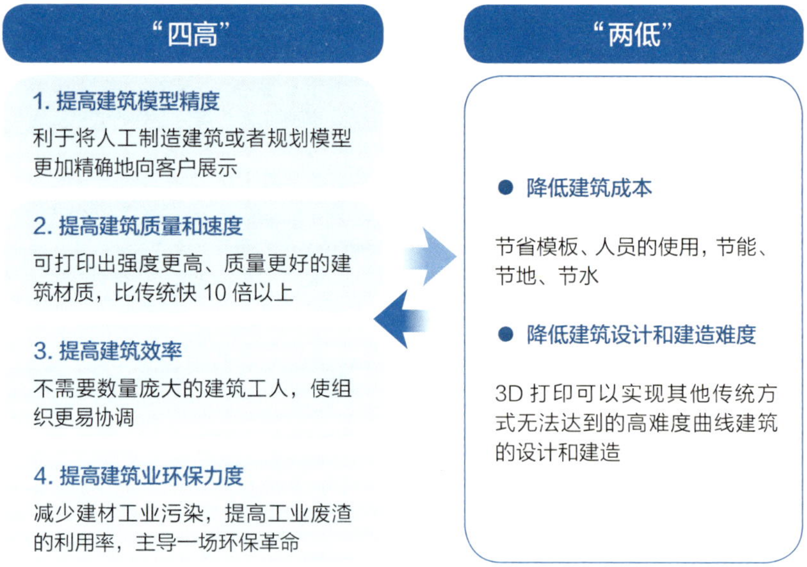

图 16-2 颠覆性技术对建筑业的影响

（二）颠覆性技术对制造业的影响

新一代信息技术的发展渗透到制造业价值链的各个环节，这种

- 颠覆性技术对制造业的影响
  - 推动制造业产业链重构
    - 信息技术渗透到制造业产业链的各环节，全面推动着制造业和服务业的融合创新，新业态、新领域不断催生
    - 如车联网从需求、生产、供给等各方面对整个汽车产业链产生了极大影响
  - 智能制造 促使传统制造业升级
    - 如物联网融入制造业各环节，可大幅提高制造业效率、产品质量，降低产品成本
    - 如物联网与 3D 打印结合，通过读取信息便可复制物品的新型制造业得以出现
    - 如机器人技术发展使生产线自动化、标准化、精细化，进而推动“无人工厂”出现
    - 如先进材料技术的发展，则满足了新型制造业对材料高质量、高性能的要求
  - 服务制造 创新制造业运营模式
    - 两方面：投入服务化，即服务要素投入增大；产出服务化，即服务产品产出增大
    - 如三一重工通过移动通信模块的设立，对制造业各环节设备进行的实时维护
    - 如云计算技术的发展，使企业作为商品出售的虚拟化“制造能力”
  - 协同制造 改变制造企业组织模式
    - 如互联网使供应链上企业和合作伙伴共享客户、生产经营信息，组织向分散转变
    - 如云计算能将个性化的工厂、小设备公司结合，形成制造个性化产品的产业链条
  - 网络制造 精准制造企业战略方向
    - 网络制造的发展，对制造业企业的战略方向不断给予修正和引导
    - 如大数据应用，使企业及时发现、解决存在的隐形问题，对企业未来事态进行预测
    - 如云计算预测市场需求和消费者的个性化需求，3D 打印可将这种个性化实现
    - 如自动驾驶汽车技术的发展，对汽车整车和零部件制造企业指明了需求方向
  - 绿色制造 保障制造业可持续发展
    - 综合考虑环境影响和资源消耗的绿色制造模式，可保障制造业可持续发展
    - 如风能、太阳能等可再生能源技术提高，促使风机设备、光伏设备制造业快速发展
    - 如 3D 打印技术在制造产品时，更节约材料，原材料利用率更高，使用材料更环保，企业经济效益和社会效益得到协调优化

图 16-3 颠覆性技术对制造业的影响

渗透不仅包含着技术的渗透，也包含模式的改变。物联网、云计算、互联网及大数据技术的应用使制造业企业做到信息实时采集、流程实时监控，修正着制造业企业的战略方向，而价值创造过程中的大量数据的感知，又给传统制造业的升级带来了契机。先进制造技术稳步发展，促使制造业信息化和智能化得以有效结合。在这个过程中，可再生能源技术则为制造业的升级提供了良好的外部环境，引导制造业向着可持续的方向发展。

（三）颠覆性技术对能源业的影响

能源可分为一次能源和二次能源，而每类能源都又可以分为可

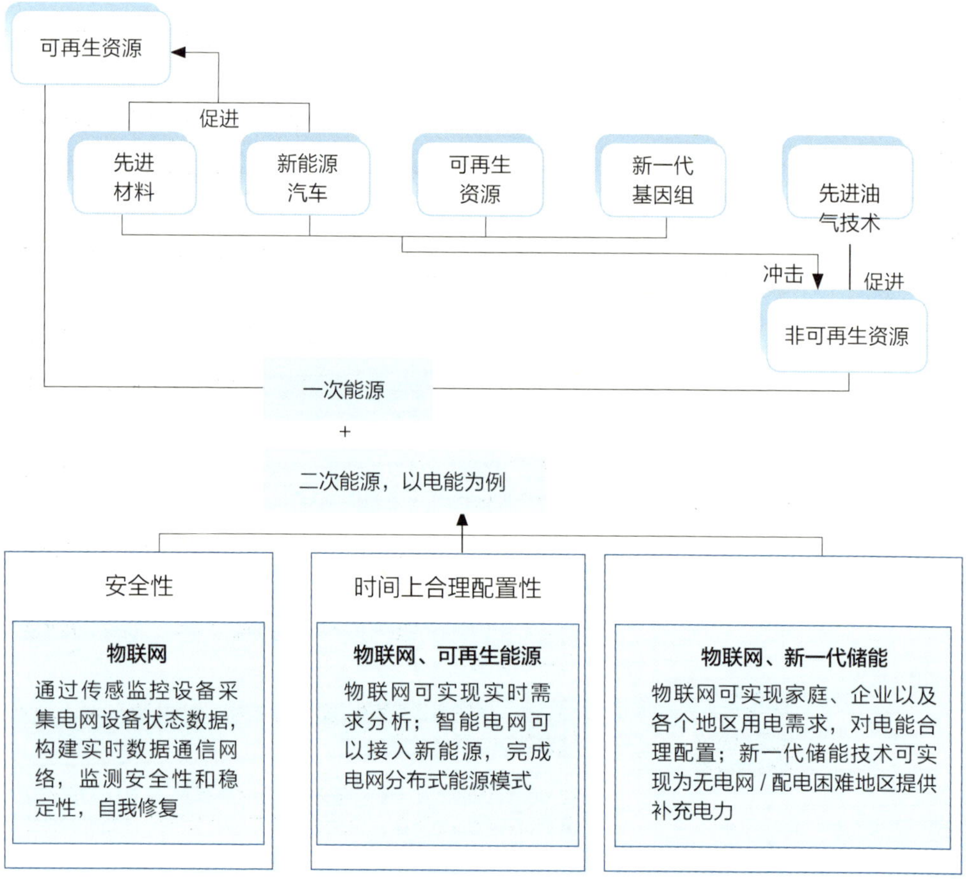

图 16-4 颠覆性技术对能源业的影响

再生能源和非可再生能源。对于一次能源，其包含的可再生能源主要有：风、水、海洋热能、地热、地震、太阳辐射、潮汐等；非可再生能源主要包含煤、石油、天然气、油页岩、核燃料等。由于可再生能源和非可再生能源的替代性，颠覆性技术对两者的影响往往是相反的，而作为二次能源的电能，它与人们的日常生活息息相关，更易受到颠覆性技术的影响，表现出向着智能化方向发展的强大趋势。

三、颠覆性技术对第三产业的影响

（一）颠覆性技术对金融业的影响

大数据、云计算、移动互联网以及知识型工作自动化技术共同推动着金融行业金融产品和服务的创新。大数据和云计算技术的应用使得金融业走向信息化时代，这些颠覆性技术孕育着金融产品的创新机会，提升了客户的服务体验，同时降低了金融业的运营成本和金融风险。移动互联网与传统金融业的融合带来了移动金融业的蓬勃发展，在金融业内部移动办公模式成为可能，既提高了企业内部的工作效率，又降低了运营成本，同时移动智能终端应用把客户带进了便利消费时代。知识型工作自动化这一智能技术的应用，使得人工智能系统组织逐渐代替以往的金融从业人员，提高了金融产业运作的自动化。这些颠覆性技术的应用在提高金融业工作效率、降低运营成本和金融风险以及最佳客户体验上都起到了不可或缺的作用（见图 16-5）。

（二）颠覆性技术对信息产业的影响

以物联网、大数据、云计算为代表的新一轮信息技术革命，同样会对其本身所在的信息产业产生巨大的影响，这些技术在各个领域中的应用，使信息技术领域不断催生出更新的技术、产品和应用，

1 基于互联网所带来的大数据，数据分析团队可以对未来互联网金融产品进行设计、定价、管理、风险控制，使之更紧密贴合消费者需求；基于云计算技术，金融业发挥创造性，迎合市场需求，出现了云保险、一站式财富管理等新兴业态

2 大数据使服务渠道从传统渠道转向新的客户接触点，如社交媒体网站；通过云服务的全面信息，金融机构组成产品服务体系，为不同地理位置的不同客户提供同样细致周到的产品体验；通过移动智能终端，移动互联网让更广泛的人群享受到更优质的金融服务

3 知识型工作自动化使人工智能系统代替工作人员，使得金融产业运作更加自动化。比如，使用人工神经网络系统协助银行的顾客服务系统核对账目，发行信用卡和恢复密码等

4 大数据可提供信贷征信、反洗钱、反欺诈、金融环境变化等风险评估和预警信息，降低信息不对称带来的各种金融风险；云计算平台可以提供金融全网信息及客户信用分析，使金融机构降低系统性金融风险；同时，由于缺乏监管，互联网金融时代有着新的金融风险

5 传统金融业与移动互联网的融合将绝大部分业务由线下转到线上，使得行业的竞争将更多依赖产品设计创新能力、客户需求锚定能力、跨界资源整合能力等软实力

6 云计算利用并行计算、分布式计算和网格计算节约了软硬件资源，共享的基础设施和数据信息大大降低了金融机构各自建立信息处理系统的物力成本和费用；移动互联网使得金融内部移动办公模式成为现实，提高了工作效率，降低了企业运营成本

图 16-5　颠覆性技术对金融业的影响

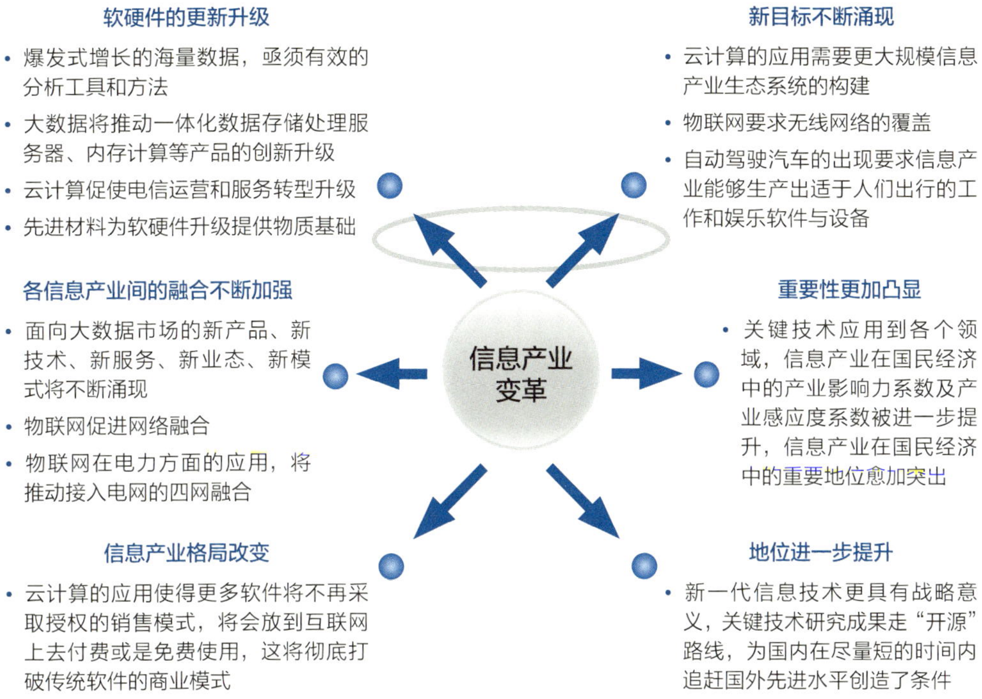

图 16-6 颠覆性技术对信息产业的影响

成为整个信息产业发展的引擎和风向标，推动我国向信息社会逐步演进；而先进材料又在信息技术发展中起到了不可替代的作用，从信息的获取、传输、存储、显示到处理等，每一次提高、每一个环节，都是以先进材料为基础和突破口的，先进材料技术为信息产业的发展提供了物质基础；另外，自动驾驶汽车技术也在或多或少地影响着信息产业发展的方向，类似这种新技术的实现往往为信息产业提出更高的要求，促信息产业的不断创新和变革。

（三）颠覆性技术对交通运输业的影响

拥堵、交通安全性低、运输成本高、空驶率高等一直是交通运输业亟待解决的几大问题。颠覆性技术中物联网的应用，为这些问题的解决提供了极大的可能性。前面已经提到，物联网对交通运输业的影响主要体现在两个方面，一是智能交通，二是智慧物流。智能交通和智慧物流中无处不在利用物联网技术、网络和设备来实现交通运输的智能化，实现人、运载工具、基础设施等交通要素的互通互联，使交通运输业不断产生着新的变革（见图16-7）。

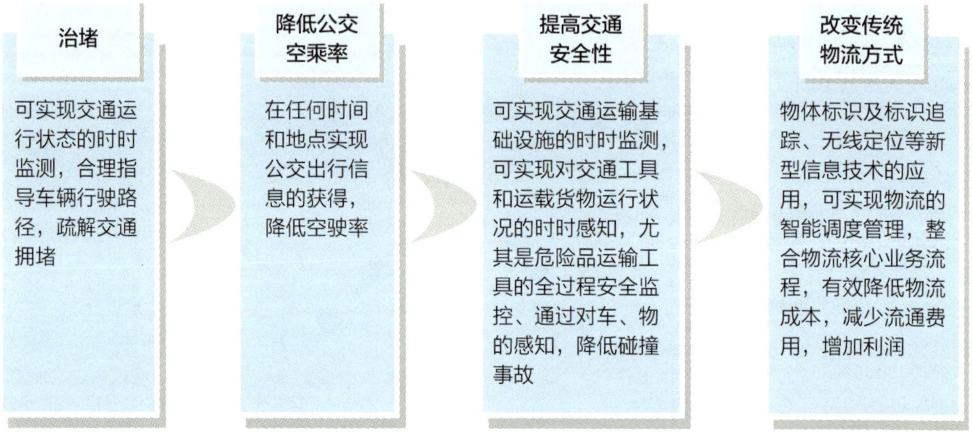

图 16-7　颠覆性技术对交通运输业的影响

（四）颠覆性技术对零售业的影响

目前，零售业已初步具备信息化、自动化、智能化的特征。信息技术在零售领域的应用已不仅仅局限于一种管理手段，而是以管理理念的形式不断渗透到零售业供应链管理的各个环节，逐步实现零售业的管理变革和供应链流程优化，实现零售业的信息化发展；自动化的基础是信息化，零售业自动化主要表现在客服销售技术上，将语言识别软件应用在呼叫中心的回答机器中，可在减少接线员人数的同时，更有效得满足客户要求；智能化的基础也是信息化，ERP、SCM 等系统的应用，使零售企业可以有效实现系统之间、上下游企业之间以及商流、信息流、物流、资金流之间的“无缝对接”。图 16-8 便以零售业供应链管理体系为脉络，具体分析颠覆性技术对零售业领域所带来的重大变革。

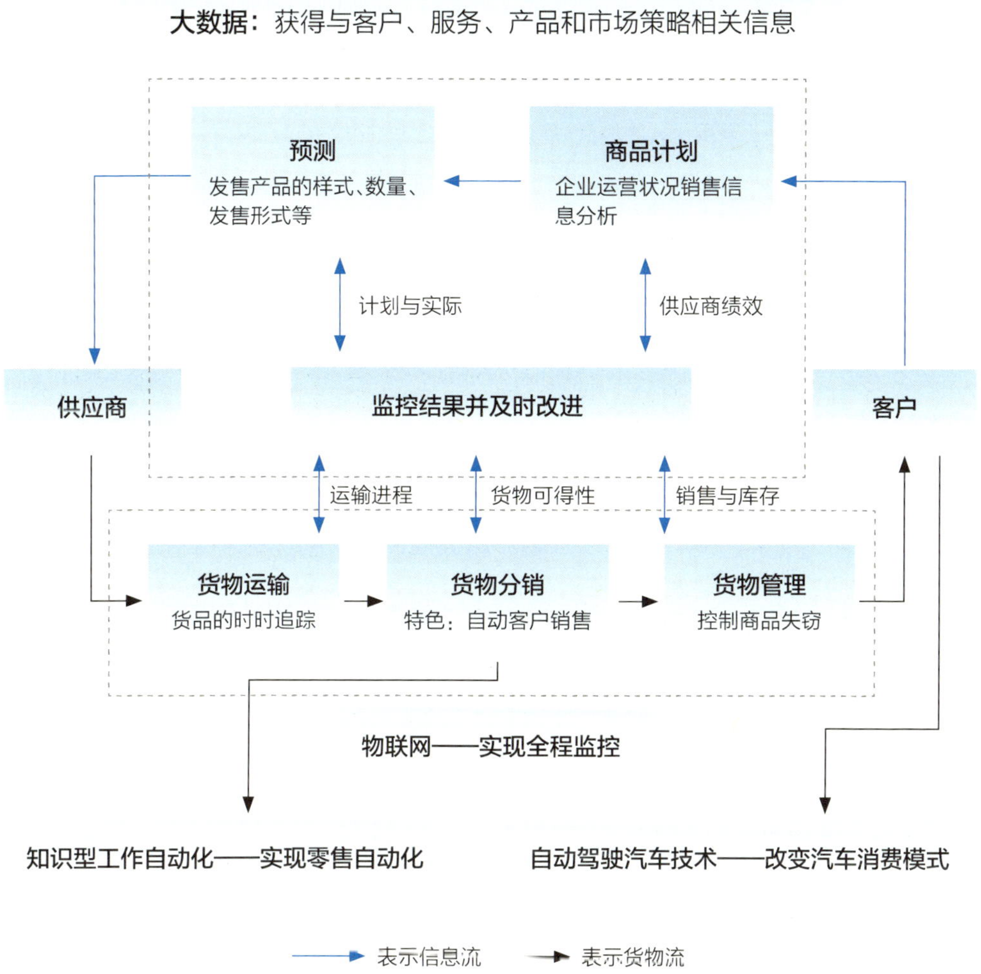

图 16-8 颠覆性技术对零售业的影响

（五）颠覆性技术对健康医疗产业的影响

信息技术产业、先进制造技术、智能技术和新一代基因组技术的应用，影响着健康医疗产业中医疗器械和技术的革新、医疗服务模式的改变以及医院管理效率的提升。先进材料和机器人技术对于医疗器械革新具有巨大的促进作用，提供了更多的医疗技术和手段，能减轻患者的痛苦，延长患者的寿命。新一代基因测序技术为临床领域的实践提供了有效、便捷、廉价的服务手段和模式。大数据、云计算、物联网和移动互联网等信息技术将建立医疗信息平台和数字化平台，改变健康医疗行业的服务模式，使得远程医疗、移动医疗成为现实，同时提升了医院的运营效率。以人工智能为核心的知识型工作自动化技术在医疗体系的应用，为医疗工作者提供了极大便利，同时也造福于患者。这些颠覆性技术的应用将带来传统健康服务产业的巨大变革，使之向着更有利于人类生活健康、便捷、高效的方向发展（见图 16-9）。

影响1 **医学器械和技术的革新**

生物医疗先进材料能够提供更多的医疗技术和手段，包括医用金属材料、医用高分子材料、医用无机材料、医用复合材料等。新一代基因测序技术影响了医学临床上的五个领域：生育健康、肿瘤个体化诊断和治疗、遗传病、传染病、移植分型(HLA)，为临床领域的实践提供了有效、便捷、廉价的服务手段和模式

影响2 **健康服务产业链延伸**

以云计算为技术手段，大数据为生产资料，传统健康服务产业链得以延伸，主要表现在三个方面：医疗健康信息数据采集、分析和处理成为新行业出现在新产业链中；在医疗健康大数据的支撑下，健康管理、疾病管理、远程医疗等萌芽行业蓬勃发展；传统的药品研发、诊疗服务等行业实现个性化药品、个性化医疗等服务

影响3 **健康医疗自动化**

通过机器人学习系统的应用，知识型工作自动化技术为医者带来极大便利，也将用于医疗保健的诊断与药物发现。比如，机器学习用于处理各种不同的数据，来绘制患者的医疗史图像，比较并寻找类似病例；计算机阅读医疗证据报告、病历、临床试验报告、医学专业文章等

影响4 **远程医疗体系**

云计算和物联网技术为远程医疗建立了健康医疗信息平台，物联网技术使远程医疗服务得以实现，护士和医生可以通过传感器装置远程监控慢性病患者的健康状况，在患者需要治疗时提供建议和帮助；远程医疗可以对危急重病患进行持续监护服务，对病患的生命体征数据进行监控并自动报警，降低重症护理成本

影响5 **移动健康医疗**

移动互联网技术使移动医疗成为未来医疗服务新模式。比如，更多医学资料在手机中存储；新一代的嵌入式操作系统将个人的基本医疗信息数据的采集植入移动终端；手机传感器技术可搜集生理参数；基于地理位置的服务可推荐附近的医疗点等

影响6 **医院管理信息化**

在计算和物联网技术的推动下，医院实现了数字信息化管理。云计算可以全面整合医院内的管理信息、患者的诊断及治疗、费用信息及经营管理，实现医院各项业务数字化运作和智能化管理；并与医院外部的信息系统进行数据交换和信息共享，全方位提升医院的服务水平。另外，电子病历和健康档案共享为医院和病人节约大量时间

影响7 **医院急诊量较少**

自动驾驶汽车的应用和普及将极大地减少交通事故的发生，医院急诊室每年会因此减少数百病人，需要住院治疗的病人将减少数十万

图 16-9　颠覆性技术对健康医疗产业的影响

（六）颠覆性技术对文化产业的影响

移动互联网和3D打印技术的发展将对文化产业产生巨大的影响。移动互联网所带来的信息传播方式与人们获取视听渠道的改变，将改变传统的文化信息载体和经营模式，带来新的视听模式和创新性盈利模式，而一些传统业态将发生颠覆性变化，如传统物流行业的转型。3D打印技术在文化产业的运用将激发人们的个性化需求，形成规模浩大的文化创意制造产业，增加社会就业，并能够为电影制作带来便利。这两项颠覆性技术对文化产业的影响将是不容小觑的（见图16-10）。

图16-10 颠覆性技术对文化产业的影响

（七）颠覆性技术对教育的影响

在云计算、机器人技术和知识型工作自动化技术的推动下，教育行业逐渐实现教育信息资源的大整合，以及教学活动方式的重大变革，从而大大促进了教育公平、降低了教育投入、提高了教育管理效率。云计算技术推动着教育信息资源汇总到云平台，使得教育信息资源的共享更为方便与快捷，这促进了教育公平性，同时提高了教育管理效率。云计算、机器人和知识型工作自动化推动了教学活动方式的变革，如开放式教育、个性化定制教育、机器人辅助教育、自动化家教机，以及现代远程教育的实现。机器人技术和知识型工作自动化在教学上的应用引领教育向着智能化方向发展，不仅能推动教育进步也将推动教育公平（见图 16-11）。

教育信息资源共享	利用云计算所提供的强大协同工作能力，各个教育机构或信息资源建设人员可以实现教育信息资源的共建
教学方式变革	云计算形成云端资源池，可以实现网络教学、移动教学、自主学习及“定制教育”，教育机器人被用于课内外教学，并形成“智能家教”，在动手和创造中培养学生的综合能力；专家系统的开发和应用为现代远程教育提供有力技术支撑
教育智能化	教育机器人的应用提高学生综合能力；知识型工作自动化的使用提高了教育的自动化和智能化水平。例如，教学专家系统根据学生特点，以最合适的教学方法进行教学辅导
教育公平化	云计算使教育信息资源共建、共享更便捷，只要以低成本获取接入资格，就可公平享用教育资源；智能家教使方便、快捷、高效的辅导成为可能，推动教育公平
教育投入降低	利用云计算，绝大部分计算任务交给云端来完成，学校只需将电脑接入互联网，且对用户端的设备要求很低，可以为学校节约大量硬件设备的购买和维护成本
教育管理效率提高	云计算可将不同平台、不同后台数据库的管理系统有机整合，各管理部门可按需便捷提取决策支持系统，以实现精细、精准化管理，教育管理效率得以显著提高

图 16-11　颠覆性技术对教育的影响

（八）颠覆性技术对旅游业的影响

移动互联网技术通过对旅游产业链各环节的渗透，打破旅游产业链原有的结构和平衡，促生新的商业形态和交互模式。信息时代孕育了旅游内容提供者新的服务方式，降低了旅游服务的进入门槛。由此，内容提供者大量涌现，使得旅游信息更加丰富多彩。在移动互联网时代，传统旅游服务的提供商根据行业特征调整旅游服务的内容和方式，为游客提供便利和帮助，能够更好地提升品牌知名度。另外，移动互联网的发展推动了旅游业与相关产业的合作，如金融业和物流业。移动互联网这一颠覆性技术改变着旅游的商业业态，对旅游业起着直接或间接影响（见图 16-12）。

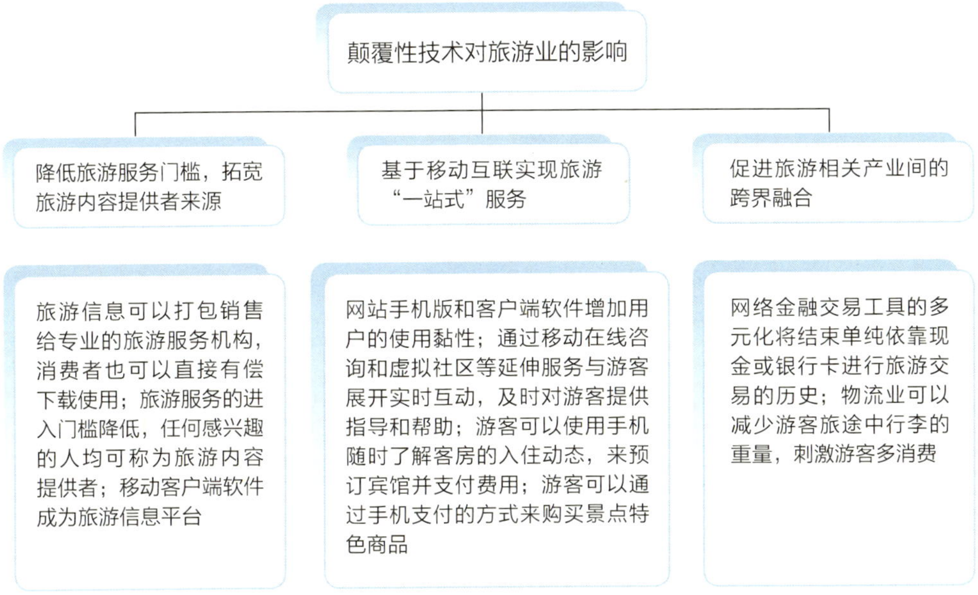

图 16-12　颠覆性技术对旅游业的影响

（九）颠覆性技术对家庭与个人服务的影响

智能型服务机器人在家庭与个人服务中主要有安防、清洁、看护等家政功能，以及教育和娱乐功能。如家用警察、扫地机器人、家庭护理机器人、家庭服务机器人智能空间、教育机器人、智能宠物狗。

（十）颠覆性技术对政务、办公的影响

云计算提供对海量数据存储、分享、挖掘、搜索、分析和服务的能力，使得政府能够统一有效管理。机器学习和自然语言系统的科技进步让获取大量数据变得更加容易，因此知识型工作自动化可

以取代人工实现办公的自动化（见图 16-13）。

图 16-13　颠覆性技术对政务办公的影响

四、颠覆性技术对其他方面的影响

（一）颠覆性技术对灾难搜救的影响

智能救援机器人越来越多用于灾害搜救方面。机器人大大延伸了人类的感知能力，能够显著降低二次破坏对救援人员生命的威胁。比如，空中搜索、利用软体机器人贴合地表在废墟表面搜索、利用微型机器人进入狭小空隙搜索、利用专业的破拆搜救机器人协助救援人员救出受困者。

（二）颠覆性技术对环境的影响

可再生能源、新一代储能技术、先进材料和新一代基因组技术均可带来一定的环境效益（见图 16-14）。

可再生能源的利用相当于减少了二氧化硫、氮氧化物、二氧化碳等有毒或温室气体的排放量，还可节约用水和避免林地破坏

作为材料产业的重要组成部分，环保先进材料可用于治理环境污染或处理环境污染物，而本身不产生污染。如环境净化材料、能源净化材料、环境替代材料，以及生物降解材料

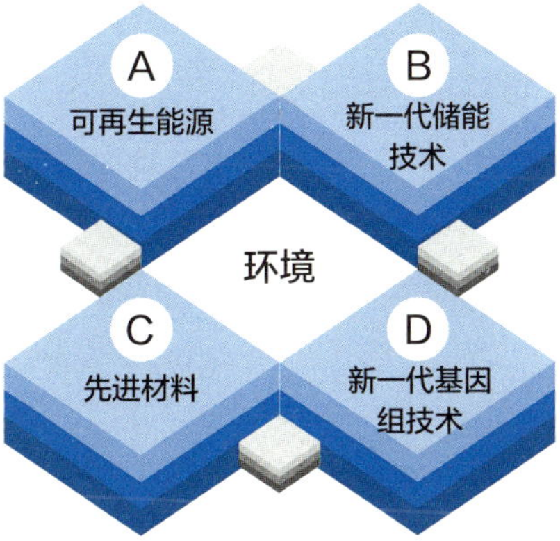

如锌溴电池、钠硫电池，取代了部分化石能源，能够减少对环境的污染，提高能源效率。但是这些材料也都含有对环境有较大破坏性的有毒元素，大规模推广这些电池同样会对有毒材料的回收提出更多挑战；作为电池储能来源的发电厂，如果发电结构不做大幅度调整和改善，电池储能技术的广泛推进对环保的促进有限

新一代基因组技术更新替代了近代农业和重工业，可以避免化学物质重污染、生态环境恶化、水土资源超负荷、石化能源高消耗所带来的环境问题

图 16-14　颠覆性技术对环境的影响

（三）颠覆性技术对基础设施的影响

作为高新技术和新兴产业，可再生能源和新能源汽车可以有效拉动基础设施建设或改善的需求（见图 16-15）。

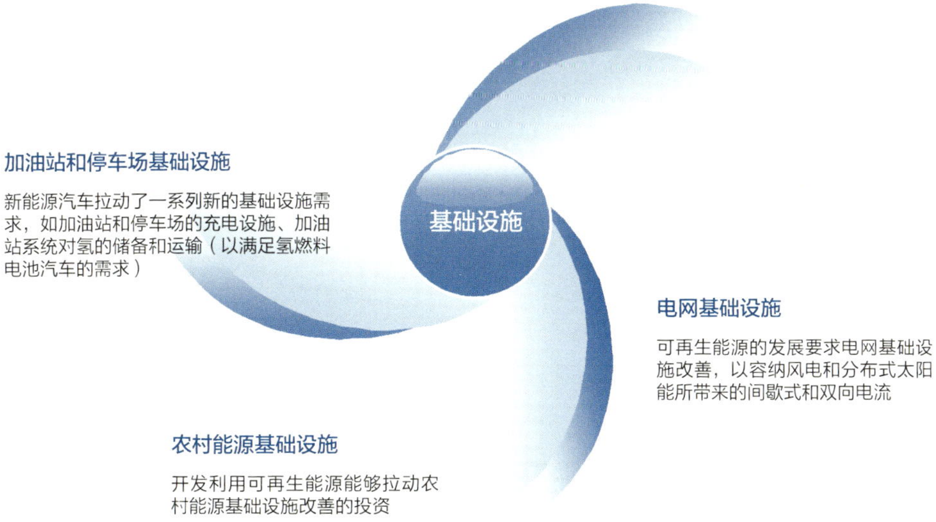

图 16-15　颠覆性技术对基础设施的影响

第17章

总结与展望

部分颠覆性技术的经济潜力总结

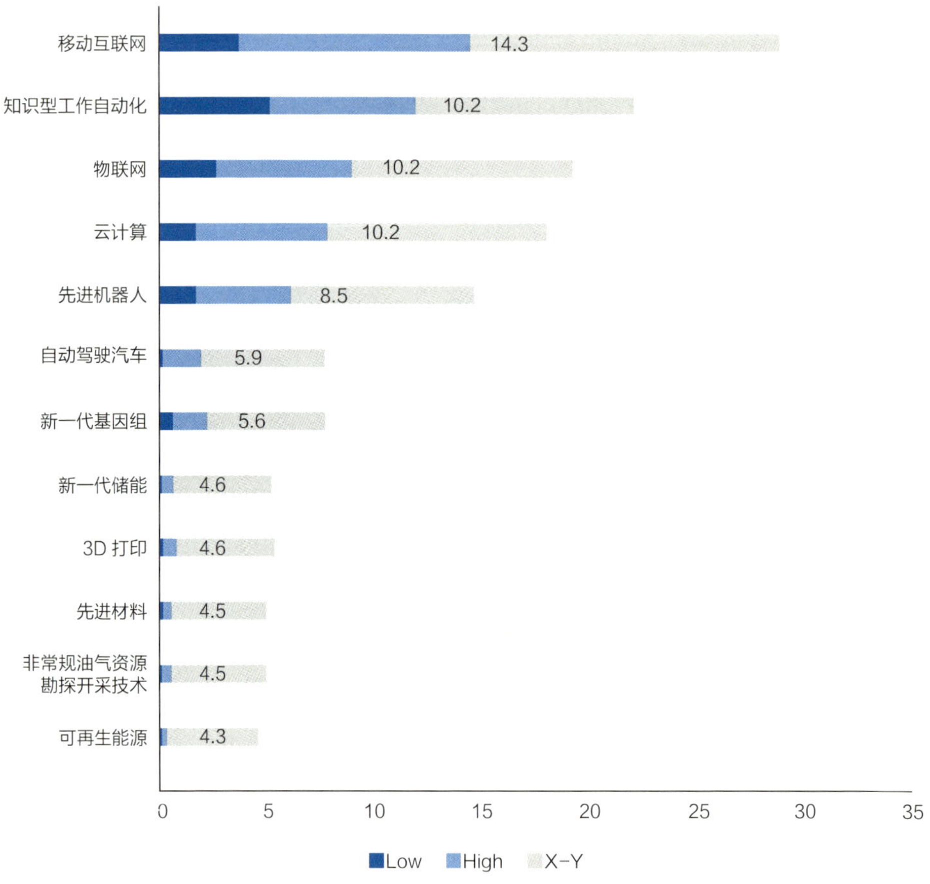

注：low 为可估计的最小量，high 为可估计的最大量，X-Y 为不可估计的量。由于不可能预测出技术所有的应用方式，各项技术在 2025 年所能产生的价值远高于我们的估算值。

数据来源：麦肯锡全球研究院

一、颠覆性技术前景展望

新一轮的技术革命在孕育发展，新技术、新产业正在成为引领未来经济社会发展的重要力量。以信息技术、智能技术、新材料技术、生物技术、新能源技术等为代表的新技术具有创新能力强、产业带动广等特点，是各国竞相重点发展的战略性产业。

在新技术革命的竞争中，我国将抓住历史机遇，通过政策扶持、创新鼓励和市场推广，推动新技术产业的发展，并引领相关产业的快速发展，实现产业创新能力大幅提升、国际分工地位稳步提高、相关产业规模快速增长的有利局面。

从我国新技术发展的环境来看，随着我国工业化、城镇化的快速推进，城乡居民消费结构加速升级，国内市场需求快速增长，这为新技术及其产业发展提供了广阔空间；我国综合国力大幅提升，科技创新能力明显增强，高技术产业和现代服务业迅速成长，为新技术及其产业发展提供了良好基础；世界多极化、经济全球化不断深入，为新技术及其产业发展提供了有利的国际环境，跨国公司产业链的全球布局趋势为我国承接发达国家的新技术产业转移提供了良好的机遇。

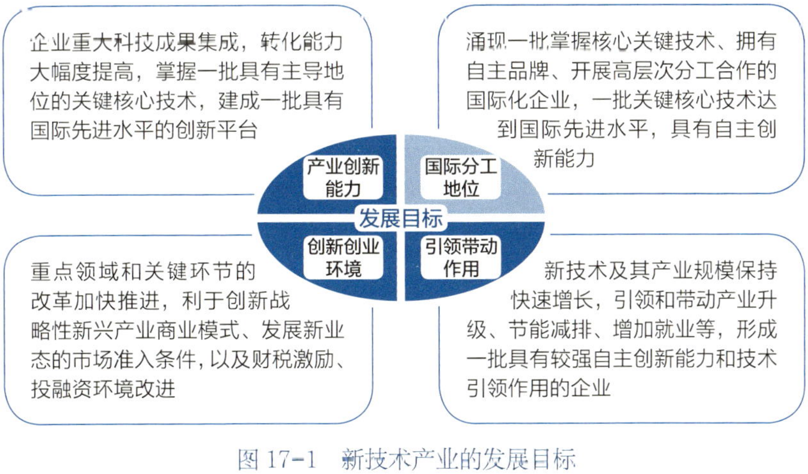

图 17-1　新技术产业的发展目标

资料来源：建投研究院：《“十二五”国家战略性新兴产业发展规划》

从新技术自身的发展特征来看，随着技术的进步和商业化的逐步成熟，其产业规模将迅速扩张，从而带动相关产业的快速发展。预计到2015年，我国的新技术及其相关产业规模将达到约4万亿元，到2020年则规模将进一步达到10万亿元。

表17-1 我国部分新技术的产业规模 （单位：亿元）

产业分类	2013	2015	2020
大数据	8	46	1000
先进材料	12500	20000	50000
物联网	4896	7500	18000
云计算	752	1500	5000

二、颠覆性技术的发展瓶颈

新技术及其相关产业拥有良好的发展前景，但同时也要看到，我国新技术及其产业自主创新发展能力与发达国家相比还存在较大差距，关键核心技术严重缺乏，标准体系不健全；投融资体系、市场环境、体制机制政策等还不能完全适应新技术产业日新月异的发展要求（见图17-2）。

三、颠覆性技术的发展策略

为了有效推动新技术的发展及其产业化进程，必须加强宏观引导和统筹规划，明确发展目标、重点方向和主要任务，采取有力措施，强化政策支持，完善体制机制，实现新技术及其产业快速健康发展（见图17-3）。

科研体制	科技体制不完善，研究投入不足，产学研脱节，科技成果产业化率低，自主知识产权积累不足，缺乏核心技术限制了产业自主创新
产业政策	新技术产业政策的制定与推广缺乏针对性，对于新技术的产业化推广的政策支持力度不足
技术标准	新技术的标准规范等相关配套制度建设落后，影响了产业推广，行业自律性组织尚未建立或缺乏公信力
投融资	新技术成果的产业化过程需要大量资金投入，但多元化的投融资体系很不完善，影响了产业化进程
基础设施	信息技术、新能源技术等部分新技术存在基础设施不足的问题，影响了新技术的产业化进程
竞争环境	国内企业低水平价格竞争激烈，影响其技术进步和产业升级。新技术产业技术创新与国际相比差距很大
产业环境	新技术的产业集聚水平不高，重复建设多，资源浪费严重，我国在新技术产业国际分工体系中主要占据中低端加工领域
人才培养	缺乏高素质的科研人才和高水平的技术工人

图 17-2　新技术产业的发展瓶颈

政策扶持：加强战略引导，统筹我国新技术产业发展总体部署和宏观管理，建立和完善新技术产业政策体系，加强新技术产业政策与科技、金融、财税、投资、贸易、土地、资源和环保等政策衔接配合

财税支持：建立稳定的财政投入机制，通过财政设立的新技术专项资金等渠道，加大对新技术产业的扶持力度，重点支持新技术企业的研发，打造国际国内研发中心，提高政府支持研发投入类比例，优先倾向重点领域、关键技术壁垒的产业方向

技术标准：瞄准国际先进水平，立足自主技术，健全新技术标准体系，鼓励产学研用联合开发重要技术标准，积极参与国际标准制定，加快国外先进标准向国内标准的转化，加强新技术产品的品牌建设和知识产权保护，鼓励建立重要新技术专利联盟

投融资：加强政府、企业、科研院所和金融机构合作，逐步形成“政产学研金”支撑推动体系。制定和完善有利于新技术产业发展的风险投资扶持政策，鼓励和支持民间资本投资新技术产业，支持创新型和成长型新技术企业。鼓励金融机构提供符合新技术产业发展特点的创新信贷产品和服务，合理加大信贷支持力度

基础设施：在新技术的推广和应用过程中，要充分考虑新技术发展的需求，避免基础设施成为瓶颈——比如，高速互联网建设要能够满足信息技术日新月异发展对于速度和可靠性的要求。基础设施也包括软环境建设，对于新技术发展所带来的产品安全、产业安全等问题

人才培养：鼓励企业开展人才交流与国际培训，引进境外人才队伍、先进技术和管理经验。为了提高工人素质，应鼓励新技术企业和社会力量开展技术工人培训，并给予适当的财政补贴和税收优惠

技术推广：充分利用我国已有军工产业的技术优势，优化配置军民科技力量和产业资源，推进国防科技成果加速向经济建设转化，加快军民共用新技术的产业化、规模化发展，鼓励国内企业积极参与国际分工合作，支持企业并购境外新技术企业和技术研发机构

企业培育：发挥重点新技术企业的支撑和引导作用，通过强强联合、兼并重组，加快培育一批有一定规模、比较优势突出、掌握核心技术的新技术企业，高度重视发挥中小企业的创新作用，支持新技术中小企业向“专、精、特、新”的方向发展，鼓励建立以优势为龙头，联合产业链上下游核心企业的产业联盟形成

图 17-3　新技术产业发展策略